박근혜 정부의 탄생과 신학적 성찰

시대와 민중신학 12집(2013. 12)
박근혜 정부의 탄생과 신학적 성찰

초판 1쇄 인쇄 2013년 12월 28일
초판 1쇄 발행 2013년 12월 31일

엮은이 제3시대그리스도교연구소 (02) 363-9190
펴낸이 김영호
펴낸곳 도서출판 동연
등 록 제1-1383호(1992. 6. 12)
주 소 서울시 마포구 월드컵로 163-3, 2층
전 화 (02) 335-2630
전 송 (02) 335-2640

ISBN 978-89-6447-236-1 94230
      978-89-6447-103-6(시대와 민중신학 시리즈)
가 격 15,000원

시대와 contemporary &
minjung Theology 민중신학

12
2013. 12

박근혜 정부의 탄생과 □ 신학적 성찰

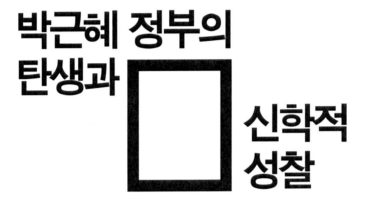

제3시대그리스도교연구소 엮음
the christian institute for the 3rd era

동연

차 례

▶▶▶ **텍스트비평**

〈시대와 민중신학〉은, 이미 발견된 민중과 신학을 연역하기 위한
노력이 아니다. 현재적 시공간을 살아가는 민중들의 자기실현을 위한
과정에 비판적으로 개입하고 참여하고 증언하려는 노력이다. 변화된
시대와 상황 속에서, 담론의 형태와 구성을 끊임없이 갱신하면서, 민중
의 삶을 신학적으로 읽어내려는 노력 그것이 〈시대와 민중신학〉의 정
신이다.

"박근혜 정부의 탄생과 신학적 성찰"이라는 특집 주제 역시, 이 시대
한국 정치 맥락에서, 자신들의 좌절과 희망을 예상과 달리 왜곡된 형태
로 표현해내고 있는 한국 민중 혹은 대중에 대한 신학적 탐구다.

김진호는 박근혜 정권의 탄생을 아아하스, 히스기야, 므낫세로 이
어지는 유다 역사의 한 흐름과 유비적으로 연결함으로써, 유다에서 므
낫세의 반개혁과 한국에서 권위주의의 부활을 초래한 대중 안에 내재
하고 있는 힘과 권위를 향한 욕망, 곧 대중 안에 자리 잡은 독재적 영성
을 지적하고 있다. 최형묵은 민중이 자신들의 좌절과 고난의 경험을
긍정적으로뿐만 아니라 부정적이고도 자학적으로 풀어갈 가능성을 지

적하면서, 민중이 과거 권위주의 시대를 향한 향수를 갖게 만드는 기억의 정치를 분석한다. 그리고 보수적 정치 집단뿐만 아니라, 성장주의적 물질주의적 축복신앙을 기반으로 하는 한국의 개신교 역시 민중의 정치적 열망을 왜곡하는 데 일조해왔음을 분석해내고 있다. 이숙진은 여성인권의 확대 또는 여성의 정치 세력화라는 관점에서, 최초의 여성대통령 박근혜의 등장과정을 분석하고 있다. 특히 "독재자의 딸"로부터 "최초의 여성 대통령"으로 이미지를 변신해가는 과정에, 직간접으로 개입한 여성 진영과 진보정치 진영의 찬반 대응들을 그 분석의 주 내용으로 하고 있는데, 여성 정치 참여확대나 여성인권의 확대에 기여한다는 자신들의 의도와는 달리 결국 권위주의의 부활을 위해 공모하게 되는 과정을 보여주고 있다. 정용택은 사회복지를 매개로 정부와 교회들이 맺고 있는 관계에 대해서 비판적으로 분석하고 경계한다. 사회의 기층 민중들과 가장 가까이에 있는 작은 교회들이 사회복지의 확대라는 보다 큰 사회적 목표를 위해 정부가 제공하는 사회적 서비스의 전달자 역할을 자발적으로 감당해왔다. 그런데 박근혜 정권은 사회적 서비스의 사유화, 시장화, 상품화를 신자유주의적으로 더욱 강화하고 있는 상황이다. 이런 상황에서 정용택은 작은 교회들이 시장논리의 포로가 되지 않고 올바른 사회복지의 실천을 위한 주체적 개입자 역할을 수행하기 위해서 필요한 자세를 주문하고 있다.

"민중신학의 현재성"이라는 타이틀로 엮은 두 편의 논문 역시, 국외자들에게 민중신학을 변증하려는 노력이 아니다. 이미 그 제목들이 암시하는 바와 같이 신자유주의 시장 지구화의 맥락에서 새로운 모습으로 나타나는 민중과 함께하기 위한 신학적 시도들이다. 이상철은 파편화되고 착취당해서 이름도 없이 사라져가는 우리 시대 민중들의 모습을 마음에 담고, 급진적 부정성(via negativa)을 매개로 민중신학과 탈근대적 타자성에 관한 논의들과의 대화를 시도하고 있다. 최진영 역시 지구화 시대 초국가적으로(transnational) 강제 배치되고 있는 민중의 현실에 입각해서 안병무의 성서해석학을 창조적으로 재해석하고 있다.

이후에 이어지는 논문들과 서평들 역시, 제3시대그리스도교연구소를 중심으로 하는 민중신학 실천의 여러 단면들이다. 지리적·문화적 한계를 넘나들며 활발하게 민중신학을 전개하고 있는 이 젊은 신학도들의 글이, 〈시대와 민중신학〉을 읽는 독자들에게 작은 격려가 되고 귀한 희망이 되기를 진심으로 바란다. 그리고 참으로 어려운 환경에도 이토록 강인하게 민중신학을 실천해내고 있는 연구소의 김진호 목사와 연구원들에게 부끄러운 감사의 인사를 전한다.

양 권 석

박근혜 정부의
탄생과
신학적
성찰

박근혜 정부의 탄생을 가능하게 한
그 대중적 열망의 이면을 탐색하고,
신학과 교회가 성찰해야 할 대목들을
비판적으로 짚어본다.

독재의 내재화,
그 순박한 열정

김진호

40년쯤 전 시리아-이스라엘 연합군의 침공으로 유다국은 절체절명의
위기에 놓였다.[1] 엎친 데 덮친 격으로 궁중모반까지 일어났다.[2] 영토
는 예루살렘과 그 남쪽 일부만 남았고, 국론은 분열될 대로 분열된

---

[1] 기원전 735~734년 경 시리아-팔레스티나의 패권국은 다마스쿠스를 거점으로 하여
르신 대왕이 다스리던 아람국이었다. 르신(Rezin)은 이스라엘의 베가(Pekah) 왕과
더불어 아시리아 제국의 침공을 막는 시리아-팔레스티나 군사동맹을 주도했다. 한데
이 동맹에 동참하지 않는 소국들 중 아하스(Ahaz) 치하의 유다국이 있었다. 이에 르신-
베가 왕이 이끄는 연합군이 유다국을 침공하였다. 이 연합군은 유다국을 거의 멸망 직전
까지 몰아갔으나 아시리아의 디글랏빌레셀 3세(Tiglath-pileser III)가 쳐들어온다는
소식에 철군하였다(기원전 734~732). 본문에서 "40년쯤 전"이라는 표현의 시점은 히
스기야 왕이 죽고 므낫세 왕이 반개혁 정책을 펴는 어느 시기를 가리킨다. 즉 이 시점은
반개혁의 시간을 상징한다. 그 시점에서 40년 전의 이야기를 하고 있는 것이다.
[2] 「이사야서」 7,6에 따르면 다브엘의 아들을 왕으로 옹립하려는 궁중모반 사건이 시사되
고 있다.

〈Ahaz the King of Judah〉 by Otto Elliger(18세기 초)
아하스 왕은 재물로 불타고 있는 아들을 보며 절규하고 있다.

상황이었다. 그때 아하스 왕은 소름끼치도록 냉정한 결정을 내린다. 아들을 제물로 바치기로 한 것이다. 도성 남서쪽의 힌놈의 아들 골짜기 도벳의 성소에서 아들을 불태우는 제사를 지낸 것이다.

그런데 기적이 일어났다. 아시리아 제국의 디글랏빌레셀 3세가 쳐들어와 다마스쿠스를 멸망시키고 이스라엘국도 재기불능의 상황으로 만들어버렸다. 이것은 유다국 백성에게 아하스의 피눈물 흘리는 제사를 야훼께서 들어준 사건으로 기억되었다.

그것만이 아니다. 이제 유다국은 전례 없는 초고속 번영을 이룩하게 되었다. 아시리아의 침공을 당한 나라들로부터 대거 유민들이 남하한 결과, 산지인데다 척박하여 인구가 적었던 유다국 영토에 새로운 마을들이 속속 건설되었던 것이다. 이 시기에 새로 형성된 것으로 보이는 수백 개의 주거지가 발굴되었고, 도성인 예루살렘의 크기도 15배 이상

늘어났으며, 도성의 인구도 그만큼 증가했다. 하여 이들이 바친 공납물로 왕실 창고가 가득 차게 되었고, 유다국은 번영의 기틀을 마련하게 된 것이다.

또한 아시리아의 침공으로 무력화된 블레셋 영토였던 서부 평야지대로 영토가 확장되어 식량생산이 비약적으로 불어났고, 소읍이던 라기스 성은 예루살렘에 필적하는 도시로 발돋움했다. 또 산악지대에서 생산된 올리브를 압착시켜 추출한 기름을 이집트와 아시리아로 수출하는 등 국제무역도 크게 증대하였다. 이제 유다국은 역사상 처음으로 팔레스티나의 신흥 강대국 반열에 진입하게 되었다.

백성들은 아하스를 칭송했다. 아하스는 유다국의 진정한 군주로 떠받들어졌고, 아하스적 신앙은 많은 이들의 모방의 대상이 되었다.[3]

한데 아하스 시대의 국가의 번영은 동시에 사회의 위기를 내포하고 있었다. 시골에서 대규모 땅을 소유한 부자들이 등장했고, 땅을 상실한 몰락농민들 또한 속출했다. 조정에는 이들 부자들의 대표들이 관료로 들어와 대지주들의 농민들에 대한 무분별한 착취를 두둔하는 정치를 폈고, 농민들의 희생을 대가로 하는 국가의 성공 정책을 추구했다.

그럼에도 대다수 백성들은 아하스를 칭송했다. 대지주들 또한 왕을 열렬히 환호했다. 대도시의 시민들과 시골 농민 대다수도 마찬가지다. 무엇보다도 지역의 성소들이 대지주들에게 장악되어 있었기 때문이

---

3) 히스기야-요시아 정부가 자식을 제물로 바치는 제사를 우상숭배로 몰아치는 담론을 적극적으로 유포한 것은 아하스 왕의 지지세력을 견제하려는 취지였던 것으로 보인다. 나는 여기서 박정희를 연상하고 있다. 아하스와 박정희, 이 두 인물은 무에서 유를 창출한 인물로 국력을 크게 신장시킨 장본인이다. 동시에 이 둘은 그 성공을 위해 누군가의 희생을 필요로 했던, 아니 적극적으로 그 희생을 활용했던 통치자였다. 그럼에도 백성/국민은 그이들을 칭송해 마지않았다.

다. 이들 성소들의 제사장들과 예언자들은 대지주들이 낸 기부금으로 생계를 유지했고, 이들 지주들이 낸 제물 덕에 제사도 드릴 수 있었다. 지역의 성소들은 얼마나 화려하고 풍성한 제물로 제사를 드릴 수 있느냐에 따라 위상이 결정되었고 인근의 작은 마을들의 성소를 복속시키는 유력 성소가 될 수 있었기에 대지주들의 기부능력에 점점 의존적이게 되었다. 이런 방식으로 성소의 제사장들과 예언자들의 위계질서도 만들어졌다.

또한 성소에서 드린 풍성한 제물은 그 지역에 대한 신의 돌봄의 정도를 결정짓는다고 믿어졌기에 백성들은 자신들의 행운이 대지주들의 기부 덕이라는 생각에 빠져 있었다. 여기에는 그런 식으로 신의 메시지를 선포하는 예언자들과 사제들의 역할이 지대했다.

채 10년도 안 되는 시간이었다. 그 사이 유다사회는 번영의 기틀을 마련했고, 사회 전 영역에서 빈부격차가 크게 벌어지기 시작했으며, 대지주들로 구성된 기득권 집단의 보수주의적 체제가 형성되었다. 이 것은 강자 독식 사회를 지향하는 것이었지만, 그럼에도 아이러니한 것은 그 체제가 백성의 열렬한 지지를 기반으로 하는 체제였다는 점이다.

히스기야 왕이 아하스를 승계했다. 그런데 새 왕은 왕실을 위협하는 세력으로까지 성장한 기득권세력을 견제하면서 왕실 중심적 개혁을 강력히 추진하였다. 그것은 기득권세력과 연동하여 지배체제를 구축했던 선왕의 정책과는 대비되는 것이다. 한데 공교롭게도 이 개혁의 기반은 선왕이 구축한 풍요한 왕실재정이었다.4)

---

4) 현대의 많은 국가들의 민주화를 연구한, 폴란드 출신 미국의 정치학자 아담 쉐보르스키 (Adam Przeworski)의 가설에 따르면, 사회의 경제적 성장은 그 사회를 민주화로 이행하게 하는 주된 요인이다. 그 경우 전(前) 민주주의적 체제가 축적해놓은 경제적 기반은 민주화를 위한 제도적 비용으로 활용된다. 한데 흥미롭게도 고대국가인 히스기야의

히스기야의 개혁은 농민들의 몰락을 막는 조치들이 포함되어 있었다. 그래야 왕실을 좌지우지하는 대지주들의 세력을 약화시킬 수 있었던 것이다. 하여 왕실의 개혁이 친서민정책과 맞물리게 된 것이다. 하지만 이런 조치들을 백성은 제대로 알 길이 없었다. 중앙의 메시지가 백성에게 전달되는 주된 통로는 지역 성소들인데, 이곳의 사제들과 예언자들은 그것이 야훼의 노여움을 사서 결국 나라를 망칠 것이라고 호도했다.5)

하여 히스기야의 개혁이 성공하려면 백성을 왕실의 지지세력으로 끌어들이는 것이 필수였다. '암하아레즈', 즉 민중적 농민정치세력이 개혁세력에 가담했다.6) 그리고 조정에도 귀족출신임에도 개혁을 지지하는 신주류 인사들도 있었다. 하지만 시골의 대다수 농민들은 여전히 아하스와 그 시절 형성된 구 지배엘리트들에 의해 좌지우지되었던 것이다. 해서 왕실의 개혁은 지역 성소들을 철거하지 않으면 불가능했다. 이것이 히스기야-요시아 개혁이 지역 성소들을 철거하려는 정책을 적극적으로 시행했던 주된 이유다.

그러나 히스기야의 29년간의 재위기간 중 후반기는 아시리아의

민중주의적 개혁도 아하스의 귀족주의적 국가가 이룩한 재원을 기반으로 해서 실행될 수 있었다.

5) 마치 우리 사회에서 주류 언론들이 복지가 국가를 망칠 것이라고 호도하는 것처럼 말이다.

6) 고대 시리아-팔레스티나 지역에서 사용된 '암하아레즈'에 대한 용례 연구에 따르면 이들은 농민 일반을 지칭한다. 그렇다면, 일반적으로 농경사회가 지역의 대지주에게 예속되어 있으니 이들을 지방토호세력으로 해석했던 종례의 관점도 어느 정도 타당하다. 하지만「열왕기」에 몇 차례 등장하는 이 용어는 위의 농민 일반을 지칭한다는 용례 해석과는 다르다. 이들은 유다국의 정변 상황에서 등장하며 특히 요시아 개혁의 중심세력의 하나로 묘사된다. 그러므로「열왕기」의 암하아레즈는 정치화된 농민개혁세력을 의미한다.

침공으로 개혁의 기반이 송두리째 붕괴된 시기였다. 서부 평야지대
는 인구가 70%나 줄었고 마을이 85%나 사라지고 말았다. 하여 왕
실재정은 고갈됐고 그 와중에도 엄청난 전쟁 배상금을 치러야 했다.

그리고 왕이 죽자 무려 55년간이나 재위에 있었던[7] 왕 므낫세가
즉위한다. 그리고 이 왕은 뼈대만 앙상하게 남은 히스기야의 개혁 흔적
들을 무자비하게 파괴하였다. 이때 므낫세의 정치는 아하스의 방식을
부활시키는 것이었다. 다시 대지주 중심의 체제를 만드는 것이다.

> 자식들은 땔감을 줍고, 아버지들은 불을 피우고, 어머니들은 '하늘 여신'
> 에게 줄 빵을 만들려고 가루로 반죽을 하고 있다. 또 그들은 나의 노를
> 격동시키려고, 다른 신들에게 술을 부어 바친다.
> ―「이사야서」 7,18(작은 따옴표는 인용자가 붙인 것임)

이 구절은 므낫세 시대의 강도 높은 반개혁 현상에 관한 하나의 유의
미한 특징을 시사하고 있다. 여기에는 한 평민 가족이 벌이는 가족 제사
장면이 스케치되어 있다. 본문에서 '하늘 여신'이란 아스다롯(Ashta-
roth)을 말한다. 금성의 신으로 이 시기에 아세라(Asherah)를 대신해
서 야훼 신의 부인으로 신앙되던 여신이다. 원래 이 여신은 아시리아의
폭풍우의 신 아닷(Adad)의 부인이다. 즉 아시리아가 지배하던 므낫세
치하의 유다국에서 아닷 신과 야훼가 동일시되면서 아스다롯 여신이
야훼 신의 부인으로 숭배되고 있는 것이다. 한데 이 아닷의 별칭이 멜렉
이다. 이하스가 아들을 바친 바로 그 신의 이름 말이다.[8] 즉 아하스를

---

7) 유다국은 물론이고 이스라엘국, 그리고 오랜 식민지를 거친 뒤 수백 년 만에 건국한
   하스모니아 왕국이나 헤롯 왕국에도 이렇게 긴 시간을 왕으로 재임한 이는 없었다.

칭송한 백성의 신앙이 므낫세의 반개혁의 기틀이었다는 얘기다.

묘하게도 역사는 되풀이되고 있다. 독일의 저 유명한 〈슈피겔〉지 (*Der Spiegel*)는 2012년 대선을 "독재자의 딸이 인권운동가를 이기다" (Diktatoren-Tochter schlägt Menschenrechtler)라는 카피로 소개하였다. 이런 결과의 이면에는 지배연합을 지지한 무수한 대중이 있었다. 더구나 그 독재의 시대를 살았던 세대에서 압도적인 지지가 나왔다. 또한 지난 MB 정부를 거치면서 기득권세력에게 바닥까지 털려버린 서민층에게서도 대대적인 지지를 받았다.

그렇다면 대중은 독재를 갈망하는 것일까? 확신컨대 그렇다고 대답할 이는 아무도 없을 것이다. 심지어 독재자의 딸도 독재자가 아닐지 모른다. 또한 나의 소견으로는 그녀가 독재자가 되려는 의지가 있다고 해도 지금의 사회적 여건으로는 독재정부가 등장하기란 쉽지 않다. 가장 강력한 기득권세력인 거대자본들조차 독재정부가 자신들의 이해에 유리하지 않다고 볼 것이기 때문이다. 또 군사쿠데타를 일으킬 정치화

---

8) "그는 또 '힌놈의 아들 골짜기'(the Valley of Ben Hinnom)에 있는 도벳(Tophet)을 부정한 곳으로 만들어, 어떤 사람도 거기에서 자녀들을 몰렉에게 불태워 바치는 일을 하지 못하게 하였다. 또 그는, 유다의 왕들이 주님의 성전 어귀, 곧 나단멜렉 내시의 집 옆에 있는, 태양신을 섬기려고 하여 만든 말의 동상을 헐어 버리고, 태양수레도 불태워 버렸다."(「열왕기하」 23,10~11) 이 구절에서 요시아 왕은 아하스의 제사를 바벨로니아 지역에서 유래였고 암몬의 주신(主神)이기도 한 불의 신 '몰렉' 제사로 해석하면서 우상숭배로 규정한다. 한데 그 다음 구절에서 이것을 '나단멜렉'(Nathan-melech)이라는 인물과 연계시키고 있다. '멜렉'은 「열왕기하」 17,31에 나오는, 불에 태운 인신재물을 받는 스발와임(Sepharvaim, 아시리아의 지명)의 신 아드람멜렉(Adram-melech)과 관련된 구절로 보인다. 즉 나단멜렉은 아시리아의 아드람멜렉 신과 관련이 있는 아시리아의 내시인 것이다. 여기서 아드람은 아닷 신(Adat)을 가리킨다. 즉 멜렉은 이 시기에 아닷을 가리키는 호칭인 것으로 보인다. 요컨대 요시아 왕실은 이 구절을 통해 말렉을 몰렉(Molech)과 동일시하면서 말렉에 대한 모독을 꾀하고 있다.

므낫세는 부왕 히스기야의 개
혁 세력을 말살하고자 했다.

된 강력한 군부세력도 없다. 미친 존재감을 드러내고 있는 메이저 보수
언론들이나 법률권력, 그리고 보수지식인들도 통제받지 않는 자유를
만끽하고 있다.

그러면 〈슈피겔〉의 카피는 단지 과거사를 들먹이는 야유에 불과한
것일까? 나의 생각은 그렇지 않다. 독재정부는 불가능할지라도 이번
선거는 대중의 독재정치에 대한 무의식적 욕망을 가득 품고 있다는
것이다.

실제로 선거 직후 도처에서 보복이 횡행한다. 한진중공업의 자살한
해고노동자도 그런 보복의 희생자였다. 또 다시 징계를 당한 복직 교사
들도 마찬가지다. MBC 노조원들에 대한 무더기 징계도 그렇다. 무수
한 영역에서 힘을 남용하는 법률적 혹은 탈법적 폭력들이 속출하고
있다. 일인치하의 독재자는 없지만 무수한 독재자들이 법률적 혹은 탈

법적 힘을 남용하고 있다. 그럼에도 그것을 문제로 보았던 민주주의적이고 인권적인 감수성이 퇴조된 현상이 시민사회에서 뚜렷하게 나타나고 있다.

아하스에 대한 대중의 열망이 반개혁적 폭력의 체제를 만들어냈던 것처럼, 발전국가 한국을 이룩한 독재자에 대한 대중의 갈망도 민주화 이후 겨우겨우 세워가던 인권의 질서를 곳곳에서 산산이 부수어버리는 결과를 낳고 있다. 대중은 독재의 영성에 취해버렸다. 독재자가 보여주었던 힘에 대한 그 순박한 열정이 위험한 결과를 초래하고 있는 것이다.

제8시대

김진호는 본 연구소 연구실장으로, 한백교회 담임목사와 계간『당대비평』편집주간을 역임했다. 제2성서학(신약학)을 전공했으며, 저서로『예수의 독설』,『예수 역사학』,『반신학의 미소』,『시민 K, 교회를 나가다』,『요한복음―급진적 자유주의자들』,『리부팅 바울』,『21세기 민중신학』등이 있다.

박근혜 정권 탄생의 동학

기억의 정치와 헤게모니 전략을 중심으로

최형묵

박근혜 정권의 탄생과 박정희의 후광, 어떤 관계가 있을까?

제18대 대통령 선거에서 범야권의 총력에도 불구하고 '박근혜 대세론'은 실제 위력을 발휘했다. 박정희 시대에 대한 역사적 평가 문제가 쟁점이 되었을 때만 해도 그 대세론은 흔들리는 듯했으며 대다수 유권자들은 유신 시대에 대한 이성적 판단을 하는 듯했다. 그러나 대통령 선거의 결과는 유신 시대에 대한 냉정한 평가가 기왕의 '박근혜 대세론'을 뒤흔드는 요인이 되지 못하였다는 것을 드러냈다. 오히려 유신 시대에 대한 역사적 평가 문제가 '박정희 대 노무현'의 대립구도를 형성하며 각기 그 계승자로서 박근혜와 문재인의 각축에서 박근혜의 우위를 지켜주는 요인으로 작용했다고도 할 수 있다.

　제18대 대선 결과는 전통적인 지역별 대립구도에 더해 세대별 대립구도까지 겹친 상황, 그리고 각 당의 선거전략 등을 포함한 여러 복합적인 요인의 결과이겠지만, '박근혜 대세론'의 근원이 되는 박정희 후광을 그 주된 요소 중 하나로 빼놓고는 설명할 수 없을 것이다. 요컨대 박근혜 정권의 탄생에 박정희 시대에 대한 대중들의 기억이 중요한 요인으로 작용했다고 할 수 있다. 그것은 한국 사회 보수주의의 정신적 기초가 매우 강고하다는 것을 알려주는 지표로서, 진지하게 연구 검토해야 할 문제이다.

　이 글은 한국 사회 보수주의를 강화하고 있는 박정희 시대에 대한 대중의 기억 현상을 조명하고, 그 현상이 박근혜 정권의 탄생에 어떤 역할을 하였는지 살펴보며, 나아가 그 현상과 주류 한국 기독교의 물질주의적 축복의 신앙이 어떤 관계가 있고, 대선국면에서 어떤 영향을 끼쳤는지 간략히 살핌으로써 향후 과제를 모색하려는 예비적 시도에 해당한다.

박정희 시대에 대한 역사적 평가, 그리고 대중의 기억 방식

지난 시대의 유물에 지나지 않고 오늘의 정치 현실에까지 영향력을 미치고 있는 박정희 후광의 실체는 과연 무엇일까? 이미 IMF 구제 금융 위기 어간부터 우리 사회에서는 '박정희 현상'이 뚜렷하게 나타났다. 정치인 박근혜의 부상은 사실상 그 현상과 궤를 같이해왔다. 이른바 '박정희 현상'은 '잘 살아보세'라는 구호로 집약되는 박정희 시대 경제성장의 성공에 대한 대중의 기억에 의존한다. 박정희 시대 경제성장에 대한 대중의 기억은 과연 얼마만큼 역사적 정당성을 지닐 수 있을까? 이 물음에 대한 답을 찾기 위해 우선 박정희 시대에 대한 평가와 관련한 몇 가지 입장들을 살펴볼 필요가 있다. 이 입장들을 살펴보는 것은 박정희 시대에 관한 대중의 기억이 과연 그럴 만한 어떤 요인을 갖고 있는 것인지 간접적으로 조명하는 의의를 지닐 것이다.

박정희 시대에 대한 역사적 평가

박정희 시대에 비롯되는 것으로 간주되는 한국의 경제성장이 세계적인 주목거리가 되었을 때 그에 대한 연구경향은 대체로 경제성장의 성공 원인을 어떻게 규명할 것인가 하는 문제에 집중되었다. 이른바 '시장중심론'과 '발전국가론'은 한국을 비롯한 동아시아 신흥 산업국가들의 경제성장 요인을 해명하는 유력한 입장으로 대두되었다.[1] 그 연구경향들이 박정희 시대에 대한 대중의 기억 방식에 직접적으로 영향을 끼쳤다고 할 수는 없지만, 박정희 시대 경제성장의 성공 측면을 강조한다는 점에서 일방적으로 경제성장의 성공 측면만을 기억하는 대중들의 기억 방식에 부합하는 성격을 띠었다.

   1) 첫 번째로 '시장중심론'은 한국을 비롯한 동아시아 신흥 산업국들의 경제성장이 시장 기제를 발전시킨 무역체제의 전환에서 비롯된 것으로 보고 있다. 다시 말해 1960년대 개발도상국의 보편적인 발전모형이었던 수입대체 모형을 대체하는 수출지향적 모형을 구축한 것이

---

[1] 동아시아 및 한국의 급속한 경제성장에 관한 논의 구도에 대해서는 김진업 편,『한국자본주의 발전모델의 형성과 해체』(나눔의집, 2001), 22 이하; 조희연,『한국의 국가 · 민주주의 · 정치변동 ― 보수 · 자유 · 진보의 개방적 경쟁을 위하여』(당대, 1998), 30 이하 참조.

경제성장의 주요 원인이었다는 것이다. 구체적으로 그 내용은, 첫째 대외지향적 체제로의 전환이 시장 기제를 정착시켜 자원배분의 효율성을 높이고, 둘째 개방체제가 저축 및 인적 자본 투자를 높이고 경쟁을 촉진하여 생산성을 향상시키며, 셋째 개방은 시장개혁의 척도로서 개방적인 체제일수록 외부 충격에 잘 적응하는 탄력성을 지닌다는 것 등으로 집약된다. 요컨대 한국을 비롯한 동아시아 경제성장의 비밀은, 시장 기제가 불완전한 상황에서 그것이 왜곡되지 않고 발전할 수 있도록 하여 그것을 통한 효과적인 자원배분의 기능을 보장하고, 사적 기업의 적극적 투자와 기업 활동을 보장한 데 있는 것으로 파악된다. 여기서 현실적으로 중요한 몫을 담당한 국가의 역할은 시장억압적인 방향이 아니라 시장증대적인 방향으로 나아갔기 때문에 성공적이었던 것으로 평가된다.

2) 그러나 한국을 비롯한 동아시아 국가들의 경제성장 과정에서 국가가 단지 시장증대 내지는 시장적응을 위한 정책적 개입을 시도했다기보다는 오히려 시장을 주도하는 정책적 개입을 시도한 측면이 두드러지게 드러남에 따라 '시장중심론'을 대체하는 '발전국가론'이 대두되었다. 한국을 비롯한 동아시아의 국가들의 경제성장은 단순히 개방체제를 통해서가 아니라 국가에 의한 국민경제의 세심한 조직화를 통해서 달성되었다는 것이 발전국가론의 요체이다. 이 입장에서 '발전국가'로 정의되는 국가의 정책적 개입은 대체로, 첫째 급속한 자본축적의 조건으로서 투자 동원, 둘째 투자 동원을 가능하게 해준 수단이자 정책으로서 금융, 셋째 투자 대상과 규모를 조정할 수 있도록 해주는 조건으로서 수출에 집중된 것으로 이해된다. 특히 한국의 경우 국가가 시장을 활용한 측면 이상으로 기업의 투자활동 자체를 창출하고 직접 감시했

던 측면이 매우 두드러진 것으로 평가된다. 요컨대 이러한 입장에 따르면 한국의 경제성장은 효율적인 국가의 관리 및 주도하에 이뤄진 것으로 평가된다.

3) 시장적응의 측면을 강조하든 시장주도의 측면을 강조하든 기존의 이론은 국가의 개입에 의한 경제성장의 측면만을 조명할 뿐, 경제성장과 정치체제의 관계 및 계급정치에 의한 의도하지 않은 결과 등을 전반적으로 조명할 수 없는 한계를 지니고 있다. 그 까닭에 경제적 산업화와 정치적 민주화의 복합적 관계를 규명할 수 있는 이론틀이 요구되었고, 최근에는 그 상호관계를 규명하고자 하는 시도들이 이뤄지고 있다. 이 시도는 위로부터의 시선에서 경제적 산업화의 성공을 강조하는 보수적 견해와 아래부터의 시선에서 정치적 민주화의 성취를 강조하는 진보적 견해를 두루 아울러 통합된 시각에서 이른바 '개발독재의 시대'로 일컬어지는 박정희 시대를 실체적으로 규명하려고 한다.[2]

기존의 시각에서는 시장적응의 측면을 강조하든 시장주도의 측면을 강조하든 일정한 자율성을 가지고 있는 국가의 효율적인 통치가 강조되었지만, 경제적 산업화와 정치적 민주화의 관계를 동시에 규명하고자 하는 새로운 접근에서는 한편으로는 경제성장을 추구하는 국가적 기획에 동의를 표하면서도 또 다른 한편으로는 그 과정에서 등장한 국가권력의 권위주의화 및 산업화 자체의 문제점에 대해 이의를 제기하고 저항한 민중의 역할이 주목된다. 여기서 민중은 이중적인 역할을 수행한 것으로 평가된다. 다시 말해 한편으로는 국가권력의 헤게모니적 통치에 포섭되어 산업화의 실질적 주역으로 역할을 하면서도 동시

---

2) 조희연, 『동원된 근대화 ― 박정희 개발동원체제의 정치사회적 이중성』(후마니타스, 2010), 420 참조.

에 국가권력의 헤게모니적 통치에 균열을 내면서 정치적 민주화를 추동시킨 민중의 역할이다.[3]

박정희 시대의 경제적 성장 또는 경제적 산업화와 정치적 민주화의 관계에 대해서는 이상과 같이 여러 입장들을 통해 다각적으로 조명되고 있다. 그리고 그 입장들은 매우 첨예한 논쟁점들을 안고 있다.

하지만 그 다양한 견해들에도 불구하고 상식적 수준에서 대체로 일치된 어떤 견해가 없는 것은 아니다. 경제성장 과정에서 정치적 권위주의 강화 현상이 노골화되었고 그로 인한 민주주의와 인권의 억압이 현저했다는 것이다. 대통령 후보 박근혜가 아버지 시대의 유산에 대해 국민을 향한 사과 성명을 발표해야 했던 것도 이와 같은 상식적인 역사 인식에 기반을 둔 것이다. 또한 경제적 성장 그 자체 안에서도 불균등 발전 및 불평등의 요인을 안고 있었다는 점이 지적되고 있다. 박정희 시대 경제적 성장의 성취를 강조하는 입장에서도 그 사실만큼은 부정하지 않고, 그저 경제적 성장을 위한 불가피한 현상으로 군색하게 변호하고 있는 것이 사실이다.

박정희 시대에 대한 대중의 기억 방식

그러나 '박정희 현상'으로 일컬어지는 대중의 기억 방식은 그 시대에 관한 여러 논란들에 아랑곳없이 그저 '좋았던 시절'로 그 시대를 재현해 내고 있다. 대중의 기억 속에서는 정치적 권위주의에도 불구하고 경제

---

[3] 산업화와 민주화의 동시적 모순관계에 대해서는 최형묵, 「한국 근대화의 재검토: 산업화와 민주화의 역동적 모순관계를 중심으로」, 『진보평론』 52 (2012/여름), 121-146 참조.

성장만큼은 성공했다기보다는 바로 그 때문에 경제적 성장만큼은 성공을 거둘 수 있었다는 식으로 각인되어 있다. 그 기억 방식에서 대통령 박정희는 오직 나라와 민족을 생각하며 국민을 절대적 빈곤의 상태에서 해방시켜준 위대한 지도자로 살아 있다. 여기서는 그의 친일경력도 문제되지 않으며, 정치적 권위주의와 함께 심각한 부패구조를 만들어낸 그의 역할도 전혀 걸리지 않는다. '잘 살아보세'를 외치며 국민들에게 자신감을 심어주고 실제로 놀라운 경제성장을 이룩한 면모만 기억될 뿐이다. 그의 딸 박근혜가 대통령으로 당선된 직후 제일성으로 "다시 한 번 '잘 살아보세'로 국민 행복 시대를 열겠다"라고 한 것도 그 기억의 힘을 알고 있는 그로서는 당연한 것이었다.

박정희 시대, 특별히 유신 시대가 경제적 성장 과정 안에서 심각한 정치적 폐해를 동반하였고 경제적 성장 그 자체 안에서도 적지 않은 문제를 안고 있었다는 역사적 평가에도 불구하고, '위대한 지도자가 영도한 좋았던 시절'로만 기억하는 대중의 기억 방식은 어디에서 비롯되는 것일까? 그리고 그것이 과거의 기억으로 그치지 않고 오늘날까지 현실적인 힘을 발휘하고 있는 까닭은 무엇일까?

기억이란 현재의 시점에서 과거를 재구성하고 그것을 통해 미래의 기대를 표출하는 행위라 할 수 있다. 다시 말해 기억은 과거와 미래의 사이에 있는 행동주체가 현재의 시점에서 선택적으로 행하는 행위이다. 여기서 선택적 행위는 비록 의식적이지 않다 하더라도, 과거의 어떤 면을 상기하고 그 면을 기억 속에서 두드러지게 하기 위해서 그것과 모순되는 다른 면을 망각하는 것을 뜻한다.[4] 현실적인 힘을 발휘하는

---

4) 石田雄, 『記憶と忘却の政治學: 同化政策·戰爭責任·集合的記憶』(明石書店, 2000), 12-14; 오태영, 「해방과 기억의 정치학 ― 해방기기억서사연구」, 『한국문학연구』 39

힘으로서 그 선택적 행위를 가능하게 한 요인이 무엇일까?

그 선택적 기억 행위가 현재의 시점에서 문제되고 있다는 점에서 그 기억을 불러일으킨 현재의 요인을 진단하는 것이 가장 일차적인 과제일 것이다. 박근혜 대통령이 경제 민주화와 복지 의제로 대중에게 호소했고 이를 통해 지지기반의 외연을 넓힌 측면을 감안하면, 경제 민주화와 복지가 결여된 현실이 문제였다. 이 점에 대해서는 길게 부연 설명하지 않아도 대체로 공감되는 바이다. 대다수가 체감하고 있듯이 경제적 양극화 현상과 그로 인한 실질적인 생활상의 고통이 과거의 기억을 선택적으로 재현시켜내는 현실적 출발점이었던 것이다.

문제는 그 현실로부터 출발한 과거에 대한 재구성으로서 박정희 시대에 대한 대중의 기억 방식이 도대체 어떻게 가능한가 하는 점이다. 그 원인에 대한 진단은 어려 가지 방식으로 모색되고 있다.

1) 첫 번째는 가장 일반화된 진단으로, 대중의 역사의식의 부재에서 그 원인을 찾는 견해다. 대중이 유신 시대에 대한 객관적인 역사인식이 없기 때문에 그 시대에 대한 전도된 인식을 갖게 되었다는 진단이다. 그 진단은 그 시대를 직접 살지 않았던 세대들과 관련해서는 유효한 진단일 수 있지만 그 시대를 직접 살았던 세대들과 관련해서는 충분한 진단이 될 수 없는 한계를 지니고 있다. 비록 대중들에게 총체적인 역사 인식이 결여되어 그 시대의 전모를 알지 못하는 한계가 있다 하더라도 그 시대를 직접 살았던 사람으로서 각기 나름의 경험과 기억을 갖고 있는 까닭에, 역사인식의 결여라는 진단이 그 시대를 직접 살았던 사람들 나름의 경험과 기억이 어떻게 오늘의 '박정희 현상'을 만들어내는

(2010), 176 참조.

근원으로서 역할을 하는지에 대한 해명은 되지 못한다.

2) 그래서 주목할 만한 진단으로, 박정희의 헤게모니적 통치의 성공을 그 요인으로 꼽는 진단이 제기되고 있다. 헤게모니적 통치의 성공을 강조하는 진단은 유신 시대의 통치 방식이 지니는 문제에도 불구하고 일정하게 대중들의 동의에 기반한 측면이 있다는 점을 주목한다. 대중이 지금까지도 그 시대를 긍정적으로 기억할 만한 동의적 요소가 분명하게 있었다는 것이다. 익히 알려진 대로 '잘 살아보세'라는 구호는 한 통치자의 단순한 이데올로기적 기만이었다고는 볼 수 없다. 그것은 그 시대 대중의 간절한 욕망을 단적으로 표현하는 구호였다. 그 기치 아래 진행된 경제개발이 부의 불평등을 비롯한 여러 심각한 문제들을 야기한 것은 사실이지만, 절대 빈곤의 상태에서 생존의 위기를 겪고 있었던 당시 대중들에게 상대적 불평등의 문제보다는 절대적 빈곤으로부터의 해방 자체가 더욱 절실하게 다가왔으리라는 것은 쉽게 예상해 볼 수 있다. 이 진단은 매우 개연성이 있지만, 그것이 오늘날까지도 지속적으로 영향을 끼치는지 그 이유를 충분히 설명하는 데는 일정한 한계를 지니고 있다고 할 수 있다. 그러나 한편 과거의 전반적인 절대 빈곤 상황과 다를지라도 상대적 빈곤의 심화와 이로 인한 박탈감, 그리고 동시에 절대 빈곤 수준에 버금가는 어떤 현상이 여전히 존재한다면, 여전히 이 진단은 현실적 유의성을 지닌다고 할 수 있다.

3) 마지막으로 '박정희 현상'을 이해하는 또 하나의 방법으로 그 현상을 발생시키는 사회심리적 기저를 이해하려는 시도를 들 수 있다. 이것은 인간의 심리가 역사와 문화 속에서 구성된다는 문화심리학의 기본 가정을 전제로 하고 있으며, 이 전제에 비춰볼 때 한국인의 심리 기저 가운데 오랜 동안 응결되어온 현세주의가 주목되며 이를 형성시

킨 종교의 역할이 주목된다. 이 견해는 사회적 갈등관계와 그에 따른 각기 다른 계급·계층의 이해관계를 뛰어넘어 통합적인 주체로서 한국인을 전제한다는 점에서 역사적 구체성을 결여하는 한계를 지니고 있지만, 동시에 그것은 정반대로 계급·계층의 물질적 이해관계에 반하는 정치적 선택을 가능하게 하는 요인의 기저를 파악할 수 있도록 해준다는 점에서 유용한 설명방식이 될 수도 있다.

박정희 시대에 대한 기억과 박근혜 정권

박정희 시대의 여러 문제점들에도 불구하고 대중의 기억 가운데는 그 시대를 '좋았던 시절'로 기억할 만한 요인이 있었다고 볼 수 있을 것이다. 그것은 당시 상황에서 대중들의 동의에 기반을 둔 것으로서, 이른바 절대적 빈곤으로부터 해방을 가능하게 한 경제성장의 성취라고 할 수 있다. 그것이 오늘의 경제적 양극화 현실에서 '박정희 향수'를 자극하는 요인으로 작용하고 있다.

그런데 그것이 오늘 박근혜 정권을 탄생하게 한 중요한 하나의 요인이라고 한다면, 과연 그 기억에서 비롯되는 기대에 부응할 만한 요인이 박근혜 정권에 있는지 검토해볼 필요가 있다. 박근혜 정권이 박정희의 유산 내지는 그 후광과 겹쳐 있다고 했을 때, 그 의미는 단순한 복제 내지는 연속만을 뜻하는 것은 아니다. 연속성을 기반으로 하는 것은 분명하지만, 단순 반복이라는 의미에서 연속이라기보다는 변형된 형태의 재현이라고 보는 것이 적절할 것이다. 그간 정치적 민주화가 진전되었을 뿐 아니라 여러 가지 역사적 조건이 달라졌다. 단적으로 말해 절대적 빈곤으로부터의 해방이 절실한 과제로 제기되던 상황과 세계

10위에 근접할 만큼 성장한 경제규모를 갖추고 있는 상황에서의 기대치가 같을 수는 없다. 박근혜 정권에 겹친 박정희의 후광은 이러한 역사적 상황의 차이를 감안하며 헤아리지 않으면 안 될 것이다.

박정희 모형은 반공주의, 성장주의, 지역주의, 권위주의를 골간으로 하고 있다. 그 가치들은 오늘날 한국 사회의 보수주의를 구성하는 요소로 작동하고 있으며, 동시에 박근혜 정권의 성격을 규정짓는 요소들이기도 하다. 이러한 요인들만 강조한다면 박근혜 정권은 박정희 정권의 복제판이 될 수 있다고 할 수 있을지도 모른다.

그러나 박근혜 정권의 탄생이 단순히 과거의 유산을 고수하는 가운데 이뤄진 것이 아니라는 점을 새겨볼 필요가 있다. 정치 지도자로서 박근혜의 부상은 박정희 모형이 갖는 또 하나의 중요한 요소인 서민주의와 긴밀하게 결합되어 있다. 박정희의 서민주의는, 고도 성장기 경제적 불평등의 심화에도 불구하고 박정희 정권이 서민층으로부터 지지를 받게 된 결정적 요인이었다. 박정희는 스스로 빈농 태생으로 농민 등 서민에게 친화적인 이미지를 지니고 있었다. 박정희의 서민주의는 그 실상과 상관없이 서민대중에게 그렇게 인식되었다는 점에서 정치적 중요성을 지니고 있다.5) 이 점에서 박정희 및 그 시대에 대한 대중의 기억은 경제성장의 성과와 그 서민주의적 이미지의 결합에서 비롯된다고 할 수 있다. 정치 지도자로서 박근혜의 부상, 그리고 마침내 대통령에 이르기까지의 과정이 박정희의 서민주의와 관계를 맺고 있다는 것은, 대중의 그 기억이 박근혜에 대한 열성적인 지지로 이어졌다는 것을 말한다. 그것은 박근혜의 풍모가 아버지의 서민친화적인 인상을 지녔

---

5) 이철희, 「박근혜의 힘을 낳는 정치구도와 전략」, 김종욱 외 지음, 『박근혜 현상 ― 진보논객, 대중 속의 박근혜를 논하다』(위즈덤하우스, 2010), 35 참조.

다는 것을 말하는 것은 아니다. 오히려 그 점에서 박근혜는 전혀 상반된 이미지를 갖고 있다. 그럼에도 불구하고 대중에게 서민적 대통령 박정희가 이룬 성취를 이룰 수 있는 신뢰감과 기대감을 안게 했다는 점이 중요하다.

정치 지도자, 특히 대통령 후보로서 박근혜는 기존의 보수주의에서 명백히 선회하는 태도를 취했다. 2009년 5월 미국 스탠퍼드 대학에서의 연설은 그 입장의 선회를 분명하게 보여주었고, 그 입장이 결국 대선 국면에서 경제 민주화와 복지 의제를 선점하는 일관된 입장으로 나타났다. 스탠퍼드 대학 강연에서 박근혜는, '원칙이 바로 선 자본주의'를 말하면서 자본주의 자체에 대해 규범적으로 접근함으로써 신자유주의자들과 다른 입장을 분명히 하고 있을 뿐 아니라, 구체적으로 "경제발전의 최종 목표는 소외계층을 포함한 모든 국민이 함께 참여하는 공동체의 행복 공유에 맞춰져야 한다"고 했다. 같은 해 9월에는 "우리가 여전히 이루지 못한 것, 우리의 궁극적 꿈은 복지국가 건설이다"고 했는가 하면, 2010년 6월에는 "경제정책 운용의 주안점을 성장률뿐 아니라 서민과 젊은 층에 도움이 되는 데 두어야 한다"고 했다. 이와 같은 방식으로 박근혜는 아버지 박정희의 서민주의를 재구성하는 전략을 취했다.[6] 결과적으로 박근혜 정권의 탄생은 그에 힘입은 바 크다고 할 수 있다.

정권의 출범과 각료 및 비서진을 구성하는 과정과 그 면모를 보면, 과연 선거공약으로 제시된 경제 민주화와 복지 정책을 추진할 수 있을지 의심스러워 보이는 것이 사실이다. 국정지표에서도 경제 민주화 개

---

6) 이철희, 앞의 글, 앞의 책, 45-46; 김헌태, 「박근혜 현상을 보는 또 다른 눈」, 같은 책, 136-137 참조.

넘이 후퇴한 것으로 보인다. 그러나 그간 일관되게 보여주었던 주장이 단지 선거용 공약이 아니라 대통령 자신의 진정성 있는 입장이었다면, 아마도 박근혜 대통령은 정치의 비효율성을 혐오하였던 아버지의 스타일과 유사한 권위주의적 방식으로 권력의 정점에 있는 자신의 의지를 관철함으로써 국민과의 약속을 지키려 할지도 모른다. 그것이 성공한다면 변형된 박정희 모형이 재현되는 것을 뜻한다. 곧 정치적 발전의 정체에도 불구하고 제한적이나마 경제 민주화와 복지만큼은 성공을 거둘 수도 있는 것이다. 반대로 그것이 실패한다면 박정희 향수의 기반이 무너지는 것을 뜻한다. 하지만 그것은 동시에 국민에게 그만큼 고통이 가중될 것이다. 과연 성공을 바랄 것인가? 실패를 바랄 것인가?

박근혜 정권의 탄생과 성장주의 기독교

그간 박정희 시대 경제 성장주의와 교회 성장주의 및 물질주의적 축복의 신앙의 동일성에 관한 지적은 충분히 이뤄졌다. 예컨대 흔히 이야기되듯이 박정희의 '조국 근대화'는 기독교의 '민족 복음화'로, '잘 살아보세'는 '삼박자 축복'으로 등치되어왔다는 것은 상식으로 통용되어왔다.

그 가치의 공유가 어떻게 이뤄졌는지, 그 가치의 공유를 가능하게 한 기제들과 작동원리는 무엇인지에 대한 문제는 본격적인 연구가 필요한 과제이지만, 그 가치의 공유가 한국 사회에서 '박정희 현상'을 부추기는 데 일조함은 물론 박근혜 정권의 탄생에도 기여하였다는 것은 분명하다.

이명박 정권의 탄생에도 중요한 역할을 하였던 주류 한국 기독교는 박근혜 정권의 탄생으로 보수주의 정권의 연장에 역시 중요한 기여를 하였다. 물론 교회 장로인 이명박 후보를 지지할 때와는 다른 양상을 띤 것은 사실이다. 박근혜 후보에 대한 한국기독교총연합회의 노골적인 지지 표명이라든가 선거 때마다 공공연하게 나서는 다수의 기독교 유력인사들의 지지 표명은 이전과 다를 바 없는 양상이었다. 그런데 이명박 후보를 지지하는 명분으로 '장로 대통령 만들기' 구호를 전면에 내세울 수 있었던 것과는 달리 박근혜 후보에 대해서는 그와 같은 구호를 내세울 수 없었다는 점이 다를 수밖에 없었다. 이명박 정권에 대한 지지에서는 한국 보수 기독교의 중요한 두 가지 속성으로서 경제적 성장주의와 자기중심주의가 동시적으로 작동하는 가운데 배타적 자기중심주의가 기독교인들 사이에서 외연을 확대하는 역할을 했다면, 박근혜 정권에 대한 지지에서는 경제적 성장주의에 대한 가치 공유가 주도적 역할을 하였다. '잘 살아보세!'를 외쳤던 박정희 딸로서 그 후광을 입은 박근혜에 대한 지지는 경제적 성장주의를 신앙의 성취로 곧바로 받아들이는 주류 한국 기독교의 현세적 물질주의 입장에서는 매우 당연한 것이었다. 기독교 보수 세력과 보수 정권 사이의 일종의 가치의 연대가 이뤄진 것이라 할 수 있다.

이와 같은 가치의 연대는 그저 '교회 장로'이기 때문에 대통령 후보로서 지지한다는 '묻지마' 식의 태도를 넘어선 것으로, 박근혜 정권의 탄생 과정에서 보여준 보수 기독교의 정치 행동은 보수적인 정치 세력과 보수적인 기독교의 이데올로기적 공감대가 훨씬 탄탄하다는 것을 확인시켜주었다고 할 수 있다.[7]

---

7) 최형묵,『한국 기독교의 두 갈래 길』(이야기쟁이낙타, 2013), 27-29 참조.

결론을 대신하여

이 글에서 필자는 한국 사회 보수주의를 강화하고 있는 박정희 시대에 대한 대중의 기억 현상을 조명하는 가운데 그 현상이 박근혜 정권의 탄생에 어떤 역할을 하였는지 살펴보았고, 나아가 그 현상과 주류 한국 기독교의 물질주의적 축복의 신앙이 어떤 관계가 있고 대선국면에서 어떤 영향을 끼쳤는지 간략히 살펴보았다.

　여기서 간략히 스케치한 내용을 더욱 발전시키기 위해서는 박정희 시대 경제 성장주의와 교회 성장주의 및 물질주의적 축복의 신앙의 동일성의 구조를 본격적으로 파악하고 분석하는 것이 필요할 것이다. 특별히 경제 성장주의에 영합한 기독교의 물질주의적 축복의 신앙을 강화하고 확대한 교회 내 기제들에 대한 탐구는 아직 본격적으로 이뤄진 바 없다. 경제 성장주의와 교회 성장주의 및 물질주의적 축복의 신앙의 결합을 강화하고 확대한 교회 내 기제들로는 이에 관한 선포(설교)뿐만 아니라 예배와 신앙교육, 교회조직 등 매우 다양한 요소들이 있다. 이러한 다양한 요소들이 어떻게 물질주의적 축복의 신앙을 강화하고, 결국 이를 통해 경제 성장주의를 수용하고 다시 그 외연을 확대하는 역할을 하게 되었을까?

　이에 대한 적절한 답을 찾을 수 있다면, 그것은 한편으로는 오늘 한국 사회에서 강화되고 있는 보수주의의 정신적 기초를 밝히게 될 것이며, 또 한편으로는 한국 사회의 보수주의를 강화하는 한 요인이자 동시에 오늘의 시점에 그 보수주의를 선도하기조차 하는 한국 기독교 보수주의의 작동원리를 밝히게 될 것이다. 그에 대한 규명은, 엄연히 존재하는 현실의 부조리와 그 역사적 기원에 대한 투명한 인식을 저해하는 요인이 무엇인지 밝히는 것을 뜻하며, 그 저해 요인을 어떻게 극복할 것인지 대안의 실마리를 찾는 것을 뜻한다.

제8시대

최형묵은 본 연구소 운영위원으로, 천안살림교회 담임목사로 재직하고 있다. 또한 한신대학교 외래교수이고, 『진보평론』편집위원이다. 『신학사상』편집장을 역임했고, 저서로『반전의 희망, 욥』,『한국 기독교와 권력의 길』,『보이지 않는 손이 보이지 않는 것은 그 손이 없기 때문이다』등이 있다.

여성정치세력화와
여성대통령 만들기

이숙진

여성대통령의 탄생과 여성인권

여성인권을 가늠할 수 있는 성별격차지수 순위 135개국 중 108위, OECD 국가 중 유리천장 지수(Glass Ceiling Index) 최하위[1]를 기록하고 있는 한국에서 여성대통령이 탄생하였다. 이번 선거 결과를 두고

---

1) 2013년 '세계 여성의 날'을 맞이해 영국 경제 전문지 〈이코노미스트〉지가 공개한 OECD 국가들의 '유리천장 지수'를 보면 한국은 26개 국가 중 꼴찌이다. 〈이코노미스트〉는 여성의 고학력(대학 이상) 비율(23%), 여성의 노동 참여 비율(23%), 여남의 임금 격차(23%), 여성의 고위직 비율(23%), 평균 임금에서 보육 비용(8%)을 분석해 지수로 만들었다고 밝히고 있다. http://www.economist.com/blogs/graphicde-tail/2013/03/daily-chart-3

상반된 해석이 등장하고 있다. 한편에서는 우리 사회가 '여성'대통령을 배출할 정도로 여권이 향상되었다고 보면서 역할모델론을 내세워 여성의 삶의 질이 더욱 고양될 것이라고 낙관하고 있다. 다른 한편에서는 최고 권력자 1인이 생물학적으로 여성이라고 해서 여성의 삶이 고양될 것이라는 믿음은 여권 확장에 오히려 독이 될 수 있다고 경고한다. 후자

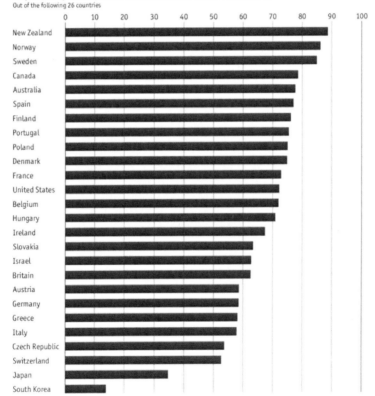

Glass-ceiling index
Weighted average of five indicators*, 2011 or latest, 100=best for working women
Out of the following 26 countries

*Weighting of 23% for: difference between female and male population with tertiary education; female labour-force participation; difference between female and male median earnings of full-time employees; women in senior management as % of total.
Weighting of 8% for: net child-care costs as % of average wage

Sources: OECD; ILO; Catalyst; *The Economist*

의 주장에 따르면 여성과소대표나 여성인권이 보장되지 않은 가부장적 사회에서 여성 최고지도자의 등장은 양성평등의 조건이 갖춰진 듯한 착시현상을 불러일으켜 오히려 여성 대중에게 자괴감을 유발할 수 있다는 것이다.

여성대통령의 등장으로 마침내 한국 사회는 성평등의 시대를 맞이할 것인가? 성평등 시대까지는 아니더라도 이번 정부는 여성 친화적 정부가 될 것인가? 이러한 질문들에 대해 명확한 답을 제시하기는 힘들다. 일차적 원인은 '국민의 정부'에서 시작한 '성 주류화 전략'으로 인해 가시적 차원의 차별은 조금씩 개선되고 있으나 여성의 사회활동을 제한하는 유리천장과 유리절벽이 여전히 공고하다는 데 있다. 직종에서의 성별분리와 여성의 비정규직화를 해결하는 것과 같은 실질적 평등을 구현할 획기적 정책이 실행되지 않고서는, 여성대통령 시대가 되었다고 해서 성차별적 구조를 극복하기는 어렵기 때문이다. 또 다른 원인은 새로 선출된 여성대통령 박근혜가 양성평등 사회를 향한 확고한 의지와 철학을 지니고 있는지에 대한 의구심이다.

18대 대선 이전의 박근혜는 '스타 정치인', '선거의 여왕', '독보적인 대통령 후보'라는 타이틀을 교체해온 노련한 정치인이다. 여성정치를 기획하는 여성들에게 그는 여성정치세력화의 디딤돌이 될지 걸림돌이 될지 늘 의문거리였다. 설령 디딤돌이 된다 할지라도 그와 연대할 것인지 말 것인지에 대해서도 여성 진영에서는 의견이 분분했다. 그의 과거사 이력 때문이다. 박근혜에게 '박정희의 딸' 혹은 '유신의 조력자'라는 표상은 그의 정치 입문(1998)을 도운 '날개'였지만, 대선(2012)에 도전하는 그에게는 절대 풀릴 것 같지 않은 '족쇄'였다. 그런데 어느 순간 그 족쇄에서 빠져나와 그는 '여성'대통령이라는 날개를 달았다.

누가 그에게 여성 대표성의 날개를 달아주었는가? 이 글은 이러한 물음에서 출발하여 여성대통령 시대의 여성정치세력화의 방향성과 이에 대한 기독교 여성윤리의 정당성을 모색한다.

박근혜 지지논쟁과 여성정치세력화(18대 대선 이전)

여성정치를 기획하는 여성들이 정치인 박근혜에게 관심을 갖게 된 것은 2002년부터이다. 당시 박근혜는 스타 정치인으로 급부상하고 있었다. 대구 달성 보궐선거에서 '돌풍'을 일으키며 정계에 입문한 지 2년도 안 되어 한나라당 부총재로 선출(2000년)되고, 16대 대선을 앞두고 당내 경선 출마를 공식화할 정도로 정치적 입지를 굳히고 있었다. 경선 과정에서 그는 당시 한나라당 대선후보였던 이회창과 갈등을 일으켰고, 우여곡절 끝에 탈당한 후 한국미래연합을 창당(2002. 4)하였다.

그 즈음 진보적 언론인으로 알려진 〈프리미어〉 편집장 최보은 기자는 박근혜를 주목하였다. "박근혜를 사유하자" "여성이 뭉쳐 박근혜를 찍는 게 진보다"고 선언하면서 이른바 박근혜 지지론을 주창하였다.[2] 대국민적으로는 최고의 인기를 구가하고 있지만 '남성마초들'의 정치판에서는 구색 맞추기용의 여성정치인에 불과한 줄 알았는데, 어느덧 "건국 이래 최초로 정치권 전체에 캐스팅보트를 행사할 수 있는 유력한 정치기반을 가진"[3] 그에게서 한국 여성 정치인의 현실과 미래를 본

---

2) 편집부, 「최보은 인터뷰: 박근혜가 출마하면 나는 그를 찍겠다」, 『말』(2002. 4).
3) 최보은, 「박근혜 인터뷰: 진흙탕 정치판 헤쳐 나갈 지혜와 신념 있다」, 『말』(2003. 4).

것 같다.

동기가 어찌되었든 그의 주장을 견지하는 여성들이 잇달았다. 여성문화모임인 '살류쥬' 대표의 "최보은을 지지한다"는 발언,4) "정치하고 싶으면 어떤 정당이든 가라"는 이효재(이대명예교수)의 발언, 김선주(한겨레신문 주필)의 "박근혜 의원이 여성대통령 후보가 못될 것이 없다. … 지나친 결벽주의를 버리고 서로 연대하고 지저분해질 각오를… (그렇지 않는다면) 남성 정치권력에 이용당하는 주변 정치세력으로 남을 수밖에 없을 것"5)이라는 요지의 지지 발언이 연이어 터져 나왔다. 이러한 발언들은 정치활동을 하려는 여성이면, 힘을 모아주는 것이 여성의 정치세력화에 유용한 자원이라는 논리였다. 그러나 박근혜 지지론은 페미니스트로 알려진 최보은의 입장에서는 상당한 위험을 감수한 소신발언이었다. 당시 박근혜에 대한 일반적 인식은 '박정희 향수'로 인해 거품인기를 누릴 뿐인 '독재자의 딸'에 불과했기 때문이다. 따라서 그의 발언은 이른바 진보적 지식인들로부터 "주류 페미니즘이 저급한 사회의식에 머물러 있고 사회적 억압에 무관심하다"6)고 매도당했다.

박근혜 불가론의 입장에서도 의견을 적극 개진하였다. 조순경(이대)은 박근혜가 독재자의 딸이어서가 아니라, 독재자 아버지의 길을 따르겠다고 하기 때문에 반대한다고 밝혔다.7) 그 외에도 여성의 정치참여가 확대되는 것과 민주주의의 실현은 동전의 양면처럼 서로 맞물려 있기 때문에 여성 정체성보다도 유신체제의 흔적이 더 강하게 각인

---

4) 위의 글.
5) 김선주, 「여성도 더러워져야」, 『한겨레신문』(2002. 4. 25), 4면.
6) 김규항, 「그 페미니즘」, 『씨네 21』(2002. 4. 25).
7) 조순경, 「아무 말이나 해도 되는 '용기'를 어디서 얻었을까?」, 『여성신문』 675호 (2002. 5. 10).

된 박근혜를 지지할 수 없다는 입장 표명 등이 잇달았다.

　이에 반해 진보적 여성운동 진영(이하 여성 진영)에서는 '냉정한 침묵'을 지켰다. 당시 여성 진영은 여성정치세력화를 위하여, 새로운 사람을 발굴하고 더러운 판을 갈아엎자는 주장을 지속적으로 하고 있었고,[8] 구체적으로는 선거법 개정을 통해 비례대표 할당제 추진과 왜곡된 선거문화 개혁에 힘을 싣고자 적극적으로 움직이고 있었다.[9] 자신의 발언을 계기로 여성과 정치, 여성과 선거 등에 대한 정교한 논의전개를 기대했던 최보은은 여성 진영의 무반응으로 인해 후속 담론화 작업을 중단하였고, 이로 인해 1차 박근혜 지지논쟁은 일단락되었다.

　박근혜 지지론의 파동이 잦아질 무렵, 5%대에 머물던 여성의원의 수가 17대 총선에서는 13%로(여성의원 39명) 비약적으로 증가했다.[10] 이는 순전히 비례대표제에 의한 여성할당제 덕분이었다. 여성할당제는 17대 총선을 앞두고 구성된 '총선여성연대'와 '맑은정치여성네트워크'가 기울인 노력의 열매이다. 322개 여성단체가 참여한 총선여성연대는 비례대표의 50%를 여성에게 할당하는 제도의 도입과 유권자운동 수칙, 나아가 여성후보를 돕는 방안 등을 구체적으로 제시하였다. '맑은정치여성네트워크'는 미국의 '에밀리 리스트'와 같은 역할을 수행하였는데 구체적으로는 101명의 공천추천 여성명단을 제시함으로써 여성대표로서 자격 있는 인력풀을 제공하였다. 이들의 활동은 영 페미니스트들로부터 정치적 비전이나 보수/진보의 정치적 성향과 상

---

8) 이정민, 「박근혜 논쟁은 그들만의 논쟁이었나」, 『말』(2003. 8).
9) 성공회대 아시아NGO정보센터, 「강남식, 정현백 대담: 페미니즘 아젠다는 우리의 미래인가」, 『한국, 아시아 시민사회 기획대담』(2004. 5.10. 미간행자료).
10) 〈표〉 각 대선별 여성의원 증가

관없이, '생물학적으로 여성'이기만 해도 단결한다고 폄하된 적도 있지만,[11] 여성정치세력화에 큰 공헌을 했다는 평가도 받았다.

여성 진영이 여성정치세력화를 위해 괄목할 만한 전략적 실천을 수행하고 있는 동안, 박근혜는 정치공간에서 무시할 수 없는 영향력을 과시하였다. 한나라당으로부터 탈당, 창당, 복당의 과정을 거치면서 정치적 입지를 넓히고 다진 결과이다. 그는 17대 총선 당시 한나라당의 부패의 이미지를 탈색시키는 데 주력하여 퇴출대상의 정당을 소생시켰는데, 이를 계기로 아버지의 후광에 스스로의 능력을 더하여 '구원자'의 이미지를 획득하게 되었다. 뿐만 아니라 한나라당으로서는 최대 위기였던 '탄핵 역풍'(2004) 속에 치른 17대 총선에서 무려 121석을 확보함으로써 정치인 박근혜의 위상은 더욱 단단해졌다.

2007년 17대 대선을 앞두고 치러진 한나라당 경선 당시 박근혜 지지론이 또 다시 여성 진영에서 등장하였다. 당시 한나라당이 압축적

대	시행연도	전체 국회의원	여성의원 (지역)	여성의원 (비례)	비율 (%)
1대	1948	200	1	0	0.5
2대	1950	210	2	0	1
3대	1954	203	1	0	0.5
4대	1958	233	3	0	0.9
5대	1960	233	1	0	0.4
6대	1963	175	2	0	1.1
7대	1967	175	1	2	1.7
8대	1971	204	0	5	2.5
9대	1973	219	2	9	5
10대	1978	231	1	8	3.9
11대	1981	276	1	7	2.9
12대	1985	276	2	6	2.9
13대	1988	299	0	6	2
14대	1992	299	0	3	1
15대	1996	299	2	7	3
16대	2000	273	5	11	5.9
17대	2004	299	10	29	13
18대	2008	299	14	27	13.7
19대	2012	300	19	28	15.7

11) 조이여울, 「여성정치, 이미지만 있다」, 『문화과학』 38 (문화과학사, 2003), 210.

고도성장 시대의 경제 아이콘이었던 이명박 서울시장을 대선후보로 밀자 보수적 여성단체인 한국여성협의회와 여성정치연맹 등 대표 50명은 박 후보에 대해 공개적 지지를 하였다. 퇴출 직전의 당을 구원한 그가 여자라는 이유만으로 경선에서 평가절하당한다고 판단한 것이다. 이명박 후보의 '경제대통령'이란 슬로건에 빗대어, 박 후보야말로 일찍이 청와대에서 경제도약 수업을 받은 '준비된 대통령' 후보임을 내세웠다.

이처럼 박근혜는 선거 국면마다 여성정치세력화와 관련하여 끊임없이 호출되어온 여성정치인이다.

박근혜 여성 대표성 논쟁과 여성정치세력화(18대 대선 과정)

박근혜는 두 차례(2002, 2007)에 걸쳐 당내 경선에서 실패했지만 18대 대선에서는 일찍부터 여당의 독보적 대선후보로 거론되었다. 당내에서 뿐만 아니라 민주통합당의 문재인 후보와 새 정치의 희망이었던 안철수 후보를 시종 압도하였다. 그러나 그의 정치입문을 열어준 '박정희의 딸'이라는 기표는 대통령직을 앞둔 상황에서는 과거사 프레임에 갇히게 하는 족쇄가 되었다. 그런데 대선 캠페인 과정에서 사용한 슬로건이 "내 꿈이 이루어지는 나라"에서 "준비된 여성대통령"으로 교체되면서 어느 틈엔가 과거사의 족쇄에서 서서히 풀려나기 시작했다. 누가 그 족쇄를 풀어주었을까?

이 장에서는 '준비된 여성대통령' 슬로건과 박근혜의 여성기호를 둘러싼 성(sex/gender) 논쟁을 조망하면서 정권획득을 욕망하는 남성들과 여성정치를 기획하는 여성엘리트들은 박근혜의 여성기표를 각각 어떤 방식으로 담론화하는지, 그리고 이러한 논쟁이 여성정치 담론의 공간에 미친 효과는 무엇인지, 박근혜 표상이 담론화되는 과정과 그녀의 족쇄가 풀리는 과정을 살펴보겠다.

대선 기간 중 박근혜는 '여성'이란 기호를 매우 자주 사용하였다. 가령 "여성대통령이 탄생하면 건국 이후 가장 큰 변화이자 쇄신"[12]이며, "여성리더십은 세계적인 추세이며, 지금은 어머니와 같은 희생과 강한 여성리더십이 필요한 때"[13]이고, "여성대통령 시대로 정치의 패러다임을 바꾸자"고 하였다. 심지어 그가 추진하는 복지와 통합 정책의 핵심을 "열 자식 안 굶기려는 어머니의 마음"이라는 표현으로 여성과의 친화성을 적극적으로 부각시켰다.

언제부터 이러한 여성관이 형성되었는지는 모르겠으나 적어도 18대 대선 이전의 그의 삶의 행보에서는 여성으로서의 자의식이나 여성주의에 크게 동조한 흔적을 찾기가 매우 어렵다. 여성주의자라기보다는 오히려 '권위주의적 가부장 국가의 대리인'에 가까웠다. 유신 시절 그가 행한 연설을 모은 『새마음의 길』을 보면 조국의 은혜와 부모의 은혜를 강조하면서 국가가부장제를 역설하는 그의 모습이 잘 나타나 있다.[14] 그에게 어린 버스안내양과 공단의 여공은 국가가부장제를 위해 헌신하고 희생하는 존재였고 시혜의 대상일 따름이었다. 그들을 여성으로 대했다는 흔적은 이 책 어디에도 없다. 여성이론가 임옥희에 따르면, 이는 과거에 머물러 있는 것이 아니라 끊임없이 현재화되고 있다.[15]

---

12) 김정민, 「박근혜, 여성대통령 탄생, 건국이후 가장 큰 변화이자 쇄신」, 『이데일리』(2012. 10. 18).
13) 새누리 중앙선대위 여성본부 출범식 자료.
14) 박근혜, 『새마음의 길』(서울: 구국여성봉사단, 1979).

자신이 당대표로 있던 18대 총선 당시 공천한 여성은 18명에 불과했고, 새누리당 비상대책위원장으로 19대 총선 공천을 지휘했을 때에도 16명밖에 공천하지 않았으며 지역구 여성 공천자는 7%에 불과했다. 그리고 대선 슬로건은 '준비된 여성대통령'이었지만 정작 대선후보 초청 여성계 토론회를 무산시킨 주역이었다. 그런 그가 느닷없이 여성대표성라는 기호를 선취하고 전유한 것이다. 이러한 일이 어떻게 일어난 것인가?

우리 사회에서 정치인의 이미지가 그리 긍정적이지는 않다는 점은 거의 모두가 공감한다. 대통령이나 집권당의 인기가 급락하면 내각이 비정치인들로 개편되고, 새 대통령이 선출되면 비정치인의 입각 비율이 높아지는 것은 정치인이 그리 좋은 점수를 받지 못한다는 것을 반증한다. 그런데 정치와 여성이 연결되면 전혀 다른 결과를 낳는다. 상당히 긍정적인 효과를 창출하는 것이다. 그런 효과를 기대한 탓이었을까? 정치쇄신을 내세운 19대 총선 당시 3당 대표는 모두 여성 즉 박근혜(새누리당), 한명숙(민주통합당), 이정희(통진당)였다.

여성정치인의 이러한 긍정적 이미지는 선거과정에서 효과를 톡톡히 보았다. 박근혜를 지지한 이유를 밝힌 한 남성유권자는 "새누리당에 대한 기대는 전혀 없지만 박근혜에 대한 기대가 있었다. … 게다가 여자니까 조직이나 옛 관계에 끌려 다니는 남자들보다 자기 소신을 잘 펼칠 것이라고 생각했다"[16]라고 말했다. 반면 박근혜 반대 진영에서는 그녀가 과연 '여성'이라는 기표를 전유할 자격이 되는가를 끊임없이 되물었다.[17]

---

15) 임옥희, 「《새마음의 길》: 유령의 귀환과 복화술 사회」, 『문화미래 이프』(2013. 1. 22).
16) 이지은, 「둘 다 가난했다 선택이 달랐다」, 『한겨레21』, 제945호 (2013. 1. 21).

박근혜 자신이 여성의식을 갖고 있건 없건, 사회적 약자로서의 여성 경험이 있건 없건, 18대 대선국면의 '박근혜'는 풍부한 의미를 품고 있는 하나의 상징이자 표상이며 신화였다. 따라서 '여성 대표'라는 기표를 전유한 '박근혜'를 둘러싼 담론이 활성화되었고,[18] 여성정치의 담론공간도 마련되었다. 담론들은 서로 충돌하고 때론 착종되면서 그의 실체와 별개로 '여성대통령 만들기'가 본격화된 것이다.

보수정당의 박근혜 여성대통령 만들기

박근혜 '여성대통령' 만들기는 그를 지지하는 보수 남성정치인들에 의해 촉발되었다. 새누리당에서는 18대 대통령 후보 경선 도중, 당시 막강한 후보인 박근혜와 여성대통령 시기상조론 사이에 불협화음이 있었다. 황우여 새누리당 대표는 여성들은 무조건 박근혜 후보를 지지하여 대통령으로 선출할 역사적 사명이 있다는 이른바 '역사적 사명론'을 주창하였다.[19] 그러자 당시 이재오는 분단현실을 언급하면서 국방을 경험하지 않은 여성이 대통령이 되기에는 어려움이 있다는 이른바 '여성대통령 시기상조론'을 내세웠다. 두 주장이 대립했지만 시기상조론은 21세기에 걸맞지 않는 구식논리라는 집중공격을 받았고 결국 당론은 박근혜 대세론 곧 여성대통령론으로 통합되어갔다.

여성국무총리, 여성당대표, 여성대법관에 이어 여성대통령이 등장할 시기가 되었다는 논리 이외에도 새누리당은 새 정치 기획이라는

---

17) 이지은, 「그레이스 언니, 언니 맞아요?」, 『한겨레21』 제934호(2012. 11. 5).
18) 끝까지 완주하지 않았더라도 대통령 후보였던 여성정치인은 이정희, 심상정, 김순자, 김소연(호칭 생략)이 있으나 그 누구도 여성대통령이라는 슬로건을 사용하지 않았다.
19) 2012년 10월4일 중앙여성위 대선 필승 결의대회.

프레임으로 박근혜를 전폭 지지하였다. 예를 들면 "여성대통령은 국민들로부터 혐오의 대상이 되고 있1는 우리 정치의 최고의 쇄신이고, 남성 중심의 기존 체제에 새로운 변화와 바람을 몰고 올 사회적 혁명이다"(김무성 총괄선대본부장)라는 보수주의자에게서 결코 들을 수 없는 생경한 표현이 등장하였다. 새 세상을 가져다줄 것 같은 이러한 파격적인 선언이 혁명적인 효과를 낳지 않을 것이라는 점은 자명하다. 왜냐하면 여성대통령론을 지지하는 보수적 유권자들과 새누리 당원들이 '박근혜'가 아닌 다른 여성정치인에게도 같은 지지를 보내지는 않을 것이고, 여성의 삶의 조건을 획기적으로 바꾸어줄 여성정책으로도 이어지지 않을 것이 자명하기 때문이다. 지극히 아름다운 말이나 공허한 여성대통령론 및 정치쇄신론에서 우리는 보수 남성 집단의 여성대통령 만들기 신화와 만나게 될 뿐이다.

진보적 남성 진영의 박근혜 여성대통령 만들기

새누리당의 '준비된 여성대통령'이라는 슬로건에 가장 민감한 반응을 보인 쪽은 야당과 진보적 남성 진영이었다. 대선 슬로건과 "열 자식 안 굶기려는 어머니의 마음" 등의 표현을 통해 여성대통령을 전유하려는 새누리당의 공세적 몸짓에 대해 진보적 남성 진영은 생물학적 여성과 사회적 약자로서의 여성을 분리하는 전략을 취했다. 즉 섹스(sex)와 젠더(gender)를 분리하는 담론 생산에 집중한 것이다. 그들의 논지는 사회적 약자인 여성의 삶을 살아보지 못한 '유신공주' 박근혜가 느닷없이 '여성'이란 수사를 구사하며 표심을 자극한다는 비판이었다.

민주당 대변인은 '출산과 보육 및 교육, 장바구니 물가에 대해 고민하는 삶을 살지 않았던 박 후보에게 여성성은 없다'고 논평했고, 문재인 캠프에서는 출산의 경험이 없는 여성이 여성대표가 될 수 있는지, "퇴근하는 남편의 저녁식사를 준비해보지도 않은 여성이 평범한 여성의 심정을 어떻게 알겠냐"고 반문하며 대중 여성과 박근혜를 분리하려는 전술을 구사하였다. 또한 심리학자 황상민(연세대)은 "(박근혜 후보는) 생식기만 여성일 뿐 여성으로서의 역할을 한 건 없다"고 못 박았다.[20]

이처럼 진보 남성들은 일반 여성의 현실적 삶을 부각함으로써 공주로 살아온 박근혜 후보의 한계를 폭로하고자 했다. 그러나 폭로 전략은 거센 역풍만을 불러일으켰다. 박 후보를 대중 여성과 분리하려는 전략은 임신과 출산, 양육과 내조를 하지 않는 여성을 폄하하는 역효과를 낳았고, '생식기'라는 발언은 여성 대중의 성적 불쾌감을 유발해 결국 민중미술가의 〈유신출산〉 그림과 함께 반여성적이라는 비난의 화살을 피하지 못하였다. 요컨대 진보 남성들은 여성의 역할을 모성과 가사노동으로 환원시킴으로써 여성 대중과의 불편한 전선을 만들었던 것이다.

생물학적 성(sex)와 사회적으로 구성된 성(gender)의 개념적 구분은 1970년대 여성운동의 성과이다. '여성은 태어나는 것이 아니라 만들어진다'는 보봐르의 선언과 로버트 스톨러의 『섹스와 젠더』로 인해 선명해진 젠더(gender) 개념은, 여자로 태어났기에 여자다운 품성·행동·직업을 가져야 한다는 이른바 생물학적 환원론이나 결정론을 극복하고자 고안되었다. 젠더이론은 여성억압의 본질적인 토대가 없음을 밝힘으로써 사회변혁을 꾀하는 뚜렷한 정치적 지향점이 있었다.

---

20) 「채널A 박종진의 쾌도난마 출연한 황상민 발언전문」, 『동아일보』(2012. 11. 2). http://news.donga.com/3/all/20121102/50587542/1

그런데 대선현장에서 이른바 '진보적'이라는 남성지식인들은 여성의 삶을 출산, 보육, 가사노동으로 환원함으로써 젠더 개념의 역사성과 정치성을 탈각시켰다.

결국 '박정희의 딸'에게 사회적 약자인 여성이란 이미지를 덧입힘으로써 과거사의 족쇄를 풀어준 것은 '여성' 기호를 소재로 그를 조롱했던 진보 남성들이었다. 물론 이들은 사회적 약자인 여성의 위치를 환기시키려는 의도로 발언하였겠지만, 부적절한 수사의 남용은 오히려 박근혜도 성차별적 언어폭력에 노출되는 보통 여성임을 확인해주는 효과를 낳았던 것이다.

여기에는 보수언론이 한몫을 담당하였다. 보수언론은 박근혜 역시 여성 대중과 똑같은 사회적 약자라는 담론을 생산, 유통시킴으로써 '공주'와 '여왕'의 이미지를 약화시켰다.21) 이러한 과정을 통해 다소 공허하고 낯설게 여겨졌던 여성대통령이라는 박근혜의 표상이 점점 보통 여성의 대표성을 획득하게 되었고 마침내 박근혜는 과거사의 프레임에서 벗어나 여성 대표의 프레임으로 정착할 수 있었던 것이다.

진보 여성 진영의 박근혜대통령 만들기

몇몇 여성 인사들은 박근혜의 여성 대표성 선전에 대해 "박근혜가 여성에 대해 해준 일이 뭐 있나?" "주민등록번호 뒷자리 첫 숫자가 2라는 사실 외에는 여성과 가장 거리가 먼 여성이다" "그녀는 여성도 국민도

---

21) 허진, 「'박근혜 출산 그림' 침묵하는 진보 여성계」, 『중앙일보』(2012. 11. 20); 최연진, 「'朴출산 그림' 홍성담, 이번엔 女다리 사이로 박정희 나오는 그림 그려」, 『조선일보』(2012. 11. 26).

대변하지 않는다. 그녀의 몸은 '아버지 박정희'를 매개한다"는 등의 강도 높은 비판을 하였다.

반면 진보 여성 진영에서는 박근혜가 스타 정치인에서 선거의 여왕으로, 더 나아가 여성대통령 후보로 자신의 위상을 높이는 동안, 그에 대해 10년 이상 무관심을 가장한 침묵으로 일관성을 유지해왔다. 진보적 남성학자의 "생식기만 여성"이라는 발언이나 민중미술가의 〈유신 출산〉 작품에 대해 침묵으로 일관하였고 그 사이에 사건은 예상하지 못한 방향으로 급진전되었다.

박근혜와 진보 여성 진영의 불편한 관계의 일차적 뿌리는 민주화운동을 통해 성장한 여성운동과 유신 시절 적극적 여성 동원의 전력을 가진 박근혜의 정치 이력22) 사이에 놓인 건널 수 없는 간극에 있다. 둘은 존재기반의 '다름'과 여성이라는 기호의 '같음' 사이에서 부유하고 있었다. 그 결과 진보 여성운동 진영은 박근혜의 여성 대표성 선취와 전유에 무기력한 침묵만을 견지한 것이다.

'여성정체성'을 두고 벌어진 격렬한 논쟁과 '준비된 세습대통령'이라는 지적에도 불구하고 선거는 박근혜의 압도적 승리로 끝났다. 박정희 시대에 대한 역사적 평가가 쟁점이 되었을 때만 해도 대다수 유권자들은 유신시대에 대한 이성적 판단을 하는 듯했다. 그러나 '준비된 여성대통령' 슬로건이 등장하고, 박근혜의 '여성' 기호를 둘러싸고 논의가 집중되는 동안 과거사의 족쇄는 풀렸던 것이다.

당선의 일등공신은 무엇보다도 '아버지'의 후광이나 특유의 감성적

___

22) 박근혜가 1976년 총재로 있었던 〈구국여성봉사단〉은 여성을 대상으로 정신개조운동을 벌이는 단체였고 여기서 77년부터 새마음갖기운동을 대대적으로 벌였다. 권인숙은 유신시대 학생동원의 정점에 박근혜가 있었으며, 그는 권위주의적 가부장 국가의 대리인이었다고 평가한다. 권인숙, 『대한민국은 군대다』(서울: 청년사, 2005) 참조.

아우라로 퇴출 직전의 부패한 보수정당을 회생시켜낸 박근혜의 전력일 것이다. 그러나 여성유권자 51.1%의 지지에는 여성대통령이 젠더 불평등을 완화해줄 것이라는 착각과, 그의 낡은 이미지가 희소성이라는 여성정치인의 이미지로 희석된 효과도 있었을 것이다. 한마디로 '새시대 정치인'이라는 미래적 이미지를 덧입혀준 일등공신인 '준비된 여성대통령'이란 슬로건의 덕을 톡톡히 보았다는 말이다.[23] '준비된' 대통령이 급작스레 부상한 안철수나 문재인 후보와의 차별화 전략이었다면, '여성'대통령은 여성 대중과의 동질화 전략이었던 셈이다.

이른바 '진보적' 여성과 남성 지식인들이 박근혜 후보를 단지 생물학적으로만 여성일 뿐이라고 일축한 발언은 정당했는가? 1980년대 중반 이래 페미니즘과 문화이론 등 비판이론에서는 섹스와 젠더의 구분/분리를 넘어서고자 섹슈얼리티(sexuality) 개념을 고안하였다. 섹스와 젠더의 구분이 성차(sexual difference)와 성정치의 중립화를 가져왔을 뿐 아니라 몸의 물질성을 간과하는 부작용을 낳았기 때문이다.[24] 이러한 관점에서 볼 때, 박근혜에게 날개와 족쇄를 동시에 준 '박정희의 딸'이란 기표를 삭제할 수 없는 것처럼, 몸에 새겨진 생물학적 성(sex)과 사회적인 성(gender) 역시 원치 않는다고 해서 삭제되거나 분리될 수 없다.

---

23) 이숙진, 「한국여성 지도력의 변화와 기독교의 역할」, 『기독교사상』(2013. 3), 10; 이은경, 「새누리당 박근혜 대선 후보 인터뷰—여성 대통령 나오면 여성금기도 사라진다」, 『여성신문』(2012. 12. 7); 김형준, 「박근혜 정부의 다섯 가지 딜레마」, 『여성신문』(2012 .3) 참고.
24) Moira Gatens, "A critique of the Sea; Gender distinction", Sneja Unew(ed.), *A Reader in Feminit knowledge* (Routledge, 1991).

박근혜 정부와 여성정치세력화

박근혜의 여성 대표성을 두고 벌어진 sex/gender 논쟁은 누가 옳은지 그 윤리적 판단과는 별개로, 사회적 약자인 여성 경험이 있느냐 없느냐와는 별개로, 여성정치 담론의 공간을 확장시켰다는 점에서 유의미하다. 만약 새누리당의 대선후보가 남성이었다면 여성정책에 어떠한 영향을 미칠 수 있을까 상상해보자. MB 정권은 참여정부가 기획한 젠더 레짐이 작동되고 국가페미니즘이 정착되려는 단계에서 정권을 이어받았음에도 양성평등 정책을 대폭 축소함으로써 여성인권 최하위국의 불명예를 얻게 되었다. 성평등 정책의 후퇴는 MB 정부가 17대 대선과정에서 여성 진영에 빚진 것이 없었던 점에 기인하는 측면도 있다. 반면 박근혜 정부는 가부장적 보수정당에 기반하고 있지만 여성대통령이란 슬로건 아래 다양한 여성정책을 공약했기에 성평등적 정책 요구를 결코 무시할 수 없을 것이다. 물론 여성의식이 갑자기 고양되어 여성인재를 등용하고 획기적인 여성정책을 앞서서 입안할 수는 없을 것이다.

박근혜 정부는 인수위 시절부터 여성 진영의 거센 도전을 받았다. 인적 구성에서부터 문제였다. 인수위의 경우 2명의 여성위원만이 배정되었고, 첫 내각에도 24인의 장관 중 여성은 단 2명이었다.[25] 게다가 향후 5년간 국정 운영 방향이 농축된 취임사에서는 '국민'이 57번, '행복'이 20번 언급된 것에 비해 '여성'은 단 한 차례 언급되었다. 이러한 데이터를 근거로 여성 진영에서는 박근혜 정부가 여성 현안 해결이나

---

25) 이명박 정권 초기 내각은 여성 비율 13%였고, 노무현 정부는 21%였다. 이숙진, 『여성, 날개를 달다: 참여정부 정책총서 사회정책편-여성보육』(서울: 한국미래발전연구원, 2012), 75.

양성평등에 의지가 없다며 강도 높은 비판을 하였다.[26] 그러자 몇 주후, 차관급에 해당하는 청와대 비서관에 6명의 여성을 채용하고, 참여 정부가 기획하고 추진했던 여성정책담당관제[27]를 부활하는 등 전문 인력의 성비 조정을 시도하였다. 이는 여성 진영에 의한 강력한 비판과 대안 제시에 따른 열매라고 할 수 있다.

여성대통령이라는 기호를 선취/전유하는 대가로 수많은 (양)성평등 공약을 한 박근혜 정부는 집권 내내 여성 진영과의 창조적 갈등관계를 형성할 수밖에 없다. 경력 단절 여성을 위한 '맞춤형 일자리 제공'과 같은 정책처럼, 형식만 있고 내용은 비정규직이어서 일자리의 질이 매우 낮을 수도 있으며, 실현 방안이 모호한 정책도 있을 수 있다. 그러나 큰 틀에서는 여성 친화적 정책으로 방향을 돌릴 수밖에 없을 것으로 보인다.

국가는 특정 집단에 적대적이거나 편향적인 실체가 아니지만, 여성 진영의 부단한 요구로 인해 여성 친화적 정책을 쓸 수밖에 없듯이 국가도 정책도 어느 정도 합의된 압력에 반응한다는 점에서 성 중립적이지 않다. 정책 및 국가의 이해가 기득권에 기반하지 않고, 주변화된 집단의 경험이 배제되지 않기 위해서는 성별 감수성과 성 인지적 관점이 필요하다. 그러나 성별 감수성은 저절로 형성되거나 갖추어지지 않는다.

여성의 참여와 세력화는 여성의 생활을 변화시키는 일차적 수단이다. 국내외에서 여성할당제, 적극적 조치, 채용목표제 등의 제도가 나온 것은 각 영역에서 여성의 대표성을 높이기 위함이었고, 여성들은

---

26) 한국여성단체연합은 17일 인수위에서 발표된 장관인선 이후 논평.
27) 여성정책담당관제도는 김대중·노무현 정부에서 사무관급 담당관이 부처별 여성정책을 발굴하고 집행하는 업무를 맡던 제도로, 성평등 정책을 진일보시켰다는 평가를 받았다.

이러한 제도를 통하여 비로소 그 영역에 진출할 기회를 가질 수 있었다. 박근혜 정부의 국정과제의 하나인 '여성 경제활동 확대 및 양성평등 확산' 정책에는 4급 이상 여성관리자 임용 목표 15% 달성과 미래 여성 인재 10만 명 양성이 포함되어 있는데, 이는 큰 틀에서 보면 참여정부의 공직 내 양성 평등채용목표제28)의 정신을 이어받은 것이다.

보육복지정책 역시 여성정책과 마찬가지로 참여정부의 정책철학을 이어받고 있다. 대표적인 것은 '0-5세 보육 및 육아교육 국가 완전책임제 실현'이다. 이 정책에 따르면 만 5세 이하의 자녀를 둔 부모는 소득수준에 관계없이 유아 연령과 기관 이용 여부에 따라 차등적으로 매달 국가의 지원금을 받게 된다. 이는 유아교육의 획일화를 가져올 수도 있고 차등지원의 한계를 지니고 있지만, 공적 자원을 풍부하게 함으로써 공생의 감각을 높이는 정책이 될 수도 있다. 유아교육이 보편복지의 원리에 따라 충실하게 실행될 수 있다면 보다 성숙한 사회로 진입할 수 있다.

신자유주의 경제와 철학을 공유하는 박근혜 정부에서 국가완전책임제 보육정책을 기획하고 실행한다는 것은 모순이다. 그런데 어떻게 보육복지의 입안이 가능했을까? 정권 획득과 유지를 위하여 복지대중의 욕망을 간과할 수 없었기 때문이다. 여성정책도 마찬가지이다. 여성유권자의 수는 남성에 비해 많다. 정권 유지를 위해서라도 여성유권자들이 원하는 것에 민감해질 수밖에 없다. 중요한 것은 여성들이 무엇을 원하는가이다. 여성들은 어떤 세상을 꿈꾸는가? 바로 이 지점에 신학이 개입해야 할 것이다.

---

28) 이숙진, 앞의 책, 79-83.

여성대통령 시대를 맞이하여 확장된 여성정치 공간에 여성 진영은 어떤 방식으로, 어느 정도로 개입할 것인가? 우선은 기존의 제도와 정책 운영에 일정 정도 지분을 요구하는 방법이 있다. 또 국가페미니즘을 기획하는 페모크라트를 지원하는 방식도 큰 효과를 얻을 수 있을 것이다.29) 참여정부 시절 여성운동 및 엔지오 경험이 있는 여성운동가들이 정부 관료로 들어가기 시작했다. 압력단체로서의 역할이 약화된다는 우려도 있지만, 페모크라트는 여성운동과 파트너십을 기반으로 여성친화적 국가의 가능성을 실현시킬 수도 있다. 이러한 방식으로 정부와 국가에 개입하는 것은 이른바 '끼워들기의 전략'으로서 남성 독점의 영역을 교정할 수 있는 하나의 방편이다.

또 다른 하나의 방식은 '새판짜기의 전략'이다. 내년 6월 지방선거를 앞두고 기초의원과 단체장의 정당공천제 폐지 주장이 거세지고 있다. 정당공천제 폐지 그 자체는 정치 개혁의 상징적 조치로서 박근혜 후보의 대선 공약이었다. 그러나 지방자치가 시작된 후 여성의원 비율이 1~2% 정도에 불과하다가, 공천제와 비례대표제 도입 이후에는 20% 증가세였다. 만약 공천제가 폐지된다면 여성의원 수가 격감할 것이라는 전망이 있다. 이처럼 당장에는 여성에게 불리하지만 장기적으로 개혁해야 할 사안이라면, 여성 진영에서는 대안적 조치를 계발하고 요구해야 할 것이다. 박근혜 정부가 주장하는 '여성이 행복한 사회'는 여성들에게 시혜적으로 베푸는 선심 정책으로는 실현되지 않을 것이다. 여성학자 낸시 하트삭은 "여성들이 진정으로 대표되기 위해서는 현재 정

---

29) 국가 페미니즘(State Feminism)이란 페미니즘이 국가 영역에 제도화되는 것을 뜻하며, 페모크라트(Femocrat)는 국가 관료 조직 안에서 일하는 여성주의자를 일컫는 말이다.

치 체계에 단순히 포함될 수 없으며, 체계 그 자체가 재정의되어야 한다"고 주장한다. 귀담아 들어야 할 말이다. 파이를 몇 개로 나눌 것인가 보다는 파이를 공정하게 나누는 규칙을 만드는 것에 적극 개입할 필요가 있다.

프랑스의 올랑드 사회당 정부는 선거공약으로 남녀동수를 내세웠고, 집권 후 실제로 34명의 남녀 장관을 동수로 구성하였다. '남녀동수 운동'은 선출공직에 여성 수를 증가시킬 목적으로 여성운동가들이 주도하여 2000년 6월 6일에 입법되었다. 이 법은 거의 모든 정치공직에서 전체 후보자의 절반이 여성이어야 할 것을 요구한다.[30] 정치에서 여성의 과소대표성은 여성의 본성을 반영해서가 아니라 남성지배에서 기인하는 차별이 가져온 것이기 때문이다.[31]

이러한 측면에서 장기적으로는 한국 사회 역시 여성할당제(비례대표 30%)를 넘어서 남녀동수제를 정치적 의제로 제안할 필요가 있다. 민주주의 국가를 지향한다면, 유권자의 절반 이상을 차지하고 있는 여성의 정치 참여도를 높이는 것부터 시작해야 할 것이다. 모든 공적 영역에서 특혜를 줄이고 여성정치인을 동수로 늘리는 것이야말로 민주주의를 실천하는 것이 될 수 있다. 이는 여성의 이해관계를 넘어 정치의 민주화, 젠더의 양성평등, 정치적 재분배를 가능하게 하기 때문이다.[32]

---

30) 이문숙,「프랑스 사회당의 동수법(loi Parité)을 통해본 여성 정치세력화」(한국프랑스 학회 학술발표회, 2002. 10), 148-150.

31) Scott, W. Joan, *Parite!: Sexual Equality and the Crisis of French Universalism*, 오미영 외 역,『성적 차이, 민주주의에 도전하다』(고양: 인간사랑, 2009)

32) 임옥희,「젠더불안, 민주주의, 보편성」, 여성이론연구소,『여/성이론』27호 (2012 겨울), 53-56.

여성정치세력화와 기독교 여성윤리학의 과제

'최초의 여성'대통령을 뽑은 이 시대에 과연 교회공동체와 신앙인들은 여성 정치공간의 확장과 세력화에 어떠한 기여할 수 있을 것인가, 어떠한 비전을 가지고 '준비된 여성대통령'의 여성정책 실현에 개입할 것인가, 교회 여성들에게 여성정치세력화는 무슨 의미가 있는가, 여성 정치 공간의 확장이 교회 공간에 어떠한 변화를 가져올 것인가 등등의 질문에 대한 탐구는 한국 기독교 여성윤리학이 당면한 과제이다.

박근혜 대통령은 선거 당시부터 "여성이 행복해야 나라가 행복하다"는 발언을 자주 해왔다. 이 말의 함의는 온갖 열악한 삶의 조건에서 살아가는 여성들도 행복하게 살 수 있는 나라, 그래서 온 구성원들이 행복하게 살 수 있는 그런 나라를 향한다는 뜻일 것이다. 그러나 여성대통령 시대로 진입했다는 요란한 선전에도 불구하고, 현재 우리 사회는 지독한 여성혐오의 문화가 '일베' 등의 각종 인터넷사이트를 거점으로 하여 독버섯처럼 퍼져나가고 있다. 남성에 비해 여성 취업률은 터무니없이 낮을 뿐만 아니라 설령 취업한 경우라고 해도 성별 임금격차는 크며, 여성에게 할당된 일자리는 비정규직의 감정노동에 쏠려 있다. 여성의 지위를 가늠할 수 있는 지표들의 순위가 OECD 가입국 중 하위권인 한국 사회에서, 여성의 삶의 조건이 행복과 거리가 멀다는 것은 주지의 사실이며, 현재의 상태로 미루어볼 때, 최고 지도자가 여성이라고 해서 크게 개선될 것 같지 않다.

바로 이러한 성차별적인 부정의한 상황에서, 하나님의 형상으로 지음받은 피조물의 존엄성을 되찾기 위하여 신앙인들은 무엇을 할 것인가. '무엇을 할 것인가'라는 윤리적 질문에 대한 기독교인의 대답은 '그리스도를 본받아 하나님의 뜻대로' 사는 것이다. 요컨대 기독교윤리의 관심은 하나님의 뜻이 무엇인가를 찾아 행하는 것으로 귀결된다.[33] 주지하다시피 하나님의 뜻이란 진공상태의 언어가 아니다. 하나님의 뜻을 말하면서 하나님의 역사를 말하지 않을 수 없다. 왜냐하면 하나님은 세상과의 구체적인 관계를 통해 세상의 구원과 해방의 역사에 개입하시기 때문이다. 세상과의 관계라는 의미는 공동체와의 정치사회학적 관계를 뜻한다. 이런 점에서 윤리학자 레만은 하나님이 세상에서 하시는 일을 정치라고 보았다. 기독교 정치윤리는 세상에서 하나님이 하시는 일이 무엇인지 분석하는 행위이자 그 행위에 관한 연구이다.[34] 요컨대 하나님께서 세상에서 하시는 정치적 사업에 참여하는 것이 기독교 윤리학에서 말하는 정치신학이다. 그러기에 부정의한 상황에 직면하고도 아무런 책임의식을 가지지 않는 것은 기독교인임을 부인하는 것과 같다.

　　오랫동안 한국 교회의 주류 신앙전통은 개인의 죄와 영혼 구원의 문제에 집중하고 사회구조적 악의 문제에 침묵함으로써 참된 신앙인의 책임을 회피한 역사가 있다. 서구 근대의 특수한 역사적 맥락에서 등장한 정교분리 담론은 구조적 악을 회피하고 영혼을 구원하는 일에 몰두하게 함으로써 교회의 역할을 축소시키는 데 오용되었다. 구조적 악에 침묵하는 행위를 비정치화로 해석하고, 오직 영혼 구원에 힘씀을 참된 신앙인의 자세로 오도한 것이다. 그러나 실상 신앙인은 이미 정치에 참여하고 있다. 침묵도 하나의 정치적 선택이며, 우리의 일상 역시 구체

33) Lehmann, L, Paul., *Ethics in a Christian Context* (NY: Westminster John Knox Press, 2006), 75-80.
34) 위의 책, 75-80, 82, 85.

적인 정치의 공간이기 때문이다. 신앙인이라면 일상의 정치적 공간을 복음의 빛, 하나님의 뜻으로 정화해야 한다. 그러하기에 정치신학에는 구체적인 현실분석이 있을 수밖에 없다. 그러지 않으면 온갖 비기독교적인 정치 행위에 대해 방관하거나 합리화해주는 결과를 낳는다. 신학이 정치신학일 때 비로소 기독교는 윤리적 종교가 된다.[35)]

현대 기독교 정치윤리의 핵심은 신앙공동체의 정치적 책임이 어떻게 공적 영역에 나타나고 있는지에 대해 질문하는 것이다. 하나님을 정치적으로 말하고 하나님의 말씀을 정치적으로 전한다는 것은 추상적 신학화 작업을 넘어서서, 구체적인 정치 상황이 산출하는 다양한 정치적인 문제에 능동적으로 대처하는 것을 의미한다. 앞서 보았듯이 우리 사회는 유권자의 절반 이상이 여성임에도 불구하고 여성의원은 10%대 중반을 넘지 못하고, 여신도 수가 70-80%를 차지하고 있음에도 교회 내의 의결기구에서 배제되고 있는 상황에서 복음을 따르는 신앙인들이 해야 할 일은 불평등한 정치문화에 적극적으로 개입하고 능동적으로 대처하는 것이다.

이렇듯 하나님의 형상으로 지음받은 창조세계를 왜곡한 성차별적 정치문화와 사회체제, 신학과 교회체제에 대하여, 교회와 여성신앙인의 적극적인 정치적 개입이 요청되는 이때 베벌리 해리슨이 제안한 '분노'는 매우 유용한 에너지이다. 해리슨은 지금까지의 기독교 윤리학이 정치적, 사회적, 경제적인 정의만 강조하고 성별 정의(gender justice)를 간과해온 점에 주목하고, 이를 해결하기 위하여 여성해방론과 기독교 윤리의 접목을 시도한 대표적인 여성윤리학자이다.

---

35) Juergen Moltmann, 조성로 역, 『정치신학 정치윤리』(서울: 대한기독교서회, 1992), 204.

해리슨은 여성신학의 출발점인 여성의 경험 중에서도 특히 분노의 경험을 주목한다. 교회는 오랜 역사 동안 교만과 불순종을 원죄로 이해하였고, 분노를 치명적인 죄로 가르쳤다. 그러나 그는 분노야말로 여성윤리의 근저를 이루는 경험이라고 보았다. 분노는 사랑의 결핍이나 반대가 아니다. 오히려 사랑의 열매이자 사랑의 사역을 가능하게 하는 힘이다. 왜냐하면 분노는 다른 이들과 관계 맺는 한 양식이자 생생한 보살핌의 한 형태이며, 변혁에로 투신하도록 이끄는 힘이기 때문이다. 그러하기에 분노를 표명하지 않고 숨긴다면, 타자와의 깊은 관계를 맺게 하는 사랑의 힘이 줄어든다.36) 소외된 자들을 착취하는 공간으로 전락한 성전에서 폭발한 예수의 분노에서 우리는 기독교적 가치인 정의의 윤리가 가장 잘 구현되었음을 본다. 이러한 점에서 분노의 창조적인 힘은 부정의한 가부장적 사회구조를 변혁하고 대안적 공동체를 모색하는 기독교 여성윤리학의 중요한 출발점이다.37)

여성 할당의 규모를 30%에 제한하면서도 그것마저 제대로 지켜지지 않는 한국 사회에서, 공정하게 파이를 나누는 규칙을 요구하는 작업은 부정의에 대한 분노를 적극적으로 표명하는 데에서 시작된다. 여성 정치세력화를 통해 관철해야 할 주된 과제는 공정한 규칙의 수립이다. 시혜적으로 베푸는 선심 정책에 안주하기보다는 불공정한 배분구조와 부정의한 공동체에 대하여서는 매우 비판적이면서도 동시에 보다 정의로운 사회 건설을 위하여 공헌할 수 있는 여성윤리의 정립과 실천이

---

36) Harrison, W. Beverly, *Making the connections: essays in feminist social ethics*, Carol S. Robb(ed.) (Boston: Beacon Press, 1985), 8.

37) Harrison, W. Beverly, *The Power of love in the Work of Love*, Union Seminary Quarterly Review, vol. xxxvi (1986), 41-57.

절실히 요청된다. 박근혜 정부의 여성정책에 적극 개입하여 창조적인 갈등을 불러일으키고, 성적 불평등을 야기하는 부정의에 분노하며, 끼어들기와 새판짜기의 전략을 통해 여성정치세력화를 추구하는 작업은 하나님 나라의 비전을 이 땅에 실현하고자 하는 한국 여성신학과 여성 윤리학의 관심 주제와 긴밀하게 연동되어 있기 때문이다.

제8시대

〈참고문헌〉

권인숙.『대한민국은 군대다』. 서울: 청년사, 2005
박근혜.『새마음의 길』. 서울: 구국여성봉사단, 1979.
성공회대 아시아NGO정보센터,「강남식, 정현백 대담-페미니즘 아젠다는 우리의 미래인가」,『한국, 아시아 시민사회 기획대담』, 2004. 5. 10 미간행자료
이문숙,「프랑스 사회당의 동수법(loi Parité)을 통해본 여성 정치세력화」, 한국프랑스학회 학술발표회, 2002. 10,
이숙진.『여성, 날개를 달다: 참여정부 정책총서 사회정책면-여성보육』. 서울: 한국미래발전연구원, 2012.
이숙진,「한국여성 지도력의 변화와 기독교의 역할」,『기독교사상』2013년 3월호.
임옥희.「젠더불안, 민주주의, 보편성」. 여성이론연구소.『여/성이론』27호, 2012, 겨울.
조이여울.「여성정치, 이미지만 있다」.『문화과학』38호. 2003
Scott, Joan. 오미영외 역.『성적 차이, 민주주의에 도전하다』. 고양: 인간사랑, 2009.
Niebuhr, H. Richard. 정진홍 역.『책임적 자아』. 서울: 이화여자대학교, 1983.
Moltmann, Juergen. 조성로 역.『정치신학 정치윤리』. 서울: 대한기독교서회, 1992.
Harrison, Beverly. *The Power of love in the work of love. Union Seminary Quarterly Review*, vol.xxxvi, 1986.
Harrison, Beverly., *Making the connections: essays in feminist social ethics*, Carol S.

Robb(ed.), Boston: Beacon Press, 1985.

Lehmann, Paul. *Ethics in a Christian context*. New York: Westminster John Knox Press, 2006.

Moira Gatens, "A critique of the Sea; Gender distinction", Sneja Unew(ed.), *A Reader in Feminist knowledge*, Routledge, 1991

여성신문, 동아일보, 조선일보, 한겨레신문, 중앙일보, 월간 말, 씨네21, 한겨레21, http://www.economist.com/blogs/graphicdetail/2013/03/daily-chart-3

이숙진은 본 연구소 운영위원이고, 성공회대 연구교수로 재직 중이다. 이화여대 기독교학과 및 동대학원을 졸업했고, 주요 논문으로는 「포스트오이디푸스 시대의 아버지와 한국교회」, 「초기 기독교의 혼인담론」, 「민주화이후 기독교인권담론연구」 등이 있고, 단행본 『기독교와 여성정체성』이 있다.

종교복지와 복지동맹

사회서비스의 시장화와 '작은 교회'의 정치적 주체화

정용택

'복지동맹'의 잠재적 일원으로서 '작은 교회'

민주화 이후 한국의 정부들은 '복지다원주의'라고 하는 정책적 기조 및 '사회보장에 대한 민간의 참여'라는 「사회보장기본법」의 원칙하에 사회복지서비스의 많은 부분을 민간부문(주로 비영리단체)에 위탁하는 '민간위탁제도'를 운영해왔다. 정부는 인건비와 장소사용료 및 운영비 일부를 지원하는 방식으로 사회복지서비스를 위탁기관이 대행하도록 한 것이다. 특히 김대중 정부에 의해 복지개혁이 이루어진 1990년대 말 이후부터 이러한 제도가 크게 활성화되었는데, 이때를 즈음하여 지역 사회의 '작은 교회'들이 복지 영역에서 활약하기 시작한다. 이처럼

'작은 교회'와 같이 민간의 비영리기관이 사회복지서비스의 생산과 공급을 주도하는 것으로 정책적인 전환이 일어난 것을 가리켜 민영화(privatization)라고 하는데, 정부의 복지 민영화 정책에 부응하여 '작은 교회'들 역시 전도 프로그램이나 교인 훈련 프로그램 대신 약한 이웃에게 복지 서비스를 제공하는 활동들을 기획하는 데 주력했고, 그 결과 사회복지서비스의 민간위탁기관이 되는 데 유리한 조건을 획득한다.[1]

이와 같은 현실을 배경으로 하여 복지 영역에 대한 참여를 교회의 내적인 구조상 더욱 강하게 체화하고 있는 '작은 교회', 즉 "대형교회적 가치를 추구하지 않는 이념형으로서의 소형교회"의 목회자들과 신자들은 복지국가의 확대에 대해서도 상대적으로 강하게 신념화하게 되며, 그러한 신념을 이웃과 공유하는 삶을 더욱 지향한다는 가설이 설득력을 얻는다(김진호, 2012: 7). 또한 그러한 가설에 기초하여 작은 교회는 복지동맹의 잠재적 일원이 될 가능성이 충분하다는 주장 역시 가능해진다. 요컨대 복지와 경제민주화적 제도화를 촉구하는 사회적 운동의 주체를 일컬어 "새로운 발전모델을 위한 사회적 동맹"이라고 규정했을 때, '작은 교회'는 사회적 경제민주화와 복지 동맹의 잠재적 구성원으로 이미 오래전부터 존재해왔다고 볼 수 있는 것이다. 따라서 이제 '작은 교회'를 신학적으로 담론화하고 복지와 경제민주화 의제를 신앙화하는 신학적 프로그램이 과제로서 요청되기에 이르렀다(김진호, 2013a: 7). 이 글 역시 기본적으로는 '작은 교회와 복지동맹'론의 연장선상에 있는데, 특별히 '작은 교회'가 복지동맹의 일원으로서 주체

---

[1] 실제로 지난 2010년 1월 기윤실이 발표한 『2009년 한국교회의 사회적 섬김 보고서』에 따르면, 사회복지법인, 종합사회복지관, 지역아동센터, 자원봉사활동 등 비영리 민간 복지부문의 거의 모든 부분에서 개신교는 다른 종파 및 일반 NGO에 비해 압도적인 운영 및 활동 현황을 기록하고 있다(기윤실, 2010).

화되는 것을 구조적으로 '제약'하는 현재 한국 복지체제의 특성을 분석하는 데 집중하고자 한다. 구체적으로는 '작은 교회'와 국가, 그리고 대중이 서로 만나는 장(場)으로서 사회서비스의 영역에서 현재 진행되고 있는 '시장화'(marketization)의 문제를 통해, '작은 교회'를 비롯한 비영리 부문이 어떻게 신자유주의적 '통치성'[2]에 의해 전체화되는 동시에 개별화되고 있는가를 살펴보려 한다.

일반적으로 '복지동맹'(Welfare Coalition)이라고 하는 개념은 복지에 대한 노동계급과 중간계급 또는 여타 주요 사회집단 간의 동맹, 즉 노동자계급의 권력자원 증대가 전제된 상태에서 중간계급 또는 여타계급이 노동자계급과 연대함으로써 구축된 계급 '간'의 교차적인 협력관계를 의미한다(윤도현·박경순, 2009: 25-6). 그러나 2011년 기준으로 노조조직률이 10.1% 수준에 불과하고, 친(親)노동자 정당의 정치력 역시 한없이 미약하며, 노동자계급조차도 그런 친(親)노동자 정당에 투표하지 않는 우리의 현실에서 서구와 같은 방식의 복지동맹을 구축한다는 것은 사실상 요원하다. 그렇기 때문에 최근 한국에서는 서구 복지국가 발전과정에서 노조나 사민주의 정당이 수행한 주도적인 역할을 '참여연대'나 '복지국가소사이어티'와 같은 시민사회단체들이 대신하려는 움직임이 일고 있는 것이다(김영순, 2012: 69-70). 물론

---

2) '통치성'(governmentality)이란 미셸 푸코(Michel Foucault)의 개념으로서, 기본적으로는 "인구를 주요 목표로 설정하고, 정치경제학을 주된 지식의 형태로 삼으며, 안전장치를 주된 기술적 도구로 이용하는 지극히 복잡하지만 아주 특수한 형태의 권력을 행사케 해주는 제도·절차·분석·고찰·계측·전술의 총체"로서 정의된다(푸코, 2011: 162-163). 이 글에서는 "인간 행위를 통솔하는 테크닉들과 절차들"이라는 보다 포괄적인 개념 정의를 좇아서 사회서비스의 시장화 과정에서 복지체제와 관련한 특정한 지식과 권력, 테크놀로지의 결합체가 형성되고 변용되는 과정을 통해 어떤 새로운 주체성이 생산되고 있는가를 분석하고자 한다.

이러한 시민사회단체 중심의 복지동맹은 중요한 정책 변화의 결정적 국면, 대표적으로는 선거 국면에서 다양하고 이질적인 세력들을 연결하여 광범위한 동맹을 구성할 수 있을 때 그 실질적인 효력을 발휘할 수 있다(김영순, 2012: 73). 따라서 오히려 "일상적인 때에 복지동맹은 실체적 성격보다는 복지 공론장에서 형성되는 담론적 연대의 형식을 띠며, 간혹 미시적 혹은 중범위적 의제연합 형식으로 실체화되곤" 한다는 점을 고려했을 때(김진호, 2013b: 5), 이미 일상에서 직접 사회복지법인을 설립하여 복지활동을 수행하고 있거나, 아니면 국가로부터 위탁을 받아 복지시설을 운영하고 있는 비영리법인 성격의 '작은 교회'와 그 신자들의 현실적 조건을 주목할 필요가 있다. 즉 '작은 교회'와 그 신자들은 일상적으로 사회복지서비스와 관계를 맺고 있기 때문에, 그들이 특정 국면에서 정책 변화를 가져오는 광범위한 제휴와 동맹에 대하여 보다 친화적일 수 있으며, "미시적이든 거시적이든 의제연합으로서의 복지동맹의 일원으로 활동하기에 더 유리한 조건하에" 있다고 판단하는 것이다(김진호, 2013b: 6).

그런데 여기서 곧바로 문제가 발생한다. 이렇게 '작은 교회'들이 일상의 차원에서 주로 관계 맺고 있는 복지 실천의 영역이 '사회서비스'의 영역이란 사실이 문제가 된다. 그동안 '작은 교회'들은 대형교회가 직접 사회복지법인을 설립하여 복지 활동을 수행하는 것과 달리, 자신들이 소속된 교단총회 유지재단의 법인을 활용하여 사회복지시설을 위탁 운영하는 형태를 취하거나, 교회 건물의 일부 시설을 이용하여 가정봉사원 파견 사업이나 노인이나 장애인 주간보호시설, 아동센터 등을 설립·운영하는 형태를 취해왔다. 한데 노무현 정부 후반기와 이명박 정부를 거치면서, 바로 이렇게 '작은 교회'들이 주로 수행해온 복지의 영역인 사회서비스 분야에서 다양한 형태로 '시장화'가 급격히 진행되어왔고, 그 결과 '작은 교회'들이 일상에서 경험하고 있는 복지 활동의 성격에도 중대한 변화가 일어나고 있다. 만일 그렇다면 '작은 교회'들이 그러한 사회서비스의 시장화에 성공적으로 '적응'할 경우, 다시 말해 새로운 통치의 테크닉 또는 정치의 텔로스에 따라 스스로를 주체화할 경우, 과연 그들이 복지정치 재편의 결정적 국면에서 다양하고 이질적인 세력들과 연대하여 광범위한 복지동맹을 구축할 수 있는 "정치적 행위자로 주체화될 수 있을 것인가"라는 의문을 자연스럽게 제기해볼 수 있다. 이 글은 바로 그러한 의문에 답하기 위하여, 오늘날 '작은 교회'들이 참여하고 있는 사회서비스 분야에서 전개되고 있는 '시장화' 현상을 탐구하고, 이러한 시장화가 복지동맹의 연대 세력으로서의 잠재성을 지닌 '작은 교회'들의 주체성에 어떠한 변화를 가져오고 있는가를 살펴보려 한다.

박근혜 정부와 사회서비스의 확대

새롭게 출범한 박근혜 정부는 '한국형 생활보장국가'를 표방한다. 이 모델의 키워드는 크게 두 가지, 즉 '사회서비스'와 '평생사회안전망'(또는 '생애주기별 맞춤형 복지')이다. 우선 사회서비스의 개념은 2011년 박근혜 의원실이 대표 발의함으로써, 현 정부 복지정책의 밑그림이 된 「사회보장기본법 전부개정안」(2012년 1월 국회 통과, 2013년 1월부터 시행)에서부터 두드러지게 나타났다. 한국의 사회보장은 사회보험, 공공부조, 사회복지서비스 및 관련 제도의 3대 축으로 구성되어왔다. 즉 「사회보장기본법」의 개정과 더불어 사회복지서비스는 이제 '사회서비스[3])라는 새로운 이름을 얻게 되었는데, 중요한 사실은 그 개념이 기존의 복지, 보건의료 분야만이 아니라, 교육·고용·주거·문화·환경 분야까지 새롭게 포괄하게 되었으며, 서비스의 내용도 상담·재활 뿐 아니라 돌봄·정보의 제공·관련 시설의 이용·역량 개발·사회참여 지원 등을 널리 포함하게 되었다는 것이다. 이렇게 사회서비스의 적용 대상이 확장되면서, 정책 간의 연계가 중요해졌고, 따라서 총괄적인 조정 및 관리를 위한 대통령 직속 '사회보장위원회'의 신설이 추진되기에 이르렀다.

그리고 이러한 '사회서비스' 개념의 확대는 또 다른 키워드인 수요자 중심의 "생애주기별 맞춤형 복지"의 전제조건을 이루게 된다. 예컨대, 개정된 「사회보장기본법」과 대통령직 인수위가 발표한 「박근혜 정부 국정과제」에서는 일관되게 "맞춤형 복지"를 생애주기에 걸쳐 보편적으로 충족되어야 할 기본욕구와 새로운 사회적 위험에 의해 발생하는 특수욕구를 동시에 고려하여 소득 및 서비스를 함께 보장하는 것으로 정의하고 있다. 「사회보장기본법」의 개정 과정에 이론적 근거

---

3) 사회서비스란 "소비외부성(consumption externality)이 크고 사회적으로 공적제공 (public provision)이 요구되는 대인서비스(personal service)"로 정의된다. 이를 기준으로 사회서비스의 범주는 광의, 협의, 최협의로 나누어진다(김진, 2011: 35-7). 광의로는 교육, 보건, 사회복지, 환경, 문화, 보육, 예술·관광 및 운동, 산림보전 및 관리, 간병 및 가사, 문화재보존 및 활용, 청소 등 사업시설 관리, 직업안정법에 의한 고용, 기타 고용노동부장관이 정하는 서비스 등, 대부분 「사회적기업육성법」에서 규정하는 영역에 해당하는 현물급여성 서비스를 포함한다. 협의로는 돌봄(care)서비스를 중심으로 한 사회복지서비스와 보건 및 의료의 영역 중 사회서비스 개념에 맞는 현물급여성 서비스를 포함한다. 최협의의 사회서비스는 일반적인 의미의 사회복지 영역 중 사회서비스 개념에 맞는 현물급여성 서비스를 포함한다. 요컨대, 사회서비스의 주요 대상은 성인(노인, 장애인), 아동청소년, 여성 및 가족, 특수집단(노숙인, 미혼모, 다문화가족, 새터민, 외국인근로자 등) 등이며, 이들에게 보육, 돌봄(care), 보건의료, 재활, 방과 후 활동, 특수교육, 고용관련 서비스 등을 제공하는 것을 사회서비스라고 할 수 있다.

를 제시했으며, 인수위에서 고용복지 분과 위원으로 활동했던 안상훈에 따르면, 개정된「사회보장기본법」및 현 정부의 복지정책은 소득보장중심 복지에서 소득과 서비스의 균형으로, 사후적 복지에서 선제적 예방적 복지로, 공급자 중심의 일률적 복지에서 수요자 중심의 생애주기별 맞춤형 복지로의 복지패러다임 전환을 기본 출발점으로 하고 있다(안상훈, 2010: 11). 결국, 박근혜 복지모델은 서구 복지국가의 경험에 비추어 과도한 복지확대를 경계하고 사회서비스를 보편적으로 제공함으로써 한국복지국가의 지속가능성, 경제친화성, 효과성, 효율성의 제고를 지향한다. 특히 예방적 차원의 사회서비스 프로그램들을 중심으로 인적 자본을 선제적으로 향상시켜 기회의 평등을 추구함과 동시에 경제성장에도 친화적인 복지국가를 지향하는 '사회투자국가'적인 전략을 채택하고 있다. 물론 핵심은 사회보장체계에서 차지하는 소득보장의 비중을 줄이고 사회서비스 보장을 강화하는 것이며, 바로 이 때문에 스스로를 생활보장형 복지국가라고 지칭하는 것이다.

이처럼 사회서비스와 생애주기별 맞춤형 복지를 근간으로 하여, 사후적 소득보장국가에서 예방적 생활보장국가로의 전환을 목표로 하는 박근혜의 한국형 생활보장국가에서 복지 영역의 시장화는 필연적일 수밖에 없다. 실제로 박근혜가 발의했던「사회보장기본법 전부개정법률안」에서는 개인의 소득보장을 위해 민영기업과 공공부문의 효과적인 연계를 추구하며, 사회보장에 대한 민간 영리부문의 참여를 유도하기 위한 각종 정책들의 개발에 힘쓸 것을 자세히 명시하고 있다(박근혜, 2010: 82). 사실 소득보장보다 사회서비스를 우선시한다고 했을 때부터, 그 사회서비스의 제공자로서 국가를 보완 혹은 대체할 민간 부문의 역할이 증대할 것이라는 점은 충분히 예상 가능하다. 이는 국가의 직접적인 공공사회복지지출을 확대하지 않는 가운데 복지공급의 수요를 인적 자본 투자를 통해 대응하는 전략과도 긴밀히 연결된다.[4] 아울러 이것은 조세를 통한 소득이전에 대한 격차해소 효과를 비용유발적 복지로 전제함으로써, 국가의 재정책임은 최대한 회피하면서 시장에 기초한 서비스 확대로 소득보장기제를 대체하려는 기획의 일환이라고 볼 수 있다.

　　사회서비스 시장화 기획은 박근혜 정부가 복지 영역에 있어서 국가의 역할을 어떻게 규정하고 있는가에서 보다 확실히 드러난다. 앞서 「사회보장기본법 전부개정을 위한 공청회 자료집」에서도 명백히 밝힌 것처럼, 인수위의 「박근혜 정부 국정과제」에서도 시장대체적인 국가역할에서 공사 역할분담의 균형을 창출하고 규제자보다는 통합관리자로서의 국가역할을 강화할 것을 반복해서 강조한다. 이는 MB 정부의 시장의 활용과 맥락을 유지하면서 좀 더 강화된 관리자로서의 기능을 추가하겠다는 것으로 해석된다. 즉 이미 충분히 시장화된 사회서비스 영역에서 비롯되고 있는 다양한 문제들을 어떻게 해결할 것인가에는 전혀 관심이 없으며, 단지 사회서비스 영역을 효율적으로 '관리'하는 일에 국가의 역량을 집중하겠다는 것이다. 국가가 규제 및 감독자로서 기능을 계속해왔음에도 불구하고, 현재 한국 사회서비스 영역에서 민영화는 영리부문이 중심이 되는 시장화, 즉 상업화의 특징을 강하게

---

4) 물론 OECD 국가들 중 가장 낮은 수준의 복지인프라를 지닌 한국에서 사회서비스에 대한 정부의 어떤 행위(민간 또는 시장을 통한 복지 확대조차)도 외형적으로는 복지 확대로 비춰질 수 있다. 그렇기 때문에 박근혜 정부가 표방하는 사회서비스 확대를 통한 사회보장의 강화는 국가의 직접적인 복지 지출의 총량적 규모와 함께 이러한 확대의 방향이 얼마나 '공공성'을 실현하고 있는가에 대한 평가를 동반하지 않으면 안 된다(윤홍식, 2011: 178-9).

드러내고 있다. 특히 보육과 노인영역의 경우는 영리부문 중심의 상업화가 이미 상당 부분 진척되었다.5)

적어도 국가가 재정적 책임을 진담함으로써 복지서비스의 생산을 주도하되, 수요자에 대한 실제적인 전달은 비영리기관에 위임하고, 전달체계(복지시장)에 대한 규제·감독의 역할을 계속 담당할 때는 동일한 민영화라고 할지라도 공공성의 측면이 여전히 유지될 수 있었다. 그러나 국가가 사회서비스의 생산마저도 시장의 자율성에 맡기고, 즉 재정상의 직접 지원 규모도 축소하고, 더 나아가 이미 시장 경쟁의 논리가 도입된 서비스 전달체계에 대해 공공성을 보완하는 최소한의 규제자 역할조차 중단할 경우 그것은 영리조직 중심의 상업화, 또는 비영리조직조차도 영리성을 추구하게 되는 전면적인 시장화로 귀결되고 만다.

일반적으로 사회서비스의 시장화는 정부가 주도하던 사회서비스의 생산 및 전달에 대한 모든 또는 일부의 기능과 활동을 민간에게 이양하여, 시장경쟁 체제에 의해 사회서비스가 생산되고 거래되는 시스템을 일컫는다(이영범·남승연: 2009: 313). 이것은 국가가 재정적 책임

---

5) 보건복지부(2010)의 보육통계를 살펴보면 영리보육시설이 전체 보육 시설의 약 절반을 차지하고 있는 실정이다. 즉, 전체 시설 수 약 38,021개 중에 국공립보육시설은 5.3%(2,034개소)이고 민간영리조직이 34,519개소로 약 90% 이상을 차지하고 있으며 비영리법인 보육시설은 1,468개로 3.8%를 차지하고 있다. 또한 2011년 기준으로 노인복지서비스를 제공하는 시설의 공급유형을 살펴보면 노인양로시설, 공동생활가정 그리고 노익복지주택 등 노인주거복지시설은 지자체가 직접 운영하는 곳은 한 군데도 없으며 총 397개의 주거복지시설 중 영리기관이 243개(61%) 그리고 154개소(39%)가 비영리조직이 운영하는 것으로 나타났다. 노인의료복지시설에 포함되는 노인요양시설은 노인장기요양보험의 개시와 함께 최근 그 수가 지속적으로 증대하고 있는 대표적인 시설로서 지자체가 직접 운영하는 곳은 8군데에 그치고 영리기관이 1,208개 그리고 비영리시설이 1,137로 나타났다(지은구, 2012: 77-8에서 재인용).

을 지되, 서비스 전달은 국가의 위탁을 받은 민간부문이 대행하는 방식을 뜻하는 '민영화'와 분명히 다른 개념이다. 사회서비스의 공급(전달)은 일반적으로 크게 세 가지 방식, 즉 국가가 주도하는 경우와 민간의 비영리부문이 주도하는 경우 그리고 민간의 영리부문이 주도하는 경우로 분류할 수 있는데, 여기서 '민영화'가 두 번째 경우를 주로 의미한다면, '시장화'는 세 번째 경우를 주로 가리킨다고 볼 수 있다. 물론 두 경우를 모두 포괄하여 넓은 의미에서 민영화라고 할 때도 있지만, 기존의 사회서비스가 어떠한 경쟁도 없이 국가의 위탁을 받은 비영리부문의 공급자 중심으로 설계·생산되어 전달되는 일방적인 과정을 통해서 제공되었던 반면에, 사회서비스의 시장화에서는 대중들의 복지 요구를 먼저 파악한 후 그에 상응하는 서비스가 설계되고 생산됨으로써 결국 수요자 스스로가 서비스의 구매자가 될 수 있게 하는 수요자 중심 모델을 표방한다.

한편, 국가가 사회서비스를 제공하기 위하여 보조금을 지불하는 재정지원 방식은 크게 이용자(소비자) 보조금 방식과 공급자 보조금 방식으로 나누어지는데, '바우처'(voucher)[6]나 수당 등은 소비자 보조

---

6) 바우처 제도는 사회서비스를 구매할 수 있는 증서를 복지 수요자에게 국가가 제공하는 방식이다. 즉, 정부가 수요자에게 쿠폰을 지급하여 원하는 공급자를 직접 선택하도록 하고, 공급자가 수요자로부터 받은 쿠폰을 제시하면 정부가 재정을 지원하는 방식을 말하는데, 이때 지급되는 쿠폰을 가리켜 '바우처'라고 하는 것이다. 이 바우처 쿠폰은 일종의 상품이나 서비스를 구매할 수 있는 증서와 같다. 바우처 제도는 복지서비스의 주소비자인 취약계층의 선택권을 보장하면서 서비스 제공 기관들의 경쟁을 부추겨 그 질을 높이는 것을 목표로 한다. 따라서 노인, 장애인, 산모, 아동 등 사회서비스를 필요로 하는 사람들에게 일종의 이용권을 발급하여 서비스를 받을 수 있도록 하는 사회서비스 바우처가 대표적인 예로 소개되고 있는 것이다. 또 문화 향유 기회가 적은 저소득층을 위한 문화바우처가 존재하며, 저소득층에게 임대료 일부를 지원해주는 주택바우처 등 다양한 바우처가 존재한다. 보다 상세한 내용은 보건복지부 사회서비스 전자바우처 홈페이지(http://www.socialservice.or.kr) 참조.

금에 해당하고(수요자 중심 모델), 위탁계약을 통한 국고 보조금 지급
은 공급자 보조금에 해당한다(공급자 중심 모델). 그동안 한국의 사회
복지체계에서는 사회서비스를 제공하는 기관에 보조금을 지원하는 방
식이 일반적이었으나, 2007년부터 바우처 사업이 시행되면서 소비자
보조금 방식으로 급격한 전환이 이루어진다. 두 방식의 차이를 살펴보
면, 우선 공급자 중심 모델은 국가와 제3섹터의 비영리기관 사이에 협
력과 조정 관계를 구축함으로써, 국가의 실패에 따른 서비스 전달의
효과성을 증대시키는 것이 목적이라 할 수 있다. 이에 반해 수요자 중심
모델은 국가가 이용자들의 선택권을 확대하기 위하여 영리조직이 사회
서비스 영역에 개입하는 것을 유도함으로써 복지 영역에 대한 시장
원리의 도입을 제도화할 것을 목적으로 한다. 수요자 중심 모델은 사회
서비스 수요를 창출하기 위한 도구로서 바우처 이외에도 세금감면(tax
allowance), 또는 수당 등을 활용한다(지은구, 2008: 7). 즉, 바우처
뿐만 아니라 세금보전을 통해서도 민간의 사회서비스를 구매할 수 있
도록 하여 수요를 창출하는 것이다. 나아가 사회보험의 영역을 민간보
험이 대체할 수 있도록 하는 정책 역시 '자유경쟁 시장'을 통해서 더욱
효율적으로 서비스가 제공될 수 있다는 점에서 수요자 중심 모델에
해당한다.

　　이처럼 국가는 수요자 중심 모델에 기초한 사회서비스의 시장화를
통하여 직접적인 재정지출을 최소화하는 동시에, 새로운 사회적 위험
및 사회문제에 대한 대응을 서비스 수요자들의 시장에서의 '자기 선택'
에 맡겨 나가고 있다. 따라서 민영화가 언제나 시장화를 수반하며, 시장
화의 전제조건이 되지만 내용적으로 보면 민영화와 시장화를 구분하는
것이 적절하다. 결국 사회서비스의 시장화란 국가가 사회서비스 전달

을 독점으로 위탁한 기관에게 포괄적인 국고 보조금을 지원하던 방식에서 여러 다원화된 주체들이 서비스 제공에 참여할 수 있도록 제공 기회가 개방된 상태로 전환한 것이자, 이를 통해 서로 경쟁하는 서비스 기관들 중 서비스 이용자가 '바우처'를 사용하여 서비스기관을 직접 선택하고, 사회복지시설은 서비스 판매 실적에 따라 보상을 받게 된 시스템을 말하는 것이다(석재은, 2009). 실제로 2000년대 초반까지 한국 사회복지의 거의 모든 영역에서는 '작은 교회'와 같은 비영리조직이 국가로부터 재정을 지원받아 복지 수요들에게 서비스를 제공하는 공급자 지원 방식이 대세였지만, 참여정부 후반기에 해당하는 2000년대 중반 이후로 국가의 사회서비스 재정지원 방식은 수요자 중심 모델로 급격히 변화하기 시작했다.

그러한 수요자 중심 모델로의 전환에 있어 가장 결정적인 역할을 담당한 것이 바로 영리기관의 시장진입을 허용한 사회보험영역의 노인장기요양보험과 사회서비스 영역의 '4대 바우처사업'이다. 예컨대, 보호가 필요한 노인이 있을 때 2008년 이전까지 정부는 노인시설(양로원 등)을 만들어 노인시설에 예산을 주고 그들을 부양하도록 하였으며(공급자 보조금), 시설 운영자는 노인들의 욕구를 기반으로 필요한 서비스를 제공해왔다(공급자 중심 모델). 그러나 2008년 7월부터 시행된 "노인장기요양보험제도"는 노인시설에 주던 보조금을 노인들에게 직접 지급하고(바우처/소비자 보조금), 자신들이 필요한 서비스(노인전문 요양원 입소, 재가 서비스 등)를 스스로 구매할 수 있게 바꾸었다(수요자 중심 모델). 공급자 보조금 방식일 때 이용자들은 노인시설에서 준비한 프로그램에 참여하는 형태였다면, 바우처를 통한 소비자 보조금 방식으로 바뀐 이후로는 노인들이 직접 필요한 서비스를 선택·결정할 수 있게 된 것이다. 즉 "전문요양원에 갈 것인가?", 간다면 "어디에 갈 것인가?", 아니면 "집에서 요양보호사를 불러 도움을 받을 것인가?", 요양보호사도 "어떤(남자, 여자, 젊은이 등) 사람을 선택할 것인가?" 등등. 그때부터 복지 수요자들은 사회서비스 시장에서 선택의 자유를 누리는 소비의 주권자가 된 것이다. 자신이 서비스를 받을 수 있는 기관을 직접 선택할 수 있어 소비자주권과 선택의 자유가 대폭 확대된 측면도 있지만, 다른 한편으론 정부지원액 이외에 본인부담금과 추가부담금이 생겨남으로써, 서비스 이용자의 구매능력이 더 좋은 시설을 선택하는 기준으로 작동하기 시작했고, 그 결과 사회서비스 시장의 계층화가 발생했다.

앞서도 말했듯이 박근혜 정부는 사회서비스의 전방위적인 개념 확장을 통해 전 국민의 생애주기별 맞춤형 복지를 달성할 수 있도록 사회서비스 시장의 전면적인 확대를 도모하고 있다. 그리고 바로 그렇게 확대한 사회서비스의 영역의 서비스 지불 방식을 모두 바우처로 전환해나가는 움직임을 보이고 있다. 예를 들어 지난 3월 말, 집에서 자녀를 키우는 가정에 대한 양육수당이 새 정부 출범 후 처음 지급된 바 있는데, 며칠 지나지 않아서 이 돈이 다른 용도로 사용되는 걸 막기 위해 보건복지부가 바우처 형태로 지급 방식을 바꾸는 안을 검토 중이라는 보도가 나왔다. 이 사건은 박근혜 복지모델의 핵심인 사회서비스의 확장과 바우처 방식의 보편화가 서로 불가분의 관계에 있음을 보여준다. 정권이 바뀌는 동안에도 한결같이 정부는 바우처의 활용이 사회서비스 영역에서 관리비용을 줄이고 서비스 제공기관 간의 경쟁을 유발하여 서비스의 질을 개선하며 나아가 이용자들은 더 좋은 질의 서비스를 선택할 수 있다는 것을 장점으로 내세우고 있다. 그러나 사실 바우처 제도의 도입은 정부가 홍보하는 이러한 긍정적인 효과를 위한 목적 외에도 현재 지역사회의 비영리기관 특히 종합사회복지관 중심의 사회서비스 전달체계에 대한 정부와 대중들의 불신에 기인한 측면이 강하다. 사회 서비스의 시장화는 사회적 합의의 결과물이라는 것이다. 민주화 이후 한국 사회에서는 지역종합복지관, 장애인복지관, 노인복지관, 아동복 지센터 등 다양한 비영리기관 중심의 사회서비스 전달체계가 구축되어 왔지만, 참여정부와 MB 정부를 거치는 동안 중산층을 중심으로 복지 에 대한 사회적 관심이 증폭되기 시작하면서, 정부는 예산 활용의 측면 에서 그리고 시민들은 서비스의 다양성 측면에서 더 이상 '작은 교회'와 같은 비영리조직에 일방적인 신뢰를 보내지 않게 되었고, 대신에 영리 조직들에 대한 선호를 높여가게 된 것이다. 일정 측면에서 본다면, 계층 에 따른 사회서비스에 대한 시민들의 차별화된 욕망이 정부로 하여금 사회서비스 영역에 영리기관들을 대거 진입시키도록 하는 '시장화'를 이끌어냈다고도 볼 수 있는 것이다.

사회서비스의 시장화: 바우처 제도를 중심으로

정부가 조성한 '바우처 사회서비스 시장'의 공급자는 사회복지관, 장애 인복지관, 재가복지센터, 지역자활센터 등 전통적인 비영리기관들이 주를 이루고 있다. 아래의 표에서 보듯이 노인과 장애인에 대한 바우처 재가서비스는 거의 대부분 비영리기관이 담당하고 있다. 물론 영리기 관의 비율이 해마다 늘어나 2011년 6월 기준으로 영리기관의 비중이 30%에 육박하고 있긴 하지만, 아직까지는 비영리기관이 비중이 상대 적으로 높은 편이다. 필자가 '작은 교회와 복지동맹'의 관점에서

구분		기관 수								
		총계	돌봄서비스					기타		
			소계	가사간병	노인	산모	장애인	소계	장애아동	지역사회
유형	총계	4,424	2,088	309	1,001	250	528	2,336	770	1,566
	영리	1,105 (24.90%)	156	3	27	120	6	949	343	606
	비영리	3,316 (74.90%)	1,929	305	972	130	522	1,387	427	960
	국가 및 지자체	3 (0.20%)	3	1	2	0	0	0	0	0

사회서비스 바우처 제공기관 유형별 분류 (단위: 개소)
※ 2010년 12월 기준(양난주, 2011: 15에서 재인용)

바우처 제도를 주목하는 것도 바로 이런 까닭에서이다.

사회서비스형 사회적 기업도 대부분 이러한 비영리기관에서 사회서비스의 확충과 일자리 창출이라는 정부과제에 따라 전환된 경우라 할 수 있다. 그래서 사회적 기업에 대한 이용자들의 신뢰는 아직까지 경쟁과 선택에 의한 것이라기보다는 사회적 기업이 그동안 비영리활동을 통한 집합적 이익을 추구해왔던 방식이 반영된 것이라고 볼 수 있다는 긍정적인 해석도 존재한다(김수영, 2012: 75). 아울러 바우처 이전에만 해도 정보의 보조금 외에는 추가적인 수당을 받지 못하던 비영리기관이나 '작은 교회'들과 같은 종교기반 사회복지시설 등의 경우, 바우처 제도 도입으로 일정 수준 추가적인 재원 확보가 가능하게 된 것은 충분히 긍정적인 효과라는 해석도 있다.

그러나 바우처 제도는 사회적 목적을 실현하는 비영리기관들도 이제 경쟁과 선택을 통하여 정부보조금과 이용자들을 확보할 수 있도록 하는 시스템을 만들었다는 점에서, 사실상 비영리부문이 사회서비스 제공과 관리를 위하여 국가와 어떤 식으로건 직접적인 협력 관계(역할

분담)를 맺을 필요성이 사라졌음을 의미하는 것이기도 하다. 다시 말해 사회복지 실천이 (시장화된) 사회서비스로 전환되었다는 사실은 과거 민간위탁 방식에서 같이 제3섹터로서 비영리부문이 갖고 있던 중요한 기능, 즉 제1섹터인 국가의 실패와 제2섹터의 시장의 실패 모두를 보완하던 대안적 기능과 국가권력과 경제권력에 대한 견제장치로서의 비판적 기능을 모두 상실할 위기에 처했음을 시사한다. 비영리기관이 주도하던 사회복지 실천의 영역이 사회서비스 시장으로 전환됨으로써, 이제 시장의 요구에 따라 복지단체 스스로 자신을 통제하고 재화와 서비스를 창출·제공해야 하는 환경이 조성되었으며, 소비자들의 선호를 쫓아 조직의 실천 방식도 타율적으로 규정되는 상황을 맞이한 것이다.

바우처 제 하에서 비영리기관들이 더 이상 전통적인 보조금과 후원금 수입이 아니라 서비스 판매수입을 통해 재정을 충당하게 되었다(Salamon, 1993). 정부보조금 또는 기부와 후원금을 통해 서비스 재원을 마련하여 제3자에게 서비스를 제공해왔던 비영리기관들이 서비스 제공대상으로부터 바우처와 추가 수당을 받아서 바로 그 당사자들에게 가격에 상응하는 서비스를 제공하는 일종의 서비스 기업으로 전환하게 된 것이다. 이러한 변화는 비영리조직을 기부와 후원금으로 수입을 충당하던 전통적인 자선적 비영리(donative nonprofit)와 서비스 판매요금으로 수입을 충당하는 상업적 비영리(commercial non-profit)로 차별화하였다(Hansmann, 1996; 양난주, 2011: 7에서 재인용). 비영리조직의 상업화는 사회적 취약계층을 위해 일한다는 그들의 소명을 쉽사리 억누르게 되고, 경영에 있어서는 직원과 자원봉사자에 대한 통제 강화와 효율성, 서비스의 표준화를 지향하는 프로그램 재구조화를 수반하게 된다(Ascoli and Ranci, 2002; 양난주, 2011:

7에서 재인용). 사카이 다카시가 지적하듯이, 이 바우처는 "'사회적인 것'을 통한 통치로부터 시장 혹은 '준(準)시장(quasi-market)'을 통한 통치로의 변환에 주가 되는 기술을 구성하고" 있는 것이다(酒井隆史, 2011: 118).

결국 바우처 제도를 통한 사회서비스의 전면적인 시장화는 사회복지시설의 활동가들이 정치적으로 탈동원화되는 결과를 낳게 된다는 것이다. 즉, 민간복지시설의 입장에서 이용자 보조금 방식의 바우처 제도는 스스로 사회서비스 대상자들을 동원할 필요를 근원적으로 차단해버릴 위험이 있다. 이제 사회복지기관들은 자발적인 후원자들이 아니라 바우처로 인해 파생된 추가 수당이라는 자체적인 수입원을 갖게 되었다. 또한 단체의 활동과 목표를 선전해서 시민사회로부터 더 많은 후원을 얻는 대신에, 정부의 서비스 만족 평가에 부응하기 위해 책임져야 하는 실무적인 현안들에 집중할 수밖에 없게 되었다. 그런 의미에서 본다면 사회서비스의 시장에서 국가는 사회서비스 활성화의 주체가 아니며 비영리기관의 서비스 공급자들도 주체가 아니며, 서비스 이용자들 역시 주체가 아니게 되었다. 서비스의 선택과 제공은 궁극적으로 시장의 논리에 따라 결정되므로, 사실상 시장이 사회서비스의 주체가 된 것이다. 따라서 이제 민주주의 원리에 따라 시민의 사회적 권리를 보장하는 고도의 정치적 개입이자 자본주의체제가 낳은 계급적 불평등을 완화하기 위한 정치적 대응으로서 복지의 정치적 기능이 약화되고 있다(카우프만, 2005: 111). 그리하여 사회복지 영역은 정치성을 벗어난 공간으로 표상되고, 국가와 시장이 허용하는 수준에서만, 즉 비정치적이되 친경제적인 사회적 행위만이 사회복지 실천으로서 환영받는다. 다시 말해 사회서비스의 시장에서 좋은 사회복지로 평가되는 것은 경제성을 지닌 사회적 행위이지 반경제적인 정치적 행위가 아니라는 것이다. 역사적으로 볼 때, 자본주의국가에서 사회복지 실천은 현재의 자원·재화의 분배 상황을 문제시하면서 새로운 욕구 해석을 제기하는 정치적 행위와 불가분의 관계에 있었다. 하지만 오늘날 '사회서비스'로 재규정된 돌봄·활동보조·간병·수발·지원 등의 사회복지 실천은 정치적 행위와는 마치 아무런 관계가 없는 것처럼 받아들여지고 있다 (齋藤純一, 2009: 99-100).

그런데 바우처가 초래한 정치적 차원의 부정적인 효과는 단순히 서비스 공급자들에게만 제한되지 않는다. 그것은 서비스 이용자, 즉 시민들의 정치적 주체성에도 심대한 영향을 가하고 있다. 우선 바우처가 소비자주권과 선택의 자유를 보장하는 수단인 동시에 '사회권'의 주체인 시민에 대한 통제 메커니즘의 성격도 지니고 있다는 사실이 중요하다. 바우처는 시민으로 하여금 사회서비스 선택의 자유를 보장하는 동시에 그들의 소비 결정을 제약하는 것이다. 단적인 예로 사회서비스 바우처는 사회서비스에만 사용해야 하고, 보육 바우처는 보육에만 사용해야 한다. 각 분야의 바우처는 다른 분야의 것으로 바꿀 수 없기 때문이다. 이미 그전에 해당 바우처를 구매 혹은 지급받을 수 있는 기준이 각 바우처마다 다르게 규정되어 있기 때문에 각각의 바우처는 양도나 교환이 불가능할 수밖에 없다. 결국 그들에게 허용된 소비의 자유라고 하는 것은 제한된 영역에서의 자유일 뿐이다(크랜슨·긴스버스, 2013: 376).

물론 더 중요한 문제는 바우처가 이용자들의 서비스 소비 행위뿐만 아니라 정치 행위에도 영향을 미친다는 사실이다. 사회복지 민영화의 어떤 메커니즘도 사회서비스의 시장화 또는 바우처 제도만큼 확실하게 시민을 고객으로 바꾸어놓지 못했으며, 개별적인 소비자 혹은 상품의 고객이 되어버린 시민들은 복지정치에 관한 집단행동으로 스스로를 동원할 필요성을 상실해나간다. 서비스에 만족하지 못할 경우 다른 기관으로 옮기면 그만일 뿐, 사회서비스의 구조적 성격이나 정책적 방향성에 관해 조직적으로 동원할 이유가 없게 된 것이다. 다시 말해, 바우처는 사회권에 관한 정치적 주권자로서 시민의 집단 정체성을 각각의 바우처를 구매하고 그것을 민간의 공급자들과 거래하는 소비자의 사적인 이해관계로 바꾸어버린 것이다. 이제 사회서비스의 시장 안에서 복지기관과 시민의 관계는 판매자와 구매자의 관계로 바뀌어버렸고, 시민의 입장에서 사회복지의 수혜는 사적인 소비 결정의 차원으로, 그리고 복지시설의 입장에서 사회서비스의 공급은 기업가적인 영리 추구의 차원으로 전환된 것이다. 공공임대주택 건설 프로젝트를 주택 바우처로 대체하면 입주자 위원회가 공공임대주택 당국에 집단적 요구를 할 수 있는 기회도 사라진다. 대신 당국으로 향했던 공동의 집단적 요구는 임대인에 대한 임차인의 개인적인 불만으로 해체된다. 주택 바우처가 모든 측면에서 문제가 있다거나 공공임대주택이 무조건 좋다는 것이 아니라, 바우처 제도가 정치적 시민권의 개념과 시민들의 정치적 경험을 사사화할 우려가 있다는 것이다(크랜슨·긴스버그, 2013: 376).

한편, 최근의 신자유주의는 자기통치에 바탕을 둔 개별화를 단순히 확산시킴으로써 작동하기보다는 개인들의 이해관계를 집단화/사회화하는 상이한 형식을 새롭게 발전시키고 있다는 사실도 주목해야 한다(안정옥, 2013: 208-9). 그러한 현상은 바우처 제도가 시행되고 있는 사회서비스의 현장에서도 그대로 나타났는데, 가령 양난주의 연구가 보여주듯이 사회서비스 제공기관들, 특히 비영리기관들은 국가권력이 사회서비스 영역에 강제로 부과한 시장경쟁을 의도적으로 배제하고 제공기관 회의를 구성하여 매달 이용자들을 기관별로 할당했었다. 그리고 정책의 공적 집행책임이 있는 일선 단위인 지방자치단체 담당공무원은 적격성이 판정된 이용자 명단을 재량으로 제공기관에 매달 제공했다고 한다(양난주, 2009). '제공기관회의'라는 임의로 구성된 집행단위로 하여금 이용자들의 제공기관 선택은 안내되고 독려되는 것이 아니라 오히려 차단되었다는 것인데, 물론 이러한 사례가 현재까지도 보편적인 것은 아니며, 바우처 제도 시행의 초기단계에서 경쟁 논리에 거부감을 갖고 있었던 비영리기관들을 중심으로 일어났던 현상임은 분명하다.

그러나 달리 본다면, 이러한 사례를 통해 우리는 사회서비스 현장에서 비영리기관들이 시장화의 흐름에 어떻게 포섭되고 있는가를 짐작할 수도 있다. 이를테면 신자유주의적 복지체제는 사회복지 영역을 전면적으로 시장화했지만, 그것이 결코 과거와 같이 국가가 각 기관들과 위탁관계를 맺고 직접적으로 운영 및 관리에 관여하는 방식은 아니라는 것이다. 오히려 시장의 효과를 통해 각 기관들에게 시장원리를 내면화시키고 쉽게 통치 가능한 자기경영의 주체로 만들어내고 있는 것이다. 그런 점에서 일견 위의 '제공기관회의'라는 것이 바우처 제도의 시행이 가져온 시장경쟁에 저항하는 행동 같아 보이지만, 사실은 이용자들의 제공기관 선택 기회를 구조적으로 차단하고 바우처 시장을 '공평하게' 분할하는 방식으로 시장논리에 철저히 동화된 주체들이 모습을 보여준 것에 불과할 수도 있는 것이다. 이것은 신자유주의 권력이 과거의 규율권력처럼 개개인의 내면에 규범을 내면화하는 방식으로 통치하는 게 아니라, 오히려 주체들의 환경에 경쟁을 설계하고 사회의 전체적인 국면을 시장원리로 채우는 방식으로 통치하고자 함을 보여주는 적절한 예가 될 수도 있는 것이다. 즉 신자유주의 권력은 우연적 요소가 전개하는 장으로서의 환경에(예컨대, '사회서비스 시장') 개입하고, 그 우연성을 통치 가능한 것으로 변화시키고 환경을 최적화·균질화하고자 하는 권력의 모습을 띠고 있는 것이다. 따라서 오늘날 사회서비스 시장에서 작동하고 있는 권력의 통치성이란 사회복지의 환경에 개입하고 그 환경을 새로운 형태, 즉 시장의 형태로 재설계함으로써 그 안에서 발생하는 모든 우연적 사건, 예컨대 일선 행위자들의 행위가 제도적 맥락에 의해 제약되는 현상 또는 반대로 정책이 설계한 대로 현장에서 실현되지 않는 현상까지도 결국엔 통치 가능한 것으로 변환하는 권력으로 나타나고 있는 셈이다.

이와 관련하여 박근혜 정부의 복지모델이 "시장대체적인 국가역할에서 공사역할 분담의 균형을 창출하고 규제자보다는 통합관리자로서의 국가역할을 강화"하겠다고 선언했을 때, 피상적으로만 보면 사회서비스 영역에 대한 국가의 역할 축소로 보이지만(정용택, 2013), 사실은 사회서비스에 관련된 모든 주체들(영리 및 비영리기관, 서비스 이용자)이 놓여 있는 '환경' 또는 그 환경에서 작동하는 게임의 규칙을 철저히 통제·관리함으로써 사회서비스의 생산 및 공급 방식을 균형화·최적화하려는 것으로 봐야 한다. 이미 개정된 「사회보장기본법」에서도 사회서비스 및 바우처 적용 영역의 확대를 계기로 사회서비스 공급에 대한 정부의 책임과 사회서비스 표준화를 명확히 제시하고 있다. 보조금 방식에서 운영비를 지원하고 서비스 제공을 일임할 때와 다르게 정부는 이용자의 서비스 욕구를 측정하는 기준을 개발하고 직접

서비스 신청을 받고 욕구와 적격성을 판정하게 된 것이 그러한 변화의 사례라 할 수 있다. 그래서 사회서비스 바우처 사업에 관한 한 MB 정부는 보조금 방식으로 공급하던 과거의 정부들과 비교했을 때 그 역할과 책임을 더욱 강화하고 더욱 세밀하게 서비스 내용과 과정을 규제하고자 했으며, 직접적으로 이용자들에게 서비스 권리를 보장하는 역할을 수행해나갔다(양난주, 2011: 212). 물론 그것은 박근혜 정부에서도 그대로 계승되고 있다. 「사회보장기본법」과 「인수위 국정과제」에서 드러나듯이, 박근혜 정부의 복지모델 역시 사회복지에 대한 국가의 역할 축소가 아니라 새로운 방식의, 즉 시장 경쟁의 환경을 적극적으로 조성하려는 국가의 역할 강화라 할 수 있다. 박근혜 정부의 복지모델에서 국가는 자본의 책임은 묻지 않지만 여전히 가족과 개인의 책임을 중요하게 훈육한다는 측면에서 권위주의적 규범차원의 강한 국가의 특징을 명확히 띠고 있다. 사회서비스의 시장화 기획에 수반되고 있는 가족가치 확산, 생애주기별 부모교육확대, 취업취약계층 및 빈곤층에 대한 노동의 강조 등이 그 구체적인 증거들이다(제갈현숙, 2013: 14).

'작은 교회'들의 정치적 주체화를 위하여

이 글의 목표는 사회서비스나 바우처 제도의 정책적 효율성보다는 그 것이 활성화될 때 이용자와 제공자 모두의 복지정치적 주체성에 어떠한 변화를 가져올 것인가를 분석하는 데 있었다. 즉, 사회서비스의 시장화와 동반된 바우처의 보편화가 '작은 교회'들과 같은 비영리복지기관의 정체성을 어떻게 변화시키고, 나아가 보편적 복지국가를 향한 복지동맹의 정치세력화를 일상의 영역에서 어떻게 제약하고 있는가를 살펴보려 한 것이다. 구조 및 제도가 행위자들에게 가하는 제약은 단순히 수동적 행위자에게 가해지는 일방적인 힘으로서가 아니라, 행위자들의 적극적인 참여를 통해 작동한다. 그러므로 오늘날 사회서비스 영역 활동가들의 실천을 통제 및 관리하는 '환경적' 제약은 사실상 시장논리를 체화한 경제적-합리적인 개인들의 자유롭고, 기업가적이고, 경쟁적인 행위의 인위적으로 배열된 또는 기획된 형태들에 좇아서 이루어진 것임을 부정할 수 없다. 그들의 행동을 제약하고 있는 것은 다름아닌 그들의 행동 자체라는 것이다. 따라서 행위자들의 행동 방식을 근본적으로 규정하고 있는 환경적 조건을 문제화해야만 이 '제약의 제약'이라고 하는 '무한 반복'(infinite loop)에서 벗어날 가능성도 찾을 수 있는 것이다.

지금까지 살펴본 바, '작은 교회'들과 같은 비영리기관들이 놓여 있는 사회서비스의 환경에서는 바우처 제도로 대표되는 시장화의 흐름이 강하게 진행되고 있다. 최근의 한 연구에 따르면, 사회서비스 시장에서 바우처 사업을 수행하고 있는 비영리 사회복지조직의 시장지향성이 높을수록 바우처 사업에 대한 연간 수익금 총액이 높은 것으로 나타났다고 하는데(권순애·김교정, 2012), 이는 사회서비스 시장화의 흐름 속에서 비영리기관들 역시 생존을 위하여, 혹은 경쟁의 우월성을 확보하기 위하여 점차적으로 시장지향성을 갖추어가고 있음을 보여준다. 이처럼 비영리 사회복지단체들이 조직의 생존과 유지를 위해 자신들을 둘러싼 '환경'의 변화에 민감하게 반응하고 적극적으로 순응해나가는 모습이 나타나고 있는데, 이를 두고 복지동맹의 정치적 주체화를 가능하게 하는 일상적 차원의 실천이라고 말하기는 어려울 것이다. 설령 그러한 '순응'이 시장 경쟁에서 비영리기관의 생존을 보장해준다는 사실을 인정할지라도 말이다.

　오늘날 한국의 사회서비스 시장에서 바우처 제도가 시행됨으로써 시장 기제가 형성되는 점에 주목한다면, '작은 교회'의 복지 실천은 마치 "고객"을 지향하는 하나의 산업처럼 보인다는 것도 결코 과장은 아니다. 바우처가 일견 이용자(소비자)의 선택권을 획기적으로 보장하고 확대했지만, 사회복지 실천에 시장구조를 끌어들임으로써 국가와 자본주의에 대한 고도의 정치적·사회적 개입으로서 '작은 교회'들의 사회복지 실천이 갖는 본질적 의미에 퇴색시키고 있다. 이는 다시 복지의 사각지대에 은폐되어 있는 민중들에 대하여 '작은 교회'가 그동안 지속적으로 수행해온 섬김 활동을 축소시키고, 대신에 바우처 구입자들에 대한 서비스 제공 활동에 주력하도록 만들 가능성이 크다는 점에서 사회복지 실천의 전체적인 공공성이 해체될 위험이 다분하다.

　결국 '작은 교회'들의 일상적인 사회복지 실천의 기제를 지배하고 있는 현재와 같은 사회서비스의 '환경' 자체에 대한 담론적 개입과 제도적 개혁이 이루어지지 않는다면, '작은 교회'들이 보편적 복지국가 건설을 위한 복지동맹의 정치적 주체로 형성될 가능성도 그만큼 희박해질 수밖에 없다. '작은 교회'의 참여자들이 사회서비스의 시장화 흐름 가운데서도 비영리적인 사회복지 행위자로서의 정체성을 유지하고, 나아가 복지국가의 확대를 위한 복지동맹의 일원으로 정치적 주체화를 이룰 수 있기 위해선 결국 그들의 일상적인 복지 실천의 환경을 바꾸는 일이 선행되어야만 할 것이다. 즉 '작은 교회'들을 비롯한 비영리기관들의 복지 실천이 시장 기제에 포섭된 사적인 영리추구 또는 비정치적인 사회서비스 행위로 그 의미가 축소되지 않도록 사회서비스의 생산 및 공급구조를 전반적으로 재설계해야 한다는 것이다. 대안적인 모델의 구체적인 형태는 아직 말할 수 없겠지만, 적어도 사회서비스 적용대상의 보편주의 확대, 사회서비스 생산 및 공급의 공공성 확보, 사회서비스의 탈상품화 기능 강화가 기본적인 원칙이 되어야 한다는 것은 분명하다.

제3시대

〈참고문헌〉

권순애·김교정. 2012. 「사회서비스 시장화에 따른 비영리 사회복지조직의 시장지향성과 조직성과 관계 연구」. 『한국콘텐츠학회논문지』 제12권 5호.
기독교윤리실천운동. 2010. 「2009년 한국교회의 사회적 섬김 보고서」. 기독교윤리실천운동·교회신뢰회복네트워크.
긴스버그, 벤저민·메튜 A. 크랜슨. 2013. 서복경 옮김. 『다운사이징 데모크라시』. 후마니타스.
김수영. 2012. 「사회서비스 바우처 이용자의 정보가용성과 서비스선택성이 서비스질에 미치는 영향」. 숭실대 사회복지학과 박사논문.
김영순. 2012. 「보편적 복지국가를 위한 복지동맹: 한국 사회의 조건과 전망」. 윤홍식 편. 『우리는 한배를 타고 있다』. 이매진.
김진. 2011. 「사회서비스의 개념과 현황」. 노기성 편. KDI 한국개발연구원 정책보고서. 『사회서비스 정책의 현황과 과제: 사회복지서비스를 중심으로』.
김진욱. 2011. 『한국의 복지혼합』. 집문당.
_____. 「한국 사회서비스의 공사역할분담 개혁방향에 관한 연구」. 『사회복지정책』 제31

호. 177-210.

김진호. 2012.「지구화 시대 보편적 복지동맹의 가능성과 '작은 교회'」. (생명평화를 지향하는 개신교운동의 비전공유를 위한 연속토론회 5: 보편적인 복지제도 마련을 위한 조건과 방향 발제문. 2012. 7. 17).

_____. 2013a.「작은 교회와 경제민주화 ― 복지동맹」. NCCK 정의평화위원회 기획토론회 '한국사회의 변화 어떻게 바라볼 것인가' 2차 모임 발제문. 2013. 3. 14).

_____. 2013b.「탈성장주의 시대 '작은 교회'에 대해 말하다 ― 복지동맹과 신앙의 공공성 문제를 중심으로」(특별 공동심포지엄 '탈성장주의 시대, 교회를 말하다' 발제문. 2013. 4. 11).

다카시, 사카이(酒井隆史). 2011. 오나하 옮김.『통치성과 '자유'』. 그린비.

안상훈. 2010.「한국형 복지국가의 비전과 전략」. 박근혜 의원실. (사회보장법 전부개정을 위한 공청회 자료집).

안정옥. 2013.「위기 이후의 신자유주의, 불안/전의 일상화와 사회적인 것의 귀환?」.『아세아연구』제151호.

양난주. 2009.「바우처 정책집행연구: 노인돌보미바우처 사례」. 서울대 사회복지학과 박사논문.

_____. 2011.「한국 사회서비스 공급특성 분석: 보조금과 바우처방식의 검토」.『사회복지정책』제38권 3호.

윤도현·박경순. 2009.『한국의 복지동맹』. 논형.

윤홍식. 2011.「복지국가를 위한 한국 사회의 새로운 과제, 사회서비스」. 김윤태 편.『한국복지국가의 전망』. 한울.

정용택. 2013.「박근혜 정부의 복지정책 전망과 민중신학의 과제」. (한국민중신학회 월례세미나 발제문. 2013. 4 .1).

제갈현숙. 2013.「박근혜식 복지국가의 성격분석 및 전망: 맞춤복지의 본질과 문제점」. 사회공공연구소 이슈페이퍼.

준이치, 사이토(齋藤純一). 2009. 윤대석·류수연·윤미란 옮김.『민주적 공공성』. 이음.

지은구. 2008.「사회복지서비스와 바우처 제도」. (바우처 제도, 사회복지의 확장인가? 퇴보인가? 토론회 자료집).

_____. 2009.「사회복지민영화의 비판적 검토」.『상황과 복지』제27호. 35-78.

_____. 2012.「공공사회복지전달체계 개편의 문제점과 개선방안」.『사회과학논총』제31집 2호. 55-86.

카우프만, 프란쯔 자바. 2005. 정연택 옮김.『사회정책과 사회국가』. 21세기사.

푸코, 미셸. 2011. 오트르망 옮김.『안전, 영토, 인구 — 콜레주드프랑스 강의 1977~78년』.
   난장.

박근혜 의원실. 2010.「사회보장법 전부개정을 위한 공청회 자료집」.

제18대 대통령직인수위원회. 2013.「제18대 대통령직인수위원회 제안 박근혜 정부 국정
   과제」.

보건복지부 사회서비스 전자바우처 홈페이지(http://www.socialservice.or.kr).

정용택은 본 연구소 상임연구원이며, 한신대 대학원 신학과 박사과정에서 기독교사회윤리학을 전공하
고 있다. 주요 저작으로는『잉여의 시선으로 본 공공성의 인문학』(공저),『교회에서 알려주지 않는 기독
교 이야기』(공저) 등이 있고,『21세기 민중신학』을 공역했다.

민중신학의
현재성

어느 늙은 민중신학자의 편지 | 이상철

Towards a Transnational Perspective on
Minjung Hermeneutics | Jin Young Choi

어느 늙은 민중신학자의 편지

이상철

I

형. '민중신학'이 출범한 지 어언 40년 가까이 되어갑니다. 함께했던 선배들이 사라진 자리에서 저는 이제 뒷방 늙은이 신세가 되어 젊은 신학자들이 내뿜는 패기와 열정에 놀라고, 우리 때와는 다른 그들의 재기발랄함, 능숙하고 유려한 매체 적응력 그리고 현란하고 아찔한 공감각적 감수성에 탄복하며 하루하루를 보내고 있습니다.

그렇습니다. 확실히 세상은 우리가 살았던 시절과는 많이 변했고, 이런 시대의 변화는 당연히 신학하는 우리들에게도 체질개선을 요구하였습니다. 포스트모던, 신자유주의, 세계화, 다문화… 등등의 용어들을 풀이하면서 그 말들이 지닌 사회학적 의미에 대해 하나씩 이 자리에서 장황하게 늘어놓고 싶지는 않습니다. 분명한 것은 한국 교회와 한국 신학은 발 빠르게 시대의 요청에 부응하면서 수요자 중심의 교회, 그 수요의 욕망을 충족시키는 신학을 양산해내기 시작했다는 것입니다.

벌써 10년도 훨씬 지난 일이네요. 이제는 그것이 돌이킬 수 없는 대세가 된 듯합니다.

세계화되고 다원화된 오늘날의 현실에는 그 다양성만큼의 편견과 억압과 폭력이 잠재해 있습니다. 전 시대와는 비교가 되지 않는 세련된 방식으로 그것들은 교묘히 은폐된 채 자신들의 모습을 숨기고 있지요. 그것이 이데올로기적으로 영토화된 것이든 탈영토화된 것이든, 그것이 의식적이든 무의식적이든, 그것이 제도에 의한 것이든 관습에 의한 것이든, 우리의 삶의 방식은 이제는 우리가 어찌할 수 없는 일종의 매트릭스 안에 갇혀 있는 것 같습니다.

그 매트릭스 안에는 체제에 대한 냉소와 체제를 향한 분노를 분출할 수 있는 장치까지 다 마련되어 있답니다. 놀라운 사실은 이 모든 과정이 전과 같은 체제의 강제가 아닌 인민들의 자발적 동의에 의해 이루어지고 있다는 사실입니다. 현 체제가 옛날 독재정권과 같은 막가파라고 생각하면 큰 오산입니다. 아주 폼 나고 우아하게, 아주 부드럽고 나이스하게 체제는 인민들을 스스로 낭떠러지 끝으로 걸어가게 만듭니다.

뉴타운을 조성시켜 집값을 올려주겠다는 공약에 속아, 4대강 사업으로 땅값을 올리겠다는 공약에 넘어가 우리는 자발적으로 이명박을 찍었고, '잘 살아보세!'라는 박정희의 주문은 약발이 다한 그때의 추억이 아니라, 다른 사람도 아닌 그의 딸을 통하여 엄연한 현실의 질서로 아름답고 화려하게 복귀했습니다. 그것도 5.16을 연상시키는 51.6%라는 국민적 동의를 등에 업고 말입니다. 이를 어찌 해석해야 할까요?

II

이런 씁쓸한 현실 속에서 저는 지금 지난날 우리가 함께 일구어냈던 민중신학을 되돌아보고, 앞으로의 민중신학을 전망하는 작업을 하고 있습니다. 그 과정에서 지난날 있었던 많은 사건들을 회고하게 되는데, 마치 어제 일처럼 또렷하네요. 혁명의 시대를 건너오면서 광장에서 울려 퍼졌던 함성과 환희를 기억하고 있는 우리들, 핍박의 시대 골방에 갇혀 쓰고 또 쓰고 하면서 다듬어진 민중신학의 언어를 간직하고 있는 우리는 분명 행복한 세대였습니다.

형도 기억하듯이, 우리가 민중신학이라는 새로운 신학을 선언할 즈음, 이미 우리 앞에는 유수한 신학적 전통과 권위들이 상존하고 있었습니다. 20세기 서구신학을 장식했던 거장들이 사라졌다고는 하나, 그들이 이룩해놓은 풍부한 신학적 토대 위에 많은 후학들이 신학적 담론들을 왕성히 토해내던 때가 바로 그 무렵이었죠. 과정신학, 세속화 신학, 희망의 신학, 신 죽음의 신학 등이 서구신학의 전통 내에서 발생한 자기갱신의 목소리였다면, 페미니즘 신학, 흑인신학, 해방신학은 서구신학의 방계전통에서 일구어낸 혁혁한 공로라 할 수 있을 것입니다.

이런 고수들의 틈바구니에서 우리는 그런 권위들에 주눅 들지도 않았지만, 물론 살짝 엿보기는 했겠지만서도, 그렇다고 그들을 밟고 뭐 기막힌 신학을 만들려 하지도 않았습니다. 그냥 우리의 방식대로, 우리의 언어와 우리의 상황 속에서 그들과는 다른 방식으로 신학에 시비를 걸고 싶었던 것뿐이죠. 그 결과 민중신학이라는 나름 '엣지' 있는 신학적 영토를 구축했다고 저는 자부합니다.

하지만, 현재 민중신학은 더 이상 광장의 아우성도 아니고, 고독한 독방에서의 고투도 아닙니다. 피를 끓게 했던 광장의 언어는 이제는 서늘히 식어버려 죽은 놈 뭐 만지는 식의 불임의 언어가 되어버렸고, 독방에서 만들어낸 영감의 언어는 더 이상 소통하지 못하는 밀폐의 언어가 되어버렸습니다. 이것이 바로 현재 민중신학이 당면하고 있는 현실이고 조건이라고 한다면 너무 큰 자학일까요.

미국에서 10년 가까이 공부하면서 여러 차례 세계에서 온 친구들 앞에서 민중신학에 대해 설명할 수 있는 기회가 있었습니다. 그들은 많이 놀라하고 무척 흥미롭게 민중신학에 대해 관심을 보이다가도 얼마 있지 않아 금방 지루해하며 이렇게 묻더군요: we don't want to know the past of minjung theology any more because we had heard enough of this. My question is that; "what is the influence of minjung theology on Korea and the Church today?" "How minjung theology can continue to be relevant and functioning in the present age called as global-capitalism, postmodernism?" "Please, tell me about the present and future of minjung theology"

저는 이런 질문들을 받으며 두 가지 점에서 놀랐습니다. 하나는 저의 미국 친구들이 이미 민중신학에 대한 개론적 지식에 많이 노출되어 있다는 점이고, 다른 하나는 제가 민중신학의 현재 내지 미래에 대해 그들에게 해줄 이야기가 별로 없었다는 점입니다. 새삼 저의 민중신학에 대한 무지와 무감각과 무관심이 어느 정도인지를 가늠할 수 있었던 기회였습니다. 그 자극이 저의 논문 제목을 최종적으로 "The Turn to the Other: Minjung Theology in a Dialogue with Levinasian Ethics and Derrida's Deconstruction Ethics"으로 정하는 계기가 되었습니다.

III

요즘 논문을 핑계 삼아 다시 기독교 2천년 역사를 읽으며 새삼 깨닫는 사실은 올곧은 신학이란 언제나 시대의 위기 속에서 비상을 꿈꾸다가 마침내 도약해서는 시대의 아픔을 부둥켜안고 추락하고 마는, 마치 봄날 화려하게 피었다가 처연히 흩날리며 낙화하는 목련과 닮았다는 것입니다. 모든 개별적인 사건들과 현상들은 하나의 절대적 관념, 즉 신으로 복속될 것이라 주장하고, 서로 상이한 진리들이 언젠가는 더 큰 진리로 통합되고 그 안에서 극적인 화해를 이루게 될 것이라 믿는 전통적인 신학은 위에서 언급한 신학의 남루하고 초라한 위상을 부정하겠지만, 신학적 진리란 기존의 신학에서 말해왔던 것처럼 복음 안에서의 화해나 종합보다는, 복음을 들고 시대와의 부조화를 선언하고, 복음을 근거로 시대의 균열을 조장하며, 복음과 함께 시대를 가로지르는 것이라 생각합니다. 번영을 담보로 차이의 소멸에 공조하는 신학이 아닌, 은폐된 차이와 모순을 드러내고, 시대의 위기를 발설하며, 그 모순과 위기를 향한 구체적 프락시스(praxis) 속에서 발견되는 그 무엇, 그것이 바로 온갖 쭉정이 같은 신학들이 난무하는 세상 속에서 교회와 세상을 지켜냈던 신학의 참 모습이라 믿습니다.

저는 이러한 신학적 전통을 요즘 유행하는 지젝의 말을 인용하면서 '부정성과 함께 머무는 것!'이라고 말하려 합니다. '부정'이라고 할 때 거기에는 두 가지 의미가 있습니다. 하나는 네거티브(negative)

의 의미이고, 다른 하나는 '不定(Infinite,정해지지 않음 혹은 한계 없음)'의 의미입니다. infinite는 현실에서는 deferrable(연기할 수 있는) 혹은 difference(차이), 아니면 emptiness(비어 있음) 의 형태로 나타납니다. 지젝이 '부정성과 함께 머물기(Tarrying with the Negative)'라 했을 때, 얼핏 보면 전자의 '부정'을 사용하고 있는 듯하나, 지젝 사상의 핵심인 실재(the Real)를 이해하려면 오히려 후자의 '부정'으로 접근해야 합니다.

참고로, 21세기 윤리학의 지형을 새로 짜고 있는 레비나스의 '타자의 윤리학', 데리다의 '해체의 윤리학', 그리고 지젝으로 대변되는 슬로베니아 학파의 '실재의 윤리학'이 서로 상이한 지적 전통에서 시작되었고, 그래서 각자가 노리는 바가 다르다 할지라도, 셋은 공히 부정성을 전제로 하고 있다는 점에서 공통점이 있습니다. 제가 보기에 민중신학 안에는 앞서 언급한 두 가지 형태의 부정이 다 포함되어 있습니다. 바로 이 부분이 부정성을 이론적 토대로 삼는 현대의 사상가들과 민중신학이 함께 공모할 수 있는 대목이라 여겨집니다(이 부분이 논문의 핵심이 될 텐데, 아직 연구가 충분히 진행되지 않았습니다. 나름 정리되고 어느 정도 맥이 잡히면 그 과정과 성과에 대해서 다시 의견 나누겠습니다).

하지만, 민중신학이 간직하고 있는 부정성에 대한 자각과 그 부정성의 계기들을 어떻게 발화시킬 수 있을지를 둘러싼 모색은 서로 다른 성질의 문제입니다. 즉 '부정의 방식으로 말을 건네는 어법을 민중신학이 산출할 수 있을지?'가 관건이라는 말입니다. 사실, 지금까지 우리는 말하고자 하는(타도의) 대상에만 관심이 있었지, 말하는 방식에 대해서는 몰지각했던 것이 사실입니다. 이제 민중신학은 말을 건네는 대상에 집중했던 과거의 방식이 아니라, 말하는 방식의 개선을 통해 민중신학의 새로운 준거점을 확보해야 할 때입니다. 저는 그 실마리를 윤리에서 찾으려 합니다.

IV

형. 이 대목에서 부정성에 입각한 민중신학의 윤리학에 대한 논의로 넘어가기에 앞서, '부정의 변증법'에 대한 이야기를 잠시 해야 할 것 같습니다. 우리가 예전에 수없이 나누었던 변증법 관련 대화들은 결국 '유한과 무한의 대립이 어떻게 종합될 수 있는가?'에 대한 물음을 둘러싼 공방이었습니다. 헤겔은 이 대립을 철폐하면서 논리적 일치성을 향해 치달았고, 결국 모든 것의 차이를 무화시키는 일원론(예: 절대정신) 으로 자신의 주장을 마무리합니다. 이것이 헤겔식 변증법의 정의라 한다면 너무 조야한가요?

헤겔과 동시대에 살았던 키에르케고르는 헤겔적인 변증법에 대한 최초의 반항아였습니다. 키에르케고르는 높은 단계에서 종합되는 헤겔의 '전체성의 변증법'에 맞서 본인 특유의 '실존의 변증법'을 고안합니다. '진리의 내용이 무엇이다'라는 논증보다는, '그 진리에 내가 어떻게 도달했고, 그 진리가 어떻게 내게 역사하는가?'를 묻는 것이 더 옳은 관전 포인트가 아니냐며, 헤겔을 물고 늘어진 것이죠.

예를 들어, 성육신, 즉 신이 인간이 된 사건을 설명한다고 하면서, 헤겔은 신과 인간의 대립을 너무나 서둘러 봉합한 경향이 없지 않습니다. 오히려 기독교의 진리는 헤겔식 변증법의 논리와는 달리, 신과 인간 사이의 간격(대립)이 여전히 유지되면서, 그 차이를 고스란히 느끼고 고민하는 가운데, 그 역설과 간격을 통해 유지되는 것이 아닐는지요?

키에르케고르는 바로 이 점을 말하고 싶었던 것입니다. '하나님이 인간이 되었다'는 기독교의 진리는 우리 실존에서 절대적으로 역설과 간극으로 존재해야 합니다. 결국, 키에르케고르에게 있어 진리란 헤겔식의 거대하고 종합된 '내용(What)'보다는 구체적 실존의 '어떻게(How)'를 통해 결정되는 것이었습니다.

키에르케고르에 의해 헤겔의 변증법이 한차례 의심의 대상이 되긴 하였으나, 막 일기 시작한 서구 근대의 진보적 사관과 낙관적 사고는 18세기 말부터 시작되어 19세기를 풍미하였습니다. 그리고 헤겔식의 종합과 체계와 전체의 변증법은 이런 세계사를 움직이는 힘이었다고 할 수 있을 것입니다. 19세기 말에 니체와 맑스, 그리고 프로이트가 등장하여 그 질주에 제동을 걸긴 했지만, 아마도 헤겔 변증법에 대놓고 딴지 걸었던 사람은 아도르노가 아닐까 싶군요.

그는 프랑크푸르트 학파의 탄생을 알린 호르크하이머와 함께 쓴 기념비적인 작품인 『계몽의 변증법』과 더불어 『부정의 변증법』을 세상에 내놓으며 헤겔 변증법의 균열을 직시합니다. 아도르노는 "아우슈비츠 이후에 서정시를 쓰는 것은 야만이다"라는 말을 남긴 것으로 유명하죠. 그는 종전 후에도 계속 이 문제에 매달렸고, 최종적으로 아우슈비츠의 비극은 히틀러의 광기가 아니라, 근대적 이성이 쌓아 올린 동일성의 논리가 그 원인이라고 지적하였습니다. 그는 이러한 본인의 주장을 파리의 콜레쥬 드 프랑스에서 행한 강연들을 통해 밝혔고, 그 강의들을 모아서 펴낸 책이 바로 『부정의 변증법』(1966)입니다.

V

『부정의 변증법』에서 아도르노는 변증법이란 우리가 흔히 알고 있듯이 '정-반-합'의 도식을 따라 어떤 사태나 현상에 대한 해결로 나가는 법칙이 아니라, 오히려 그것은 보편성과 동일성을 요구하는 모든 방법들에 대한 저항과 대립을 의미하는 것임을 분명히 했습니다.[1] 특별히, 아도르노는 인식론적 영역에서 벌어지는 동일성의 법칙이 실질적인 삶에서 작동되는 자본주의 교환시스템에 대해 예리한 비판을 가합니다. 동일성의 원칙이 자본주의 사회에서는 교환가치로 전환되어 인간의 주체성을 물화된 형식으로 치환해버렸기 때문입니다.

예를 들면 이런 것입니다. 이곳 시카고에는 매일 새벽마다 인력시장이 섭니다. 어쩌다 새벽기도 가다 길을 잘 못 들어 그곳을 지나치다 보면, 다양한 인종의 사람들이 누군가의 선택을 기다리며 삼삼오오 공원주변으로 모여드는 것을 쉽게 발견할 수 있습니다. "시멘트 할 줄 아는 사람 4명!" 하면서 차량 한 대가 그들 앞에 멈춰서면 열댓 명의 사람들이 손을 급하게 흔들며 자신의 의지를 표명합니다. 그 상황에서는 마이클이 가도 되고, 호세가 가도 됩니다. 물론 나 이상철이 가도 되고, 김진호 목사도 가능합니다. 그 누구든 상관없습니다. 시멘트를 할 줄 아는 건장한 남자라면 말입니다. 이때 호세, 마이클, 이상철, 김진호는 서로 교환 가능합니다. 아니, 이 네 명만이 아니라, 시멘트를 할 줄 아는 신체 건강한 남자 모두는 이 교환 시스템의 일원이 될 수 있습

---

[1] Theodor Adorno, *Negative Dialectics*, trans. E.B. Ashton (New York: Seabury Press, 1973), 6.

니다.

자본주의는 모든 개별존재자들을 거의 예외 없이 100% 돈으로 교환할 수 있는 원칙입니다. 그것은 서구 근대이성이 이룩한 동일성 원칙의 결정판입니다. 이 법칙하에서는 인간과 사물 사이의 질적 차이가 없습니다. 교환가치로 매개된 노동자와 자본가, 그리고 이 시스템을 뒷받침하는 부르주아 사회장치는 각각의 존재가 지니는 질적인 차이와 다름을 물화된 공동성으로 탈바꿈시켰습니다.

『부정의 변증법』에서 아도르노가 비판하고 있는 대목이 바로 이점입니다. 동일성의 원칙에 의해 억압당한 단독자 혹은 비개념적인 것들, 특수하고 예외적인 것들, 셈해지지 않는 것들, 혹은 셈하지 않아도 되는 것들… 그것들은 역사에서 고아와 과부였고, 여성이었고, 장애인이었고, 이교도들이었고, 흑인이었고, 유대인이었고, 제3세계 민중이었고, 불법이민자들이었고, 빨갱이였고, 그리고 동성애자들이였습니다. 그들에 대한 해방을 위한 전략이 아도르노에게 있어서는 『부정의 변증법』이었던 셈이죠.

흔히, 서구사상(신학 포함)은 아우슈비츠 이전과 이후로 나뉜다고 할 만큼, 아우슈비츠가 서구사회에 던진 파장은 엄청났습니다. 전후 대륙 철학을 휩쓸고 있는 프랑스의 실존주의, 구조주의, 포스트모던 철학, 해체주의 등은 기본적으로 동일성에 기반한 서구정신 전반에 대한 부정이라 할 수 있습니다. 그렇지만 프랑스의 해체의 철학자들이 등장하기 전에 이미 아도르노에 의해 우리는 이러한 전조를 맛볼 수 있습니다. 그것이 바로 『부정의 변증법』이 지닌 미덕이라 할 수 있을 것입니다.

그렇다면, 왜, 그들은 해체를 말하고, 부정을 언급하는 것일까요?

이 대목에서 '위기담론'에 대한 내용으로 화제를 전환할까 합니다. 그와 동시에 '민중신학의 위기론'에 대한 생각과 위기의 시대에 대응하는 '민중신학적 윤리'를 다루면서 글을 마무리하겠습니다.

VI

프랑스 철학자들이 해체를 말하고, 아도르노가 '부정의 변증법'을 말하는 이유는 한마디로 현대 사회가 '위기사회'이기 때문입니다. 진보에 대한 신념과 신기루로부터 출항한 근대! 그곳의 사람들은, '비록 지금 우리에게 약간의 혼돈과 동요가 있지만, 저 지평선 너머에는 어김없이 찬란한 미래가 있다'는 환상에 휩싸였던 족속들이었습니다. 하지만, 20세기 초에 발생한 두 차례의 세계대전을 거치면서 유토피아를 향했던 동경은 미래에 대한 공포와 허무와 위기로 전환되었습니다. 바야흐로 본격적으로 위기사회가 도래한 셈이죠. 2차 대전 후 확립된 미-소의 냉전체제와 그 구도 밑에서 전개되는 핵무기 경쟁도 이러한 위기담론을 급하게 끌어올리는 계기가 되었다고 볼 수 있을 것입니다. 여기까지가 고전적 위기의식이라면, 지금부터 말하는 부분은 현재 우리가 당면하고 있는 새로운 버전의 위기의식일 것입니다.

20세기 말을 휩쓴 냉전체제의 붕괴는 우리에게 다른 차원의 위기를 선사하였습니다. 현실의 모순과 역설을 봉합하려 했던 이데올로기의 역할이 공식적으로 수명을 다한 것입니다. 사회주의의 붕괴는 세상의 변혁과 인류의 진보를 낙관하고 믿고 의지하였던 많은 사람들을 광장으로부터 떠나가게 했습니다. 텅 빈 광장을 바라보고 그 광장의 부활이 요원하다는 현실을 직시하기까지, 동시에 우리에게 새로운 차원의 위기가 시작되고 있다는 사실을 알아차리는 데까지 걸린 시간은 그리 길지 않았던 것으로 회고됩니다. 그 무렵부터 쏟아지기 시작한 온갖 종류의 위기담론은 이제 우리의 일상이 되었습니다. 물론, 민중신학도 그 예외는 아닙니다.

진화생물학자들에 따르면 인간이 다른 동물들보다 발달한 것이 위기본능이라고 합니다. 위기를 예감하고 그 위기에 대처하면서 인간은 자연을 정복하였고 물리적으로 우세한 다른 종들을 지배해왔습니다. 그러므로 위기의식은 인간이 삶을 영위하고 종족을 보존시키고 문명을 이룩해가는 과정에서 없어서는 안 될 필수불가결한 요소라 할 수 있습니다. 하지만, 현재 펼쳐지는 위기담론은 진화생물학자들이 말하는 그 것과는 성격이 다릅니다. 우리가 경험하는 현 위기의 요체는 우리 삶의 구조와 방식이 인간의 통제와 예측이 통하지 않는 강력한 자본의 자기장 안에서 형성되고 있다는 점, 그리고 또한 우리가 만든 자본주의 시스템 안에서 인간이 교환가치로 전락하여 개별적이고 단독적인 인간가치가 셈해지지 않는 사회가 되었다는 데 있습니다.

어둡고 몽매했던 중세의 어둠을 비추던 한 줄기 이성의 빛, 그것으로 인해 인간은 어둠의 터널을 벗어나 자유와 번영을 구가했던 것이 사실입니다. 하지만, 어느 순간부터 그 빛은 주인의 손을 벗어난 통제가 안 되는 광선검이 되어 세상을 베기 시작하였습니다. 마치 한번 가열된 원자로가 식을 때까지는 외부에서 손을 쓸 수 없는 것처럼, 현대 문명은 이미 인간의 손을 벗어났습니다. 인류 역사상 가장 풍요롭고 기술의 발달한 이 시대에, 인류 역사상 가장 불투명한 디스토피아적인 전망이 우리를 지배하고 있는 미증유의 사태가 현 위기담론의 요체인 셈이죠. 그러므로 지금의 위기담론들은 어떤 구체적인 정황이라기보다는, 지금까지 우리를 지켜왔고 지탱해왔던 중심들이 사라진 시대를 살아가는 주체들이 느끼는 막연한 불안 내지는 징후라 볼 수 있을 것입니다.

또한, 그 위기는 요체는 '우리가 의지했던 중심들이 우리가 생각하고 믿었던 그것이 아닌가 봐!'라는 황망함과도 연관됩니다. 즉 지젝식 실재(the Real)를 봐버린 후에 주체가 느끼는 트라우마 같은 것 말입니다. 밤새 달게 마셨던 바가지에 담겨 있던 그 물이 사실은 해골에 담겨 있던 물이었다는 사실을 깨달은 원효에게 다가온 그 실재(the Real)! 물론, 원효는 그 다음 단계에서 깨달음을 얻어 당나라로 가던 길을 돌려 신라로 돌아갔지만, 대부분의 범인들은 어둠 속에 벨이 울리면서 다가오는, 그동안의 믿음과 신뢰를 무너뜨리면서 우리에게 다가오는 우악스럽고 흉측한 실재 앞에서 위기를 느낍니다. 민중신학의 위기도 그와 같은 연장선상에 위치합니다. 중심의 부재와 상실, 그리고 믿었던 실재에 대한 배신, 실망 등등의 복합적인 감정들이 '민중신학의 위기'를 발설케 한 것이죠.

VII

하지만, 본디 중심이란, 데리다의 말처럼, 무엇인가 꽉 차 있어 중심이 아니라, 비어 있는 공간으로, 실재하는 현실에 대한 부정으로, 반드시 도래할 그 무엇에 대한 대망으로 존재하는 중심이 아닐는지요. 그 비어 있는 중심을 차지하려는 세력에 대해 성서는 '선악과 이후 아담', '바벨의 언어', '금송아지 상' 등으로 치환하면서 맹렬히 비난합니다. 성서는 또한 신의 자기 비움(케노시스)을 통해야만 드러나는 그리스도 현존을 강한 어조로 주장합니다. 중심을 잃어버려 방황하는 우리에게 그 사라져버린 중심의 형태와 격이 어떠해야 할는지를 성서는 비교적 명확하게 제시하고 있는 셈입니다.

그런 면에서, 저는 민중신학이 이런 성서의 메시지에 너무나도 충실했다고 봅니다. 민중신학은 태생적으로 중심의 부재와 해체를 선언하면서 등장한 진정한 위기의 신학이었고, 그로 말미암아 본성상 주변에 위기를 선사할 수밖에 없는 사이렌의 음성이었습니다. 그것이 민중신학을 여전히 현재진행적인 위태로운 사건의 문법으로, 혹은 사후적으로 구성되는 위험한 증환의 방식으로, 아니면 도래할 미래를 불러내는 유령의 언어로 남아 있게 하는 건지도 모르죠.

형. 그래서 저는 '민중신학의 위기'라는 말이 좋습니다. 물론, 민중신학의 위기론을 어떤 의도를 갖고 사용하는 사람들도 있을 것입니다. 예를 들어, '민중신학이 위기다!'라는 선전을 통해 얻어지는 반사이익으로 비어 있는 중심을 차지하려는 자들이 있을 수도 있을 것이고, 민중신학의 위기론 유포를 통해 자신들의 불안과 조급증을 극복하고자 하는 세력들이 있을 수도 있을 것입니다. 그런 무리들을 향한 지적질과 그들과의 대결을 통해 민중신학의 외연을 확장하고 내용을 좀 더 촘촘히 가다듬어야 하겠지요. 그러므로 '민중신학이 위기다!'라는 안팎에서의 걱정과 비난은 민중신학의 체질을 강화하는 좋은 기회가 되리라 여깁니다.

하지만, 근본적으로 제가 '민중신학의 위기'라는 용어를 좋아하는 이유는 다른 데 있습니다. '민중신학의 위기'라는 말은 우리 안에 있는 결핍을 확인케 하는 거울이고, 그 결핍을 메울 환상을 제공하는 기제가 되기 때문입니다. 마치 '광주민주화운동'이라는 말보다 '광주사태'라는 말이 더 生으로, 날것으로 다가와 살 냄새가 나고 피 냄새가 나서 우리의 심장을 뛰게 하였던 것처럼, '광주사태'라는 말을 곱씹으며 미완으로 끝난 우리의 혁명을 상상했던 것처럼, '민중신학의 위기'라는 말 역시, 적어도 제게는 아직 끝나지 않은 어떤 사태를 직감하고 예감케 하는 용어입니다.

맞습니다. 민중신학은 위기입니다. 그럼에도 불구하고, 저는 민중신학은 여전히 위기 가운데 있어야 한다고 봅니다. 민중신학이 안전한 토대 위에서 그 위용이 전파되는 순간 이미 민중신학은 민중신학이 아닌 것이 되어버리는 까닭입니다. 민중신학을 말하면서, "민중신학은 무엇이고, 앞으로 이런 방향으로 나가야 한다!"라는 선언을 물론 할 수 있을 것입니다. 하지만 그 구호는 결단코 민중신학이 될 수 없습니다. 왜냐하면, 민중신학은 부단히 스스로를 부정적으로 해체적으로 대하면서 그 권위와 정당성이 유지되는 탈영토화된 공간이기 때문입니다. 영토화되지 않았다는 이유 때문에, 선언되지 않고 규정되지 않았다는 이유로 '민중신학이 위기'라고 말한다면, 우리는 그 비난에 오히려 감사의 마음을 전해야 하리라 봅니다.

형. 아도르노가 "진정한 깊이는 저항에서 비롯되는 것"이라고 말했다지요. 결국, 모든 저항은 자기 자신에 대한 저항이 아닐까라는 의미로 저는 그 말을 해석하고 싶습니다. 민중신학도 마찬가지입니다. 그 저항이 멈추는 날, '민중신학의 위기'라는 말이 걷히는 날이 될 것입니다. '민중신학의 위기'라는 말이 여전히 유효하다면, 우리의 저항이 계속 지속되고 있다는 반증일 테고요. 그럴 것입니다. Peace.

VIII

형! 오늘은 〈민중신학이 윤리를 말할 때…〉라는 제목으로 마지막 편지를 띄웁니다. 윤리(倫理)의 한자를 풀이하면, 理는 '도리, 이치, 사리, 다스리다'를 뜻하고, 倫은 '차례, 순차, 나뭇결, 동류, 동등'을 뜻합니다. 그러므로 윤리란 사물의 이치를 마치 나뭇결이 배열되어 있는 것처럼 차례로, 순차적으로 정렬하는 것을 의미합니다. 정해진 이치를 차례대로 잘 다스리고 지키는 것이 윤리의 동양적 의미인 셈입니다.

서양 윤리학의 전통에서 보자면, 애초에 플라톤이 말했던 덕(arête)은 선함이 아니라 무엇보다 우수함이었고, 플라톤의 제자였던 아리스토텔레스에 이르러 윤리학의 궁극적 관심이 포괄적인 의미의 좋음, 즉 행복으로 확정되었습니다. 이런 전통을 목적론적 윤리학이라고 하죠. 에피쿠로스, 영국의 경험주의, 공리주의, 실용주의, 그리고 80년대 이후 미국을 지배하는 공동체주의2)가 크게 이 흐름 속에 있다고 볼 수

---

2) 공동체주의: 한국에서 인기가 높은 마이클 샌델, 맥킨타이어, 찰슨 테일러 등이 공동체주의를 대표하는 학자들이다. 서구 근대를 규정하는 몇 가지 중요한 원칙들이 있는데 그중의 하나가 봉건적 속박으로부터 해방된 개인의 발견이 아닐까 싶다. 그 개인을 근대 이전 시대의 개인과 구분하여 자율적 개인이라 부르고, 그 개인은 막 형성되고 발전하기 시작한 자본주의 시대에서 그동안 억압되었던 이드를 마음껏 분출하기 시작한다. 이 욕망은 급기야 개인의 차원을 벗어나 공동체의 차원으로 확대되어 제국주의화된다. 이러한 욕망의 파국이 바로 1, 2차 대전이라 할 수 있을 것이다. 전후 세계는 나치즘과 파시즘 같은 극단적 공동체주의에 대한 경계가 있었던 것이 사실이다. 그러나 20세기 후반 냉전이 종식되고 전 세계가 자본주의 시장으로 재편되는 과정에서 자유주의(경제)의 문제점을 지적하는 새로운 공동체주의가 등장하였다. 이것이 바로 현재 일고 있는 공동체주의에 대한 간략한 배경이라 할 수 있다. 그들이 말하는 핵심은 이것이다. 자유주의가 지나치게 개인의 자율성에만 초점을 맞춘 나머지, 인간의 삶 속에서 중요한 위치를 차지하는 공동체가 간과되고 있다는 점이다. 인간은 홀로 독립된 섬과 같은 존재가 아니라, 공동체 안에서의 연대와 협력을 통해 비로소 자아를 완성하는 과정적 존재이

있을 것입니다. 어찌 보면 고대 그리스인들에게 있어 '선함'과 '좋음'은 동류항이 아니었나 싶습니다. 양자 사이에 별다른 구별이 없기 때문에 그렇습니다.

서양인들은 칸트에 이르러 비로소 그것을 구분해냅니다. 즉, '어떤 목적을 위해 좋은 것'과 '그 자체로서 좋은 것'을 칸트는 갈라냈고, 후자를 윤리학의 새로운 영역으로 선언하였죠. 목적론적 윤리학과 더불어 서양윤리학의 양대 산맥을 형성하는 의무론적 윤리학은 이렇게 탄생하였습니다.

하지만, 목적론적 윤리학이나 의무론적 윤리학이 각자가 지향하는 바가 다르다 할지라도, 윤리라는 것이 궁극적으로 행위에 방점이 있는 학문인지라 나름 현실에서의 실천 강령을 필요로 하였는데, 그것을 아리스토텔레스는 '중용', 칸트는 '정언명법'이라 불렀습니다. 현실세계에서 살아갈 법도와 순서를 규정한 것입니다.

이렇듯 동·서양 전통에서 윤리란 공히 삶의 이치와 그에 따르는 법도를 세우는 것이었고, 그 원리와 룰을 잘 지키는 사람을 윤리적 인간, 혹은 도덕적 인간이라 불렀습니다. 흔히 어른들이 '상철이가 군대 갔다 오더니 사람 되었네!' '희선이가 시집가서 애를 낳더니 사람 되었네'라고 말할 때, 한국 사회에서 남자 인간은 군대를 다녀와야, 여자 인간은 시집가서 애를 낳아야 비로소 사람대접을 받습니다. 그래서 우리사회는 남자 인간을 처음 만났을 때 '군대 갔다 왔어?'를 묻는 것이고, 여자 인간에게는 '애가 몇이야?'를 묻습니다. 군대라는 전체주의를 통과한 그 인간, 가정이라는 가부장제를 통과한 그 인간이 비로소 사람대

다. 결국, 공동체주의는 자유주의 사회에서 표류하는 개인을 공동체 안으로 복귀시킴으로 사회 전체의 행복 총량에 관심을 둔다는 점에서 공리주의의 연장선에 있다고 하겠다.

접 받는 그 나라, 그곳이 바로 대한민국인 셈이죠.

IX

앞에서 저는 '민중신학의 위기론에 부쳐'라는 글에서 부정성에 입각한 민중신학에 대해 언급한 바 있습니다. 제가 민중신학의 부정성을 언급했던 이유는 어떤 보편적 입법에 의해 소외되는 개별자(singularity)들의 차이와 다름이 존중되고 각광받는 사회를 향한 비평적 무기를 확보한다는 점도 있었지만, 그보다는 거대서사의 논리에 입각한 민중신학의 내러티브가 오히려 시대착오적이지 않나? 하는 의심에서 기인합니다.

형, 솔직히 민중신학만큼 거대한 이야기가 어디 있나요? 지금도 민중신학이라는 말을 들으면 이 나이에도 가슴이 짠하고 뭉클하면서 눈물이 고이는 이 숭고함을 어찌 설명해야 할는지? 원래 미학이론에서 말하는 숭고함이란 우리 앞에 펼쳐진 거대한 광경, 장면, 사건 앞에서 미적 주체가 느끼는 황홀경 일반을 지칭하는 말이라 할 수 있습니다. 미적 대상의 거대함 앞에서 미적 주체는 한없이 작아져 그 거대함을 어찌 표현할 줄 몰라, 결국에는 추상의 형태로 그 아름다움을 표현할 수밖에 없습니다. 그 위대함과 거대함 앞에서 침묵할 수밖에 없다는 것이고, 그 충격과 전율을 그냥 감내하고 받아들이는 것입니다. 그것이 전 시대의 운동 논리였고, 그 원리는 상당기간 절대적 강령이었으며, 지금도 어느 정도 그것은 유효합니다.

우리가 자유와 민주와 정의와 통일이라는 말 앞에서 느끼는 숭고함은 박정희 시대를 그리워하는 사람들이 느끼는 감정의 그것과 사실은 별반 차이가 없습니다. 그들 역시 그 나이에 조국 근대화, 반공, 잘 살아보세!, 경제강국이라는 거대함과 위대함 앞에서 눈물을 주르륵 흘립니다. 어쩌면 한국 사회는 이 두 가지 포획되지 않는 숭고함의 에네르기가 공존하는 리비도의 각축장이라 해도 무방할 것입니다.

형과 내가 공히 좋아했던 니체가 그랬던가요? "우리가 괴물의 심연을 오랫동안 들여다본다면 그 심연 또한 우리를 들여다보게 될 것이다"고 말입니다. 나는 이 문장을 접하는 순간 몸이 얼어붙는 듯한 착각을 경험한 바 있습니다. 우리의 치부를 들켜버린 부끄러움이랄까요. 민중신학 진영 역시 전선 저편의 그들처럼 진영의 논리 속에 오랫동안 갇혀 있다 보니, 무언가를 받아들이는 감각에 있어 더디고, 그 과정에서도 '의심의 해석함'에만 의존하고 있지는 않은지? 그리고, 그것이 마치 우리의 미덕인 양 자위하고 있지는 않은지? 지난 시절이 워낙 혹독하였던 지라 우리의 의식과 영혼 역시 그 잔혹함에 맞서 싸우느라 그들처럼 우리의 영혼도 차갑게 식어간 것은 아닌지? 천재 시인 이상은 이런 우리의 현실을 그의 시 〈거울〉에서 짧지만 아주 섬뜩하게 묘사하고 있습니다.

거울속의나는참나와는반대요마는
꽤 닮았소

X

이런 까닭에 부정성을 인간 행위의 근거로 내세우는 새로운 윤리적 제안은 진영의 논리 안에서 긍정의 윤리에 길들여져 있는 우리를 혼란과 불안 가운데 빠지게 합니다. 하지만, 한 꺼풀 벗겨보면, 긍정의 윤리는 보편자(이치, 중용, 정언명법…) 안으로 개별자를 일방적으로 줄세우는 상징계의 원칙이고, 전체성의 논리라는 사실을 어렵지 않게 발견할 수 있습니다. 어떤 본질과 토대를 상징하는 이데아를 상정한 후, 그 절대자의 음성에 따라 모든 개별자들에게 일사불란한 선택과 행위를 강요하는, 니체의 말대로라면 노예의 도덕인 것입니다.

하지만, 웹진 〈제3시대〉에서 언급한 부정성에 기반한 민중신학이 윤리와 만나게 되면 윤리 본연의 뜻은 역전됩니다. 오히려 개별자가 자기의 윤리를 만들어내고 그것이 동시에 보편자가 될 수 있도록 사회적으로 입증하고, 설득하고, 투쟁하고, 관철하는 이 모든 일련의 행위들이 새로운 윤리적 준칙으로 등장합니다. 그러므로, 정해진 이치를 뒤집어보는 것, 기존의 질서를 부정하고 의심하는 것이 윤리적 태도의 첫 걸음이 되는 셈이죠. 푸코는 죽기 바로 직전 이를 가리켜 '자기에의 배려'(The Care of the Self)라 칭하였고, 그것이『성의 역사 Ⅲ』이라는 제목이 되었습니다. 민중신학 역시 이제는 '거대서사의 윤리'가 아닌, '자기배려의 윤리'로의 전환을 이루어야 할 때입니다.

그러기 위해서는 우리가 반드시 지워야 할 고정관념이 있습니다. 우리에게는 아주 안 좋은 습관이 있죠. 진리와 정의를 동류함으로 보는 것이 그것입니다. 진리를 둘러싼 담론이 반드시 정의로울 수 없음에도 불구하고 말입니다. 정의란 차이와 다름으로 인한 충돌이 지속가능한 상태이고, 그 충돌이 소모적이라는 이유로, 국민 화합에 저해가 된다는 이유로, 국가기강을 해이하게 한다는 이유로, 북한의 개입이라는 이유로 진압이 되지 않는 상황을 지칭하는 것입니다. 적어도 한국적 상황에서는 그렇습니다. 이 논의는 예전에 한동안 유행했던 모던과 포스트모던을 둘러싼 논쟁의 화두이기도 했습니다.

XI

일찍이 포스트모던 논쟁을 주도했던 리오타르가 거대서사의 붕괴, 작은 이야기들의 발굴을 이야기하였고, 이에 대한 하버마스로 대표되는 반대 의견도 만만치 않게 등장했던 시기가 있었습니다. 1990년대 초, 중반이 그랬죠. 당시 형이랑 불꽃 튀기며 '포스트모더니즘'을 놓고 갑론을박했던 날들이 기억나는군요. 물론, 한국 사회에서 그 논쟁들은 얼마 가지 않아 흐지부지되고 말았지만, 저는 지금도 리오타르의 의견에 여전히 심정적으로 동의합니다.

사실 포스트모던 논쟁은 '이성의 합리성'과 '이성의 광기'를 둘러싼 서로 다른 입장과 해석의 차이에서 출발하였습니다. 양자의 대결은 '세상에는 왜 아무것도 없지 않고 무언가 있는가?'라는 말로 유명한 파르메니데스와 '만물은 변한다'라고 반박한 헤라클레이토스로부터 시작한 고대 그리스의 일자와 다자 논쟁, 중세의 실재론과 유명론 논쟁, 근대의 이성과 실존의 문제 등으로 이어져왔던 오랜 서구철학 논쟁사의 끝자락에 위치합니다. 하지만, 역사가 우리에게 준 교훈은 이러한 논쟁이 신비화되고 탈역사화되었을 경우 아무런 유익이 되지 않았다는 점입니다. 그것이 우리 삶과 역사 속에서 어떤 함의로 다가오는지 묻지 않는다면 울리는 징과 같은 공허한 메아리일 뿐입니다.

하버마스와 리오타르만을 따지고 보자면, 전자의 경우 인간은 사회적, 역사적 망을 벗어나서는 살 수 없는 존재이고, 그 규범성이 인간됨의 조건임을 전제합니다. 후자는 그것을 부정하는 것이고요. 즉, 하버마스에게 있어 규범은 인간의 삶의 조건인 반면, 리오타르는 그 규범으로부터의 해방이 인간 삶의 조건인 셈입니다.

자신들의 사상적 준거점을 확보하고 나서 양자는 서로에 대해 다음과 같은 반격을 가합니다. 전자에 대해서는 규범은 자칫 악용되면 전 시대와 같은 전체주의로 변모될 수 있음이, 후자를 향해서는 허무주의로 변하여 비역사성 내지 비사회성을 초래할 수도 있음이 지적됩니다. 물론, 그에 대한 반론 역시 양자는 많은 논쟁을 거치면서 마련하였답니다. 하버마스는 유명한 대화적 이성에 입각한 의사소통 행위를 내세웠고, 반대편에서도 비역사성, 비사회성에 대한 지적에 맞서 타자성을 내세웁니다. 데리다, 레비나스 등이 대표적인 인물입니다.

이런 계보학적인 흐름에서 볼 때, 하버마스가 내세우는 제안은 이성의 자기발전, 자기변명이라는 측면에서 도구적 이성의 질주를 제재할 만한 좋은 의견임에도 불구하고, 그것은 자칫 이상적 의사소통 행위에 참여할 수 있는 합리적 주체들만의 잔치가 될 우려가 있습니다. 그들만의 리그가 될 수도 있다는 말입니다. 이것이 타자성을 테마로 내세우는 윤리적 전략이 요즘 주목을 받는 이유일 것입니다.

XII

제가 기대하는 민중신학의 윤리적 함의 역시 이러한 타자성을 기반으로 합니다. 하지만, 이것은 민중신학과 포스트모더니즘을 적당히 버무리겠다는 말이 아닙니다. 우리가 흔히 포스트모더니즘과 관련하여 저지르기 쉬운 대표적인 실수 중 하나가 포스트모니즘 일반을 범박한 타자성으로 덧칠해버리는 경우입니다.

The Weakness of God(2006)의 저자이자 미국 학계에서 아주 충실한 데리다 전달자이자 해석자인 존 카푸토(John D. Caputo)는 포스트모던 논쟁이 한창이던 1993년에 *Against Ethics*(1993)이라는 책을 출판한 바 있습니다. 그 책에서 카푸토는 포스트모던 사상의 일반적 특징을 heterology라 명하였고, 더 조밀하게는 heteromorophism과 heteronomism으로 나눕니다.

전자는 니체에서 기인하여 들뢰즈, 푸코로 이어지는 라인이고, 후자는 굳이 기원을 거슬러 올라가자면 키에르케고르에서 시작하여 레비나스와 데리다로 이어지는 진영입니다. 니체가 그랬듯이 전자가 디오니소스적인 축제를 찬양하고 자기에 대한 긍정과 삶에 대한 환희를 내세우는 유쾌한(?) 세계관이라면, 후자에는 존재 일반이 지닌 무한성에서 비롯되는 불안, 공포, 책임, 신비 등의 감정이 복잡하게 얽혀 있습니다.

흔히 포스트모더니즘을 거론할 때 니체로부터 이어지는 계보를 먼저 떠올리기 쉬운데, 근래에는 오히려 포스트모더니즘과는 별도로 신자유주의 시대를 맞아 더 조밀해지고 파편화된 채 착취당하며 사라져가는 다양한 타자들에 대한 관심과 배려 차원에서 레비나스와 데리다의 타자성이 주목받고 있습니다. 바로 이 부분이 민중신학과 관련하여 제가 관심을 갖는 부분입니다.

민중신학은 이제 거대하고 묵직했던 실천이론보다는 작은 진실들, 즉 혁명의 시대를 살아내느라 미처 챙기지 못했던 소소한 일상의 것들을 제대로 응시할 수 있는 시선의 확보를 통해 '민중신학의 위기'를 관통할 새로운 돌파구를 마련해야 할 것입니다. 저는 그것을 레비나스와 데리다 불러들여 민중신학과의 비판적 우호적 대화를 통해 하나씩 풀어가려 합니다. 그 과정을 지나면서 민중신학의 과거에 대한 회고와 현재에 대한 진단, 그리고 미래에 대한 전망까지가 다 아우러지기를 기대합니다. 제가 너무 큰 욕심을 내는 걸까요?

형. 그동안 저의 넋두리를 듣느라 수고했수다. 함께 있었더라면 저의 발언을 향해 예의 그 꼬장꼬장한 시선과 말투로 한바탕 퍼부었을 텐데… 형의 그 일성이 그립구려. 논문 쓰다가 답답한 부분, 풀리지 않는 매듭이 등장하면 다시 편지를 띄우겠습니다. 감사의 마음을 전하며. 평안을….

제8시대

이상철은 한신대 신학과를 졸업하고, 동 대학원 신학과(Th.M)에서 기독교 윤리학을 전공했다(2001). 시카고 맥코믹 신학대학원에서 석사(MATS) 과정을 마친 후(2005-2007), 시카고 신학대학원에서 '레비나스와 데리다의 타자의 윤리'를 주제로 박사논문을 준비 중이다. 저서로 『탈경계의 신학』, 『성서와 윤리』(공저)가 있다.

Towards a Transnational Perspective on Minjung Hermeneutics

Jin Young Choi

Introduction

Minjung theology was borne as a Christian witness and a liberation theology in the 1970s Korean context in which the people suffered from political oppression, economic deprivation, and social injustice. Not only did it originate from Korea's particular socio-historical context, but also it emerged as countering the universal claim of Western theology. The context in which minjung theology was demanded has changed. Thus, people ask if minjung theology is still valid and even if the same minjung in 1970s exist today. I argue, however, minjung theology, is still active, has significance, and needs to develop.

In this paper, I will briefly review the life of minjung theology mentioning its biblical hermeneutical concerns. Minjung theology has grown up throughout three phases not according to groups of scholars but according to theological orientations, which have been formed in different socio-political and religio-cultural contexts. Then, I will discuss a first generation minjung theologian, Ahn Byung Mu's concept of ochlos in the Gospel of Mark, which provides foundational ideas of minjung and hermeneutical framework. Lastly, I will develop my argument of transnational appropriation of minjung biblical hermeneutics.

As a scholar residing in those interstices of the Korean theological tradition, Asian religious soils, Western biblical profession, and finally transnational flux, I do this in the hope that minjung theology and biblical hermeneutics respond to the challenges the globalizing world order brings and continue to speak its prophetic voice joining with the transnational movements of people and liberation theological discourse and biblical hermeneutics to build a more just and peaceful world.[1]

---

1) This paper was presented in a Biblical Criticism and Cultural Studies session at SBL (Society of Biblical Literature) International Meeting in Amsterdam, Netherlands, in 2012. I am grateful to Kim Jin-Ho, one of the leading minjung theologians in South Korea, for having shared his valuable research with me and invited to the ongoing conversation for developing minjung discourse in the new era.

Minjung Hermeneutics in the Development[2]

Witness to the Jesus Event of Minjung (1970s)

Let me begin with the emergence of minjung theology in the 1970s. Since the Japanese colonization, the oppressed nation had been the center of resistance and thus the subject of history. Minjung, meaning masses, was identified with the Korean nation. The independence from Japan and the outbreak of the Korean War were followed by the US intervention in the South of Korea. Park Jung-Hee seized the control of the country through a military coup and pushed forward with modernization and industrial mobilization. Under his dictatorship from 1961 through 1979, minjung became the victim of industrial mobilization and was alienated from the benefits of speedy development of the nation. Nationalism was unquestionable based on the ideology of anticommunism and the slogan of modernization. Riding on these dominant ideologies, church compromised with power and prosperity.

---

2) I summarize the trajectory of minjung theology, counting on Kim Jin-Ho, "Ochlos and Phenomenology of Wretchedness," *Reading Minjung Theology in the Twenty-First Century: Selected Writings by Ahn Byung-Mu*, ed. Yung Suk Kim and Jin-Ho Kim (Eugene: Pickwick Publications, 2013), 200-214; and Choi Hyung Muk, "A Proposal for the New Generation of Minjung Theology," presented in a seminar at the Korean Minjung Theology Conference, Sungkonghoe University, 10/09/2004, http://blog.daum.net/peterban/18302501.

Finally, the death of young textile worker, Jeon Tae-il, who set himself on fire in protest against the oppressive working conditions, triggered labor movements and caused some progressive theologians to discover minjung. Traditional theological framework failed to witness the events of minjung and the church broke off with minjung. Hence, minjung theology appeared to be a counter- or post-theology. Its task was to de-contextualize the Western theology and to re-contextualize theology based on witness to minjung events.

Biblical hermeneutics they sought was part of this "doing theology." For instance, Su Nam-Dong found the confluence of Korean minjung tradition and biblical minjung tradition as the foundation of biblical hermeneutics. Ahn Byung-Mu's biblical hermeneutics adapted the optic of minjung to bear testimony to their suffering. It meant that the church was no more the place of salvation, but the site of minjung events or "minjung locale" replaced it.

Ethos of Revolution (1980s)

The massacre in Gwangju committed by the new military regime and the ensuing Democratization Movement in 1980 made minjung theology engage with the movement and revolution of the class-minjung beyond discovering or witnessing minjung.

The movements of minjung, students and intellectuals were at its high pitch, along with two main factions: the one group was keenly aware of the US political and military hege- mony over South Korea and aimed at national liberation (NL); the other threw attention to capital having gained relative autonomy in collusion with the corrupt government and sought people's democratic revolution (PD).

Like other political movements at the time, minjung theo- logy began to adapt Marxism as the theoretical framework, asking if materialism and faith can coexist. Such a pursuit of minjung theology was represented in Kang Won-Don's theo- logy of Mul (material). While based on the scientific worldview of Marxism and influenced by Latin America's Liberation Theology, this theology emphasized the incarnation of God as key to biblical hermeneutics. Such Marxist leaning of biblical hermeneutics was criticized because it neglected minjung locale by employing language detached from minjung. Yet the minjung church continued its praxis.

Discourse of Otherness (1990s-the present)

In 1990s the Soviet Union collapsed, democratization pro- ceeded, and globalization was prompted. The modern nation state of Korea confronted a crisis, and global capital took over the domestic economy. Minjung is no longer identified with the nation but instead they have been alienated from both the nation and capital, along with the stratification of citizens.

Now for the third phase of minjung theology, the term minjung is redefined as "outsiders within" or "being as non-being."[3] Kim Jin-Ho argues that while the significance of daily life in which the desire of individuals is prompted by capitalist consumerism, the social apparatus of exclusion deprives minjung of language and the possibility of representation. Today's minjung are those whose pains are so immense that their language and even memories are lost.

The minjung theology of this era is concerned with the Other who are created by the machinery of social exclusion and aims to deconstruct the hegemonic discourse producing the truth and concealing the suffering of the Other. For these later generation minjung theologians, critical theories and cultural studies are useful tools to disclose the reality of violence concealed by global capital and social mechanism. With regard to biblical hermeneutics, this critical discourse attempts to deconstruct its own language, which has been used to discipline the Other by traditional theology and the church and speak with the Other so that they could be heard.

---

3) Kim, "*Ochlos*," 202, 212.

As we see, minjung is not a fixed entity. They were once identified with the nation as the subject of Korean history; they became the subject of resistance and social movements; and then they are othered and fragmented as a non-existent existence in the globalized society. If they are fluid and displaced in terms of time and space and now present as invisible victims of neoliberal capitalism, could we encounter the presence of the minjung in the transnational flux beyond the Korean nationality? This proposal is not merely related to a postmodern idea of subject but is intended to claim the subjectivity of minjung deterritorialized and resturctured by global capital and the new imperial world order. In this regard, Ahn Byung-Mu's ochlos-minjung as the foundation and framework of biblical hermeneutics is still useful because he already stressed the significance of minjung as displaced.

Ahn Byung Mu's Ochlos-minjung

The Kerygma vs. the Jesus Event

Ahn Byung-Mu (1922-1996) was originally a New Testament scholar who was tremendously influenced by Bultmann's existential interpretation of the New Testament. According to Kim Jin-Ho, Ahn was such a prolific scholar having published 918 articles and 28 books and co-authored 6 books. Among those pieces of work, his interpretation of ochlos in the Gospel of Mark is so monumental that it founded the tradition of minjung theology and biblical hermeneutics.

Ahn acknowledged that the Gospel of Mark contains the kerygma confessing Jesus as Christ but believed that Mark's concern is to present the historical Jesus prior to the Easter event. To investigate what actually happened to Jesus' life and death and the suffering minjung, Ahn employed historical criticism. Considering that form criticism and redaction criticism constituted a dominant mode of discourse in Biblical Studies, Ahn was no exception. The motivation that he delved into historical investigation was, however, not to reconstruct the history of Jesus' time or Mark's time but to claim that the historical Jesus is present in our history time and again.

This conviction is presented in his attempt to discover the social characteristics of ochlos, that is, "the economic, political, and cultural make-up of the people." For Ahn, ochlos is not merely the background of narratives or the audience of Jesus, but the transmitter of the Jesus tradition. The Jesus event was transmitted by minjung, not the institutionalized church, using the story form of the minjung language. Thus, the Passion Narrative and the stories of Jesus' words and acts, particularly his miracles, contain minjung's witness to the Jesus event itself rather than telling the meaning of the event, which is believed that the kerygma conveys.[4] In this sense, the Gospel is a social biography in which the subject-object dichotomy does not stand for the Jesus and minjung relationship.[5] This is the way through which Ahn reads the Korean context in which the minjung suffer and witness Jesus among them.

Jesus and Ochlos in Mark

In the story of ochlos-minjung, how are they depicted? Ahn recognizes that Mark was the first writer to introduce the term ochlos in the New Testament, distinct from the term laos used to indicate the people of God in the Septuagint.[6] Ahn identifies the ochlos—the socially uprooted people who gathered around Jesus—with the am ha'aretz who were formed as the marginalized class of people in the Israelite society from exile

---

4) Volkner Küster, "Jesus and the Minjung Revisited: The Legacy of Ahn Byung-Mu (1922-1996)," *Biblical Interpretation* 19 (2011): 1-18. Ahn distinguishes the two different traditions: on the one hand, the kerygmatic tradition was kept by the institutionalized church; on the other hand, the narrative tradition of the Jesus-event was transmitted by the minjung. Ahn Byung-Mu, "The Transmitters of the Jesus-Event," in *Bulletin of the Commission on Theological Concerns, Christian Conference of Asia* (CTC Bulletin) 5/3-6/1 (1984/1985): 26-39.
5) Küster, 11; Kim Yong-Bock, "Theology and the Social Biography of the Minjung," in *CTC Bulletin* 5/3-6/1 (1984/1985): 66-78.
6) Mark uses the word *laos* only twice (7:6; 14:2) but uses *ochlos* 36 times. "The people" or the third person plural "all" refers to them.

and post-exile periods throughout the Rabbinic Judaism. The ochlos are those who are alienated from the political and religious ruling classes and outcast from families and communities. The ochlos is not a concept or a fixed entity and can only be defined in a relational way. For instance, "the poor are ochlos in relation to the rich or the ruler. The tax collector is minjung only in relation to the Jewish nationalist establishment."[7] They also include sinners and the sick. The ochlos do not constitute a class, which has a power base.

Jesus' compassion toward ochlos can be expressed as "love with partiality." His compassion shows that God's will is to side with the minjung completely and unconditionally. Unlike socio-political interpretations as provided by Richard Horsley, who regards Jesus' kingdom movement as the renewal of Israel, Ahn argues that Jesus neither provides a program for their movement nor make ochlos an object of his movement.[8] He "passively" stands with the ochlos. And he was executed by the Roman Empire. The death of Jesus can also be understood in the way that "Christ died rather with the people than for the people."[9] In the sense that Jesus struggled together

---

7) Ahn Byung-Mu, "Jesus and the Minjung in the Gospel of Mark," *Minjung Theology: People as the Subjects of History*, ed. Kim Yong Bock (Singapore: CTCCCA, 1981), 150.

8) Richard Horsley, *Jesus and Empire: The Kingdom of God and the New World Disorder* (Minneapolis: Fortress, 2002)

with the suffering minjung on the frontline of the advent of the kingdom of God and this brought a new hope to minjung, Ahn argues, Jesus is the Messiah.

Although Ahn contends that we encounter the suffering of Christ in the suffering of the minjung, he avoids idealizing the minjung because he sees a relationship between Jesus and the minjung as vulnerable: a relationship "takes place and then is broken. They follow him without condition. They welcome him. They also can be manipulated and betray him."[10] Mark's description of the historical Jesus also reflects on Mark's own situation in which the Jews were expelled from their land and were on the way to exile like lost sheep without a shepherd.

Reading Mark from a Transnational Minjung Perspective

Wandering Ochlos

In Ahn's description of ochlos, I want to stress his characterization of wanderers. For Ahn, ochlos is the masses deprived of place where they belong. He states, "If Jesus was

---

9) Küster, 4. For this reason, Ahn argues that the church should be *with* the minjung.
10) Ahn, "Jesus and Minjung," 151.

the Wanderprediger, they were the Wanderochlos."[11] Ahn sees the description of these wandering ochlos in Mark 8:2: "they followed Jesus for three days without eating. This shows us that they had neither an established position in their society nor were they members of an identifiable economic class."[12] While Ahn highlights the minjung of Galilee as displaced, I bring additional observations of the related passages and relate this condition of minjung to the geopolitical notion of transnationality.

There are two feeding stories in Mark's Gospel. In 6:32-43, it is a large ochlos who run on foot from all cities to see Jesus in the wilderness. The immediate literary context tells that this incident happens in a Jewish region. This is not the first time that the ochlos come around Jesus from different places. Mark 3:7-8 says that a large ochlos came to him not only from Galilee, Jerusalem and Judea, but also Idumea and the regions across the Jordan and around Tyre and Sidon. These are the migrating people who are hungry and sick. Those who came from different places with different ethnicities or faiths are in need of Jesus' healing. The following verse10 reports: "He had cured many, so that all who had diseases pressed upon him to touch him." According to the Jewish purity law, this implies

---

11) Ibid., 142.
12) Ibid.

that in his Galilean ministry Jesus has already been defiled—defiled by these Gentiles and the sick.

While these healings and the feeding of the five thousand of ochlos in chapter 6 occur in the Jewish territory, the event that Jesus feeds the four thousand people in chapter 8 happens in a Gentile district. Mark also calls them ochlos (8:1, 2, 6). They are displaced minjung in the land of the other. Jesus says in 8:3, "If I send them home hungry, they will collapse on the way, because some of them have come a long distance." Many scholars notice that the "way," ὁδός, has a connotation of discipleship, but this ochlos "on the way" are hardly considered in terms of discipleship. The reason "some of them have come a long distance" (τινες αὐτῶν ἀπὸ μακρόθεν ἥκασιν) is to seek an intimacy with Jesus, even perhaps to become his follower, as the verb ἥκω implies. However, Jesus presupposes that he would have them return home and is concerned about the collapse of people on the way due to hunger.

The reader witnesses to the presence of ochlos-minjung in Mark, who migrate from here and to there—from Gentile territories to the land of Jews, and from place to place outside the Jewish territories. Jesus heals and feeds them, displaced Jews and Gentiles alike. Here he is represented as the one who feeds the ochlos. As Ahn asserts, Jesus stands with the displaced minjung.

The Body of Jesus Displaced

I would further argue, however, that it is Jesus who is being fed to the ochlos. He not only sides with the minjung but also is present within them. The outcomes of both feedings are described in 6:42 and 8:8: "they ate and were fed." For the latter verb "to be fed," most of translations have "to be filled" or "to be satisfied." This word is also used in 7:24-30 in which the Syrophoenician woman supplicates Jesus for his healing of her demon-possessed daughter. This incident happens at the border between Galilee and Tyre. Jesus' response is the saying, "Let the children first be fed, for it is not right to take the children's bread and throw it to the dogs." Here the word "fed" applying to the children is used to depict the outcome of Jesus' feeding of the ochlos. In this encounter of Jesus and the anonymous Gentile woman, Jesus argues that the Jews are the ochlos to be fed, but the Gentile woman asserts that there are others who should be included in the ochlos. They are non-Jews. She recognizes that Jesus is the one not only who already fed the displaced Jews (6:33-36) but also who can feed the displaced Gentiles (8:1-4). She also argues that as he has made Jairus' daughter, the Jewish girl, alive and eating (5:41-43), her contaminated daughter can benefit from his healing and fee-ding.

The language used in the feeding stories is present in the Last Supper, as well (14:22-25). As Jesus takes the loaves, blesses, breaks them, and gives them to the disciples to distribute them to the displaced, in the Supper he takes bread, blesses, breaks it, and gives it to the disciples, saying, "This is my body." Thus, breaking and giving of bread signifies the sharing of his own body for many (14:24; cf. 10:45). In this juxtaposition of the feeding of the displaced people and the sharing of his body in the Last Supper, the woman perceives and anticipates Jesus' body as being broken and shared with and thereby giving life to many people regardless of their genders, ethnicities, religions, and classes. She requests that she and her daughter can benefit from his life-giving ministry.

Based on these observations I maintain that through Jesus' healing and feeding what is shared among people and across the territories is the body of Jesus. The body is touched and consumed by the displaced minjung and thereby transposed: his body is displaced. I propose that the issue of boundaries of body and territory is one of those minjung biblical hermeneutics will discuss in the transnational context because the reality of globalization demands the transgression of boundaries not only in the national and geographical senses but also in terms of the body.

Minjung in the Transnational Landscape

Perspectives of Globalization

The issue of globalization should be seriously considered because it not only creates minjung on a transnational scale but also perpetuates the experience of minjung as exclusion and oppression. Globalization seeks to integrate national economies by removing barriers to free trade. It opened paths for people to move from peripheries to centers with their resources and capital; their money, labor, and ideas.[13] Social, economic, and political governance by global capitalism is another form of imperial domination. Darren Marks points out that globalization creates an abstract space in the ways globalized agents such as legal or economic governance bodies are everywhere and nowhere at the same time. This is shown in the case of any trade organization, which has 'headquarters' but is also enacted in all locations.[14] In addition, as

---

13) If we should distinguish the term transnationalism from globalization, the former may have more emphasis on human activities and social institutions that extend across national boundaries. However, I use these related terms interchangeably in that both material and discursive forces are together imposed upon mobile subjects.

14) Darren C. Marks, "Living in a Global World and in a Global Theological World," in *Shaping Global Theological Mind*, ed. Darren C. Marks (Burlington: Ashgate, 2008), 1.

the old nation-states did, these multinational corporations treat all peoples and places as the same.[15]

Yet some scholars like Arjun Appadurai pay attention to the cultural dimensions of globalization rather than its economic reality. Globalization not only causes exchanges in goods, products, and capital across geopolitical terrains through multinational corporations but also the movements of information, knowledge and culture.[16] According to Appadurai, these glo- bal cultural flows create a variety of landscapes such as those of people, media, technology, finance, and ideas. These phenomena of shifting landscapes can be viewed in terms of "deterritorialization" as cultural dynamic.[17] Among these post-territorial landscapes, the ethnoscapes—the movement of people—are most essential. The increasing number of such navigating agents as tourists, immigrants, refugees, exiles, guest-workers and other groups and persons transcend specific territorial boundaries and identities and thereby constitute larger formations of the shifting world.[18] For migrating people invent their homelands while changing their

---

15) Ibid., 2.
16) Jana Evans Braziel and Anita Mannur, eds., *Theorizing Diaspora: A Reader* (Oxford: Blackwell, 2003), 7-8.
17) Arjun Appadurai, *Modernity at Large: Cultural Dimensions of Globalization* (Minneapolis: University of Minnesota Press, 1996), 49.
18) Ibid., 3.

group loyalties, the landscapes of group identity are no longer bound to certain territorial locations. Cutting across conventional political and social boundaries results in the mobilization of differences and thus the mobilization of group identities.[19]

Appadurai's theory of cultural globalization is useful in understanding transnationalism not only as being accelerated by impersonal forces but also as involving human phenomena.[20] Also, the landscapes created by the fluctuation of people highlight differences rather than the sameness, which is assumed to be achieved by globalizing economic force. However, one needs to be cautious about universalizing or romanticizing cultural flows and human imagination. As mobile subjects and non-mobile subjects do not take equal advantages from global cultural flows, there exists a class stratification linked to global systems of production.[21] Aihaw Ong argues that the imagination as social practice cannot be viewed

---

19) Ibid., 33.
20) David K. Yoo and Ruth H. Chung distinguish transnationalism as impersonal forces from diaspora as the fundamentally human phenomenon. Thus, they find the latter useful in discussing the concept of religion and spirituality in Korean America. David K. Yoo and Ruth H. Chung, eds., *Religion and Spirituality in Korean America* (Urbana and Chicago: University of Illinois Press, 2008), 8-9. Cf. Kandice Chuh and Karen Shimakawa, eds., *Orientations: Mapping Studies in the Asian Diaspora* (Durham: Duke University, 2001).
21) Aihwa Ong, *Flexible Citizenship: The Cultural Logics of Transnationality* (Durham, N.C.: Duke University Press, 1999), 10-12.

as "independent of national, transnational, and political-economic structures that enable, channel, and control the flows of people, things, and ideas."[22] Therefore, it is necessary to consider these mobile subjects within the existing power structures, not as the essentialized diasporic subject.

The structure of political economy that "globalization from above" fortifies causes impoverishment, mass migration, urban and rural displacement, violence, and media manipulation.[23] In this scheme, human bodies are treated as the means of profit and are devoid of inherent dignity or sacredness. Considering this material reality, the potential of diasporic hybridity or imagination is not only the one to be celebrated but also to be evoked as embodied memory of wounds. The initiatives of "globalization from below," which is the counterpart of "globalization from above," demand solidarity in people's movements, organizations and citizen associations as part of civil society, which is extended to a global scale.[24] Paradoxically, what causes such global networks of solidarity and mutual empowerment is human vulnerability. What inspires life in the material and discursive reality of global forces is a possibility

---

22) Ibid., 11.
23) Wanda Deifelt, "Globalization, Religion and Embodiment: Latin American Feminist Perspectives," in *Shaping a Global Theological Mind*, ed. Darren C. Marks (Burlington: Ashgate, 2008), 42.
24) Ibid., 48.

that vulnerable bodies unceasingly encounter the Other across territories, not that they forge themselves into a discrete body of people or occupy their own territories.

As such, a definition of globalization differs depending on how one understands the phenomena of globalization. In this transnational reality, one would see the minjung among the flux of people across territorial, social and cultural boundaries resisting the force of global capital. In this movement of people, one would also witness the agency of vulnerable bodies, which are the objectives of economic exploitation and political manipulation but transcend such control in solidarity. What I attempt to do with minjung biblical hermeneutics is to bring hope, which has not yet been unseen, to the reality of transnational minjung.

Transnational Minjung and Biblical Hermeneutics

Socially fragmented and transnationally displaced minjung are outsiders both within the periphery and outside the center. Among outsiders within the Korean society we might encounter migrating workers, mail-order brides, imported sex workers, refugees from North Korea, and Korean Chinese who had been minoritized in China and return to Korea. Minjung may also be found among illegal immigrants in the First World, those crossing the borders between Latin America and the US, and women and children victimized by violence, rape, trafficking in the sites of occupation and war. These people are minjung, who are deprived of human dignity and rights and alienated from the benefits of globalization. If minjung theology encounters their bodies being affected, targeted and exploited by global economic force and imperial power, how would it claim their subjectivity, or more properly, the agency of the othered bodies? I content that this is a biblical hermeneutical task of minjung theology.

Minjung theology may be confronted with the question of why it should be theology and even biblical hermeneutics, not any secular discourse, if it finds minjung and their salvation outside the church. There are many points at which minjung is searched for by minjung theology and biblical hermeneutics. First, as Ahn Byung-Mu advocates the minjung event in continuity with the Jesus event, minjung theology relativizes any historical form of social movement and revolution and seeks ultimate liberation expressed by the coming of the kingdom of God. In this radical hope minjung biblical hermeneutics witnesses the suffering of minjung and intervenes in social crisis and injustice.

Second, minjung hermeneutics pays attention to the language of minjung confronting their suffering. While sometimes the suffering of the minjung is represented by coded language or unofficial discourse such as rumors, other times it is even inconceivable and unspeakable.[25] Suh Nam-Dong calls such inarticulable suffering of the minjung han. It is noteworthy that these types of language are attributed to women. Kim Jin-Ho points to the eschatological aspect of such language, which can be spoken only on the end-day. Until then this language bearing the suffering of minjung is present only in the forms of unsanctioned discourse, hidden script, or han. In this regard, biblical hermeneutics resists proving the truth claimed by dominant language and universal theology, but instead seeks to let the voice of displaced minjung be heard.

Last, the otherness of minjung is related to the otherness of God. It is believed that God had been present in the history of the nation even before the gospel of kerygma arrived there. Thus, witnessing God's activity in both the biblical tradition and the history is a task of biblical hermeneutics. I further maintain that the place in which the otherness of minjung and God as the Other meet is in the displaced body of Jesus. Therefore, encountering the broken body of Jesus as the minjung event in the interstices across territories is in view of biblical hermeneutics.

---

25) Ahn, "Transmitters," 37.

Concluding remarks

I have no genealogical connection to minjung theology, but my memories of the minjung events having occurred in 1980s are still lively. My older sister did not remain one of witnesses of the minjung events but instead threw herself into the site of suffering of minjung. Her body has the memory of pains of that age. My mother embodied the memory of her daughter's and her many daughters' suffering. Indebted to their sacrifice and courage, now I, as an uprooted biblical scholar, encounter other others in the transnational context and reread the stories of minjung in the Bible. I humbly acknowledge the commitment and genius of generations of minjung theologians, hoping that it continues to develop by expanding its horizon to the trans-national minjung and especially by having women's voices both of minjung and of mothers of minjung theology heard. In doing so, minjung theology will be in search of solidarity with other liberation theologies and biblical hermeneutics, resisting the dominant western theology and discourse. 제3시대

최진영(Jin Young Choi)은 미국 콜게이트 로체스터 크로저 신학교(Colgate Rochester Crozer Divinity School)의 신약성서 및 기독교의 기원 분야 조교수이다. 저서로는 *Mark: Texts @ Context* (Fortress, 2010), *Feasting on the Gospels: Matthew* (Westminster John Knox, 2013), *The Oxford Encyclopedia of the Bible and Gender Studies* (2014년 출간 예정) 등이 있다. 현재 미국성서학회(SBL)의 Asian & Asian American Hermeneutics group의 공동 에디터로 활동하고 있으며, 2013-2015년 기간 동안 Louisville Institute로부터 Postdoctoral Fellowship을 받고 있다.

신학적
사유의
□ 모험

개미들이여, ( )를 장악하라!

미셸 드 세르토(Michel de Certeau, 1925~1986)와

함께 생각하는 평신도 운동

조민아

들어가는 말

프랑스 철학자이자이자 역사학자인 미셸 드 세르토에 관한 이야기를 함께 나누어보자는 초대를 받고, 어디서부터 시작해야 할까 고민했습니다. 세르토가 살다간 20세기 중반의 유럽과 우리가 살고 있는 21세기 대한민국은 많은 차이가 있기 때문입니다. 이론이 현실과 접점을 찾지 못해 공허한 탁상공론이 되는 경우를 우리는 수없이 목격해왔습니다. 신학은 더군다나 그렇습니다. 말로 표현할 수 없는 신비가 인간의 상상력과 욕망과 두려움을 만나 언어를 입은 학문이기 때문입니다. 시대의 변화와 요구를 읽어내지 못하는 신학은 불필요할 뿐 아니라 오히려 일상의 신비체험을 방해하는 올무가 됩니다. 세르토의 신학과 철학도 마찬가지입니다. 우리의 상황과 만나지 못하고 우리의 고민과 함께하지 못한다면 의미가 없겠죠. 그렇다면 어디서부터 시작해야 할까… 고민 끝에 저는 제가 한국에 들어오기 직전 참석했던 Catholic feminist movement building conference를 세르토를 소개하는 화두로 던져볼까 합니다. 이 학회에서 제가 보고 들은 이야기가 어떻게 세르토의 이론을 활용하는데 도움이 될지, 또 어떻게 한국의 가톨릭평신도 운동과 견주어 생각해볼 수 있을지, 열린 토론으로 함께 생각해보도록 하죠.

지난 7월 8일부터 11일까지 미국 볼티모어에서 열린 Catholic feminist movement building conference에서는 보수화하고 있는 교회의 현실, 특히 교황청과 미국여자수도회장상연합회의 갈등, 또, 마가렛 팔리, 엘리자베스 존슨 등 여성신학자들의 저서에 대해 교황청 신앙성이 불편한 시각을 드러낸 문제 등에 대응하기 위한 모임으로, 로즈마리 래드포드 류터(Rosemary Radford Ruether), 메리 헌트(Mary Hunt), 빅토리아 루(Victoria Rue), 낸시 실베스터(Nancy Sylvester) 등 평신도 여성신학자, 여성사제, 수도자, 활동가 들이 모여 교회현실과 여성운동의 방향에 대해 3박 4일 동안 밀도 있는 토론을 했습니다. 토론에서 모두가 동의한 기조 중 하나는 물론 그야말로 "깡패 짓 하는" 오늘날의 교황청을 비판해야 하는 것은 가톨릭 여성운동의 의무이자 책임이지만, 가톨릭 여성운동을 반드시 교회의 지원과 협력을 필요로 하는 의존적인 위치에 놓고 생각할 필요는 없고, 그렇다고 항상 교회와 대척점에 놓고 사고할 필요도 없다는 것이었습니다. 전통은 교황청의 전유물이 아니므로 가톨릭 여성운동 또한 전통에 어긋나는 움직임이 아니고 오히려 로마 교회가 숨겨온 예언자적 전통과 여성 전통을 계승하는 운동이라는 것이죠. 로즈마리 래드포드 류터는 이런 말을 하기도 했습니다. "As a catholic, I've never been in communion with the Vatican. I've always been in communion with people who follow Jesus—가톨릭 신자로서 나는 바티칸과 일치된 유대 속에 살았던 적이 없다. 예수를 따르는 신앙인들과 유대를 가져왔을 뿐이다." 로마 교회가 낡은 원칙만을 고수하며 부자들과 기득권자들의 교회이길 고집한다면, 여성운동은 바티칸 자체를 개혁하기 위해 에너지를 소비할 것이 아니라, 교회가 이미 만들어놓은 공간과 제도를 활용하되 전통을 재해석하고 가난한 자들과 소외된 자들을 위해 일하자는 것이죠. 말하자면, 한 공간 안에서 다른 꿈을 꾸자는 것입니다. 적극적으로 동상이몽을 하자는 것이죠.

자, 그럼 교황청과 미국여자수도회장상연합회의 갈등, 그리고 미국 가톨릭 여성신학자들의 대응은 세르토와 무슨 관계가 있을까요? 글의 말미에 이 부분에 대한 논의로 돌아올 텐데, 이제 본 글에 들어가기에 앞서 여러분께 과제를 드리겠습니다. 지금 말씀 드린 교황청과 가톨릭 여성운동의 관계를 기억해두시고, 그 관계가 본 글에 등장할 세르토의 이론과 어떤 접점을 찾을지 한번 추리해보십시오.

장소(Place)와 공간(Space)

예수회 철학자이자 역사학자인 미셸 드 세르토는 1925년 프랑스령인 사브와에서 태어나 대부분의 교육을 프랑스에서 받았습니다. 철학, 역사, 심리학, 사회과학, 문화인류학, 신학에 이르기까지 세르토의 관심 영역은 다양하고도 방대합니다. 각기 다른 분야를 자유롭게 드나들면서도 일관성 있는 주제를 엮어내는 세르토의 글들은 그가 얼마나 학제간의 경계에 얽매이지 않으면서도 치밀하고 집요한 안목을 갖고 있는

학자인가 잘 보여줍니다. 이 시간 저는 세르토의 방대한 연구 중에서도 그의 책 *Practice of Everyday Life*를 바탕으로 세르토가 제시한 일상에서의 실천에 대해 간략하게 소개할게요.

세르토의 책 중 가장 널리 읽힌 책, *Practice of Everyday Life*는 우리의 일상 속 권력이 침투하고 작용하고 교차하는 방식을 분석한 책입니다. 특히 일상생활의 창조적 실천성에 관심을 보인 책으로 논란과 찬사를 동시에 불러온 책이죠. 흔히 푸코의 『감시와 처벌』과 비교되곤 하는데, 세르토 자신이 서론에서 밝히듯, *Practice of Everyday Life*에서 묘사되는 대중은 푸코가 이야기했던 판옵티콘적 구조에서 훈육된 삶을 살아가며 문화를 수동적으로 받아들이기만 하는 대중이 아니라 이를 선택하고 선별하여 독특한 방식으로 해석, 변형, 재가공하여 자신의 삶을 스스로 구성해나가는 대중입니다.

도시에서 걷기

Practice of Everyday Life 7장 「도시에서 걷기」(Walking in the City)는 그가 구상한 문화저항의 전략을 축약적으로 보여줍니다. 「도시에서 걷기」는 지금은 사라지고 없는 세계무역센터의 110층 전망대에서 세르토가 경험한 판옵티콘적 조망을 바탕으로 쓴 글입니다. 세르토는 뉴욕시를 배경으로 채택해 글을 썼지만, 저는 서울시로 그 배경을 바꾸어보겠습니다. 제가 유학을 떠난 것이 2000년인데요, 그때의 서울과 지금의 서울은 정말 많이 다릅니다. 그 당시 서울은 전형적인 생활형 도시였습니다. 그러나 오늘날 서울은 관광도시라 해도 무방할 듯합니다. MB와 오세훈의 보여주기 행정을 거쳐 온 흔적이 여기저기 눈에 뜨입니다.

숱하게 변한 것 중 문득문득 변하지 않은 것들이 눈에 띄는데, 그 중하나가 서울 시내 한복판에 마치 일망 감시탑처럼 우뚝 서 있는 남산타워입니다. 전망대라는 것이 참 재미있죠. 평생을 서울에서 태어나 자라왔다고 하더라도 남산타워 전망대에 오르는 순간 우리는 모두 관람자이자 관음자의 시각으로 서울을 바라봅니다. 서울을 실제로 만들어내는 구체적인 삶과 일상의 행위들을 잠시 망각하죠. 마치 자신이 속해있지 않은 공간인 양, 제삼자로서 읽는 텍스트인 양 서울 시내 전경을 내려다봅니다. 따라서 남산타워 전망대에서 바라보는 서울시는 실체인 동시에, 일상을 실천이 아니라 관람으로 바라보도록 유도하는 일종의 허구입니다. 남산에서 내려와 거리를 활보하며 경험하는 서울은 전망대에서 내려다보는 서울과 사뭇 다르죠. 많은 사람들이 제각기의 꿈을 꾸며, 제각기의 삶을 영유하며 살아갑니다. 도심을 바쁘게 오가는정장을 입은 직장인들, 아이를 키우고 가사를 전담하는 주부들, 지하철을 타고 스마트폰을 들여다보거나 졸거나 책을 읽으며 등교를 하는학생들, 광화문 지하도와 인사동 골목에서 망연한 하루를 보내는 노숙인들, 도시 곳곳에서 악센트 섞인 한국어를 하며 새 삶의 터전을 마련하는 외국인노동자들, 이들 중 어느 누구도 서울시를 같은 방식으로 이해하고 점유하지 않습니다. 서울은 이들 모두에게 욕망의 공간인 동시에비누거품 같은 허구의 공간이고, 자아를 펼치는 공간인 동시에 자아를지배당하는 공간입니다.

세르토는 이 이중적인 가능성이 동시에 존재하고 끊임없이 교차하는 일상의 모습을 "장소"(Place)와 "공간"(Space)이라는 용어로 표현합니다. 서울을 다시 예로 들어보죠. 남산타워에 올라가 서울을 내려다볼 때, 서울은 마치 커다란 로드맵처럼 보이죠. 우리는 지도를 보듯 움직이지 않는 지표들을 중심으로, 이미 알고 있는 지식을 기반으로 서울을 봅니다. 이것은 장소로서의 서울입니다. 장소는 견본과 설계에 입각하여 세워집니다. 도시 계획에 따라 구와 동을 나누고, 거리와 광장을 나누고, 빌딩을 세우고 주택가를 만들고 하는 일들은 장소를 만들기 위한 작업들입니다. 장소를 만들어내는 데 채택되는 것은 "전략"(strategy)입니다. 전략의 목적은 구획과 가획이죠. 전략은 그 자신에게 속한 것들을 구획화하여 경계 짓고, 그 경계 안에 속한 영역을 유지할 질서를 기획합니다. 그러므로 "장소"에서 맺게 되는 관계의 축은 "소유"입니다. 내가 이 땅을, 이 건물을 소유했느냐 그렇지 않느냐가 나와 남의 관계를 규정짓는 토대입니다. "소유"가 관계의 축이 된다면, 그 관계를 유지하게 하는 규칙들은 무엇을 근간으로 하게 될까요? 통제와 안전입니다. 어떻게 소유 관계를 규정하고 통제하는가, 소유권을 갖고 있는 구성원의 안전을 보장하는가가 무엇보다 중요하죠. 제도와 규칙들은 그 소유관계를 뒷받침하는 기본적인 틀입니다. 따라서 장소의 문법에 익숙한 이들은 변화를 싫어하고, 권력의 집중화를 추구하죠.

그에 반해, 남산타워에서 내려와 거리를 자유롭게 활보하며 경험하는 서울은 공간으로서의 서울입니다. 서울은 수 없이 많은 소유관계로 구획되어 있지만, 거리를 걷는 순간만큼은 우리는 서울을 우리의 것으로 만들죠. 공간은 이동이 자유롭고, 언제나 변화합니다. 우리가 그 장소에서 무엇을 하느냐에 따라 장소의 의미는 변화하여 특정한 공간이 됩니다. 일본군위안부 문제 해결을 위한 수요시위가 21년째 계속되고 있는 일본대사관 앞을 생각해볼까요? 종로구 중학동 일본대사관 앞은 정체되어 있는 "장소"이지만 수요시위는 매주 수요일 그 장소를 반전폭력과 평화를 위한 "공간"으로 전화시킵니다. 이와 같이, 공간은 견본과 설계에 입각하여 세워지는 정체적인 것이 아닙니다. 공간을 만들어내는 것은 기획과 구획을 모색하는 전략이 아니라, 매 순간 변화하는 "전술"(tactic)입니다. 도시를 설계하고 제도를 만들어내며 이미 만들어진 질서를 유지하는 행위들이 전략이라면, 전술은 개개인이 일상을 살아가며 만들어내는 의식적 무의식적 행위들이죠. 말하고, 읽고, 소통하고, 시장에 가고, 요리하고, 먹는, 이 소소한 일상의 일들이 모두 전술적 유형에 해당하는 실천들이죠. 그러므로 전술은 국지적인 차원에서 움직이며, 유기적으로 뭉쳤다 흩어지는 개인과 공동체들에 의해 채택됩니다. 전술에 의해 창조되는 공간은 불안정하고, 주변적이며, 빠르게 이동합니다. 장소를 기술하는 방식이 "지도"(map)였다면, 공간 기술하는 방식은 "여정"(tour)입니다. 장소를 알기 위해서는 "어디에"를 물어야 하고 지도를 찾아야 하지만, 공간을 알기 위해서는 그 장소에서 무엇을 하는가, 즉 "어떻게"를 알려주는 여정을 물어야 하죠. 즉, 장소를 특징짓는 것이 가시성과 객관성, 동질성과 지식이라면, 공간을 특징짓는 것은 가변성과 주관성, 타자성과 행위입니다.

짐작하시겠지만, 장소와 공간은 분리되어 존재하지 않습니다. 세르토의 표현을 빌리자면, "space is a practiced place", 즉 장소가 구성원들에 의해 새롭게 실현되는 곳이 공간이며, 실현된 공간이 소유관계로 점유될 때는 장소가 됩니다. 구획화하고 동질화하는 장소의 힘과 해체하고 재창조하는 공간의 실현이 만나 갈등과 타협을 만드는 곳이 바로 도시입니다. 물론 여기에는 다양한 이데올로기들이 작용하죠. 장소는 공간에 의해 만들어지지만, 일단 만들어지면 다른 공간의 형성을 방해합니다. 완성된 지도가 지도를 생산한 노동의 손길을 보이지 않게 만드는 효과가 있는 것과 마찬가지죠. 이러한 고정화는 망각을 불러

옵니다. 장소를 만들어낸 공간들, 그 공간에 얽혀 있는 다양한 경험들이 장소로 규정되면 균일하고 획일적인 것으로 바뀝니다. 장소의 자기보호 기제가 강할수록, 공간에 대한 억압은 심해집니다. 용산 남일당의 경우는 자본과 결합한 장소의 논리가 결국 공간의 형태로 존재하는 주민들의 삶을 폭력적으로 침탈한 예라고 할 수 있겠네요.

세르토는 장소로 전유되어 있는 도시에서 공간의 도시, 즉 실천적 도시로 이행할 것을 제안합니다. 남산타워에 올라 도시 전체를 조망할 때 우리는 타워 아래의 삶과 거리를 두고, 나 스스로를 고립시키고, 그리하여 저 도시를 소유할 수 있다는 환상을 갖습니다. 타워에 서 있는 나는 "시점"으로서 존재할 뿐 움직이고 개입하고 창조하는 구성원으로서 존재하지 않습니다. 타워를 내려가 길을 걸을 때 우리는 비로소 도시를 경험하고 도시의 공간에 형태를 부여합니다. 걷는다는 것은 도시에서 가장 "기본적인 경험 형태"이죠. 거리를 걸을 때 우리는 도시를 이론적인 구축물, 혹은 기하학적 지리학적 공간으로 경험하지 않습니다. 떠들썩한 도시에 유령처럼 떠돌아다니는 이야기들을 만나고, 그 이야기들에 우리 자신의 이야기들을 덧붙이며, 사소한 일들을 놓고 싸우기도 하며, 어찌 보면 맹목적이고, 규정할 수도 환원할 수도 없는 움직임에 묻혀 또 다른 움직임을 만들어내죠. 그러나 결국 도시를 도시로 만드는 것은 개념과 지식이 아니라 보행자의 움직임입니다.

공간이라는 메타포: 글쓰기, 글 읽기, 그리고 평신도 신학 운동

저는 세르토의 장소-공간의 개념을 메타포로 이해해보려 합니다. 사실 세르토는 이 개념을 다양한 영역에 적용해 실천적인 저항의 주체들을 그려왔는데요, 저는 특히 이 개념을 제도교회가 만들어놓은 틀거리 속에서 경전과 전통을 받아들이고 신앙생활을 하는 평신도 운동에 비추어 생각해봅니다. 그러기 위해서는 세르토가 제시하는 글쓰기와 글 읽기의 관계를 먼저 생각해봐야 할 것 같습니다. 세르토는 인문학의 발전과정을 "글쓰기"라는 전략적 행위로 설명합니다. 글쓰기는 마치 원주민을 하인 프라이데이로 만든 로빈슨 크루소처럼 자신의 기호 체계 안에 존재하지 않는 타자들을 자신의 체계 안으로 수렴하는 행위이지요. 그런 의미에서 글쓰기는 아직 점유되지 않은 의미망으로 펼쳐져 있는 언어의 도시 속에서 작가가 나름의 규칙과 문법과 수사를 사용해 고유한 "장소"를 만드는 작업입니다. 반면, 글 읽기는 주어진 텍스트라는 장소에서 "공간"을 만드는 행위입니다. 이미 누군가에 의해 쓰인 텍스트를 읽는 독자들은 일견 수동적인 듯 보이고 그 사고의 폭이 제한적인 것처럼 보입니다. 그러나 독자들은 텍스트를 무조건 수용하지 않습니다. 마치 도시를 활보하는 보행자들처럼, 다양한 방식으로, 어쩌면 방랑자적이고 불안정한 방식으로 텍스트를 걸으며, 나름의 해석과 저항을 실천합니다. 고전적 의미에서 글 읽기가 텍스트의 내용과 권위를 수동적으로 받아들여 진위를 밝히는 문제에 주목하는 작업이라면, 세르토에게 글 읽기는 창조의 과정입니다. 텍스트를 읽는 방식에 따라 의미가 달라지는 것을 자연스럽고도 반드시 필요한 과정으로 이해하죠. 따라서 넓은 의미에서는 제도적·경전적 규율과 문법과 수사에 얽매이지 않은 자유로운 글쓰기도 글 읽기 행위에 포함됩니다.

신학의 발전과정도 이와 마찬가지입니다. 신학은 말로 표현할 수 없는 신비를 텍스트화하여 기획하고, 해석하여 자기 것으로 만드는 전략적 행위를 통해 발전해왔지요. 신에 대한 경험을 기록하고, 자료를 수집하고, 나열하고, 표준화하는 신학 작업들을 통해 교회는 신비에 대한 지식과 자원을 관리하고 조직하는 정보체계의 근간을 만들었고, 그 근간 위에서 권력을 행사해왔습니다. 제도교회의 관점에서 기술된 신학은 의미로 규정되어 있지 않은 신비의 영역을 정복하고 소유하고 관리하는 자본가적인 행위였죠. 제도교회의 신학을 유지하게 하는 원칙은 안전과 보수성이고, 레토릭은 가시성, 객관성, 동질성과 기술된 지식, 즉 교리입니다. 나아가 이 행위는 교회에 권위적 지위를 제공하므로 신화적이기도 합니다. 이러한 제도교회 신학의 특징은 특히 성체를 신학화하고 기술하고 관리하고 드러내는 방식에서 잘 나타난 듯합니다. 교회는 성체의 신비를 끊임없이 물화하고, 전례를 통해 가시화해왔죠. 성체를 통제하고 관리하고 나누는 형태는 전략적 행위의 전형적인 형태입니다.

반면, 이미 제도교회가 마련해놓은 장소에서 신학을 하는 평신도들의 신학 작업은 이미 쓰인 경전을 읽는 "글 읽기"의 작업과 비교할 수 있습니다. 경전화 과정을 통해 주어진 성서를 읽고 제도교회를 통해 채택되고 전승된 전통의 문헌들을 읽는 독자들은 수동적인 것처럼 보이지만, 평신도들은 텍스트를 무조건 수용하지 않습니다. 우리는 우리의 손으로 기록되지 않은 경전과 전통을 활보하며 우리에게 적절한 의미를 찾습니다. 과감히 문장을 생략하기도 하고, 행간에 의미를 첨가하기도 하며, 텍스트의 본래 의도와 다르게 무한한 다원성을 끌어냄으로써 그 텍스트를 우리 것으로 만드는 것이죠. 우리는 역사가 기록하고 있는 수치적 기록들, 고전들 위에 새겨진 고유의 의미를 지워버리고 새롭게 의미를 창조합니다.

중세의 여성수도공동체였던 베긴회(The Beguines) 여성 영성가들의 글들은 평신도 신학 작업의 좋은 예가 될 듯합니다. 베귄회의 기원과 발전은 중세 후기 유럽, 괄목할 만한 성장을 보인 평신도 영성과 깊은 관련이 있습니다. 정치경제적으로 급격한 변화를 겪던 12세기 유럽, 제도교회는 축재와 권력다툼으로 부패해갔지만 평신도들의 신앙적 열정은 이와 반대로 높아만 갔지요. 소위 "이단"으로 교회사에서 판정된 평신도 공동체들이 대거 발생하는 시기가 바로 이때이고, 베귄회도 그중 하나입니다. 베귄이라 불리는 평신도 여성들은 대담하게도 수도회에 적을 두지 않은 채 독신선언을 하고 예수님과 제자들의 단순한 삶을 모범으로 삼아 공동체를 이루어 살았습니다. 베귄들은 은둔의 삶보다도 요동치던 세상의 중심 속에서 가난하고 병들고 소외된 이들을 보살피는 헌신과 봉사의 삶을 살아가는 것이 자신들의 소명이라 믿었죠. 베귄회가 형성되던 초기, 교회는 교회가 미처 손을 뻗치지 못하는 마을 구석구석의 궂은일과 기본적인 평신도 교육까지 도맡아 주는 베귄회를 반가운 시각으로 바라보았지만, 이내 베귄들의 지칠 줄 모르는 열정과 뜨거운 신심은 결국 교회와 갈등관계를 초래합니다. 13세기 후반부터 베귄회는 이단 시비와 마녀 혐의로 고충을 겪게 되었고, 마침내 서서히 역사 속으로 자취를 감추고 맙니다. 오늘날 베귄회는 모두 사라졌지만 그들의 글은 여전히 남아 우리에게 전해지는데요, 이들의 글은 전통적으로 교회신학이 다루었던 주제들을 다루되, 자신이 속한 컨텍스트 속에서 과감한 재해석과 파격을 시도하는 것으로 유명합니다. 우선 그들은 "신성한 문제"들은 라틴어로 저술하는 것이 원칙이던 시대, 신학적 주제들을 자신들의 언어인 중세 독어, 중세 불어, 중세 화란어로 번역합니다. 번역하는 과정에서 새로운 표현들을 개발하고 적절한 메타포들을 사용해 따로 신학교육을 받지 않은 이들도 "신성한 문제"들을 이해할 수 있게 했죠. 이들이 만나는 대중들은 대체로 여성들이었기에, 여성들이 읽고 공감을 느끼기 쉽도록 장르와 표현의 파격을 시도하기도 했습니다. 그중에서도 「아가서」에 나오는 사랑 표현을 당시 유행했던 궁정로맨스 문학의 언어와 형식과 절묘하게 엮어 하느님과 영혼의 관계를 묘사한 베긴들의 시들은 대단히 감각적이고 아름답습니다. 특히 성체성사에 관한 부분을 사랑하는 이와의 몸과 영혼의 일치로 이해한 글은 충격적이라 할 만큼 에로틱하고 과감합니다.

　베긴들의 글은 전통 위에 제도교회가 만들어놓은 "장소"를 활용하여 평신도들이 새로운 신학적 "공간"을 창조한 예입니다. 물론 20세기에 쓰인 소수자들을 위한 신학들 대부분이 이러한 전술적 글쓰기를 하고 있죠. 이들에게서 공통적으로 발견되는 것은, 공간을 창조하기 위해 기존의 장소가 반드시 필요하듯, 새로운 의미를 부여하기 위해 기존의 장소, 전통, 텍스트는 반드시 필요하다는 것입니다. 제도 교회가 만들어놓은 장소를 이용하되, 그 장소를 점유하지 않고 통과하며 흔적을 남기는 모험적 편력의 궤적, 이것이 세르토를 통해 생각해볼 수 있는 평신도 신학운동입니다. 다시 말해 제도교회가 이미 만들어놓은 언어, 신학적 논리, 수사학들을 장소로 이용해 평신도들의 공간을 창조하는 행위, 숨겨진 이야기를 발굴해내고 낯선 힘들을 만들어내는 행위가 세르토식의 신학운동입니다. 세르토식의 저항에는 고유한 위치가 없습니다. 오직 타자의 위치만 있죠. 기득권자들의 권력 망이 촘촘하게 박혀 있는, 그들의 통제를 받고 있는 공간에서 벌이는 게릴라적인 공작활동입니다. 따라서 이러한 식의 저항에는 타협과 비결정적인 적응도 포함됩니다. 지배적 사회 질서 내에서 도전할 수단이 결여되어 있다면, 나 또한 그 권력의 영향을 혜택과 영향을 받고 있음을 인정하

고, 그 권력의 부산물들을 이용해 서서히 그 권력을 비틀어 휘어지게 만드는 것입니다. 캐러비안 아메리칸 여성학자 오드리 로드의 유명한 질문이 있죠. "Can the masters' tool dismantle the mater's house?—주인의 연장이 과연 주인의 집을 함락시키는 도구로 사용될 수 있을까?" 오드리 로드의 답변은 "노"였습니다만, 세르토라면 그 연장을 집을 함락시키기보다 재건축하는 데 사용하라 말할 듯합니다. 집요한 인내심을 갖고, 수백 년이 걸릴지 모르지만 눈에 띄지 않게 조금씩 조금씩 집의 용도를 변형시켜버리라는 거죠. 물론 그 집이 내 소유가 될 기약은 없습니다. 다만 거주자들을 불편하게 하는 소음들을 끊임없이 만들어내는 사이에 교회 교리의 틀을 재전유하고 감시와 감독을 피하지 않으면서 술수와 저항으로 맞서 일상적 실천이 살아 있는 신학으로 재편성하는 것입니다. 그러는 동안 예상치 않은 곳에 나타난 균열을 포착하고 타격하며 조금씩 조금씩 공간을 확장해나가는 것입니다.

그렇다면 한 가지 질문이 생깁니다. 교회 역사에서 교회는 하느님을 표현하고 가르치는 권위를 독점해왔습니다. 이렇게 제도교회가 공인한 신에 관한 체계를 우리의 이익과 목적에 부합하도록 무한히 변환하고 적응하고 전유하며 재활용한다면, 평신도 신학에서 신학의 정통성에 관한 문제는 어떻게 이야기해야 할까요? 신학의 정통성과 권위는 누가 주장할 수 있으며 어떻게 세워지는 걸까요? 정통성과 권위는 아예 존재하지 않는 것일까요? 교회사에서 신을 표현하고 가르치는 권위와 정통성은 언제나 제도교회의 것이었습니다. 교회는 언제나 신의 대변자였죠. 그러나 이러한 제도교회조차 하느님은 언제나 인용의 형태로서 존재합니다. 즉, 언제나 "따옴표"를 통해 전달된다는 것이지요. 제도교회가 갖고 있는 권위는 인용을 할 수 있는 권위, 즉 따옴표로서의 권위이지, 하느님의 권위는 아닙니다. 세르토는 그 따옴표를 인용할 수 있는 권위를 제도를 벗어나 모든 이들에게 돌립니다. 세르토학자인 바우어슈미트(Frederick Christian Bauerschmidt)는 "빈 무덤"의 메타포로 세르토의 신학을 이해합니다. 예수 부활 이후 마리아 막달레나가 발견한 빈 무덤은 그리스도의 부활하신 몸은 영원히 인간의 언어로 규정할 수 없는 신비로 남아야 함과 동시에, 끝없이 표현과 해체를 반복하여 전달되어야 할, "따옴표"로 남아야 함을 알려주는 일종의 "허가"라는 것입니다. 실제로 그리스도교 전통은 그렇게 표현과 해체를 반복하며 형성되어왔죠. 성서조차 그렇습니다. 성서는 고백의 책이죠. 신을 만난 이들의 고백을 통해, 즉, 따옴표를 통해 전해지는 말들을 통해 우리는 하느님을 만납니다. 후일 경전화 작업을 거치기는 했으나, 사실 성서가 기술되는 그 당시 그 고백들은 정통성도 정보의 정확성도 없는 루머들이었습니다. "[T]he 'oceanic rumor' of 'me to' that constitutes the community of Jesus' disciples is not harmonious but discordant."(Fredrick Christian Bauerschmidt, "The Otherness of God"에서 인용). 하느님을 직접 체험한 신비주의 영성가들에게도 하느님은 언제나 표현할 수 없는 신비입니다. 우리는 그들의 체험을 통해 따옴표 안에 있는 하느님을 만나죠. "저 또한 따르겠습니다"를 고백을 통해 입에서 입으로 퍼트리며 공동체를 만들어갔던 사도들의 전통, 또 이후의 그리스도교 전통은 결코 '조화와 일치'로 표현될 수 있는 전통이 아니었습니다. 오히려 불협화음과 부조화 속에 연대하고 끊임없이 타협하며 변화하는 전통이었죠. 그 루머들을 말씀으로 육화하게 한 것은 믿음이었죠. 전통을 구성해온 "정통적인" 방식은 루머였고, 고백이었고, 갈등을 거친 타협이었습니다. 우리의 믿음은 예외

없이 우리보다 먼저 산 이들의 믿음을 통해, 성인들과의 통공을 통해, 또 우리와 한 시대를 살고 있는 이들의 믿음을 통해 형성됩니다. 그러기에 그리스도인은 어느 누구도 홀로 그리스도인일 수 없습니다. 교황청도 홀로 권위를 주장할 수 없습니다. 그리스도를 따르는 이웃들과의 연대와 유대가 없이 홀로 권위를 주장하는 개인도, 제도도, 그리스도교의 정통성과는 거리가 멉니다. 그런 의미에서 평신도 신학은 오히려 그리스도교의 전통적이고 정통적인 권위를 회복하는 신학입니다.

　이러한 평신도 신학운동은 방법론 면에서도 제도교회의 신학과 차이가 있을 것입니다. 평신도들의 신학은 표준화된 구성토대를 만드는 데도, 적용하는 데도 한계가 있습니다, 아니 오히려 그러한 토대를 거부합니다. 평신도 신학은 제도교회의 교리적 가르침과 다릅니다. 제도교회의 가르침이 개인과 교회 사이의 획일적 표준화를 추구한다면, 평신도 신학은 도리어 나와 너, 주체와 타자, 타자와 타자 사이의 차이화에 대한 각성을 지속적으로 요구해야 할 것입니다. 제도교회의 교리가 교회의 가시적 통제관리에 종속하도록 가르친다면, 평신도 신학의 표현들은 교회의 지배문화에 대항하여 하느님의 뜻은 닫힌 교회공동체가 아니라 일상의 신비 가운데, 생동하는 창조적 삶의 공간 속에서 깨우쳐야 한다는 것을 말할 수 있어야 할 것입니다. 따라서 평신도 신학은 풍부한 이종성을 보유한 복합적인 신학이자, 헤게모니 세력의 공식문화를 거부하는 저항의 신학이자, 수평적 공동체를 지향하는 연대의 신학이어야 할 것입니다.

나오는 말

이제 나오는 말입니다. 교황청과 미국여자수도회장상연합회와의 갈등 문제로 다시 돌아가 보겠습니다. 저는 여성신학자, 활동가들의 대응이 공의회 이후 반세기 동안 괄목하게 성장한 평신도들의 의식을 바탕으로 한 자신감의 표현이라 생각했습니다. 교회 전통이 만들어놓은 장소—여기서 장소란 교구와 교구의 규제를 받는 기관과 제도뿐 아니라, 가톨릭 전통이 만들어온 교회 안팎의 영역들과 이미지들과 상징들을 포함하는 모든 장소를 말합니다—에서 살아가고 이 장소에 익숙한 이들이 반드시 교황청의 영향에 종속되는 것이 아니라, 자율적 사고를 하고 스스로의 욕망에 따라 살아가는 이들이라는 것을 인정하자는 것입니다. 이제는 교회 안에 갇혀 있는 하느님이 아니라 삶 속에 살아 있는 하느님을 만나고 그 만남을 공유하자는 것입니다. 평신도들, 특히 여성들의 경험과 가치, 생각, 행동, 욕망 등이 얽히고 생동하는 가톨릭 문화를 만들자는 것입니다. 저는 이들 여성신학자들의 문제의식과 제안이 우리 한국의 평신도들에게, 중요하고 필요한 제안이라고 생각합니다. 평신도들의 경험을 통해 기존 교회 권력에 대항하는 신학이 형성되고 발전할 때, 평신도들의 자발적인 사고와 실천은 더욱 강조될 것입니다.

글의 제목을 개미들이여, (   )를 장악하라, 라고 지어봤습니다. 제도교회의 권력 앞에 평신도들은 교회의 안팎과 주변에 눈에 띄거나 혹은 눈에 띄지 않게 존재하는 개미들과 같을지 모릅니다. 개미들은 그러나 제도교회라는 거대한 장소 안팎을 돌아다니며, 자신들의 공간을 만들고 일상을 살아가며 교회를 나름의 방식대로 전유합니다. 단지 교회뿐이 아니죠, 교회의 권력이 영향을 끼치는 일상의 모든 영역이 될 수도 있을 것입니다. 여러분은 괄호 안에 무엇을 채우며, 어느 장소에서 다른 개미들을 만나실 것입니까?

제8시대

조민아는 미국 세인트캐서린 대학교(St. Catherine University)의 영성과 신학 분야 조교수이다. 연구 주제는 기독교 영성, 페미니스트신학, 탈식민주의이론, 아시아 및 아시아계 미국인들의 종교와 문화이다. 특히 개개의 그리스도인들이 그들이 속한 문화적 맥락 속에서 전통적인 교회 제도의 영향을 고치고 다시 만들어나가는 방식에 관심이 많다. 저서로는 『21세기 민중신학』(공저), 최근에는 『여성, 글쓰기, 신학: 배제의 전통을 변화시키기』(*Women, Writing, Theology: Transforming a Tradition of Exclusion*, 2011)에 글을 기고한 바 있다.

그리스도교에서 바라본
죄의 사회적 의미[1]

전철

체르노빌의 사건이 25년 지난 2011년 오늘 우리 인류는 심각한 재
난을 생생하게 목도하고 있다. 쓰나미를 동반하며 일본 열도를 덮친
자연의 재난과 후쿠시마 원전사고라는 기술문명의 재난 앞에서 도
대체 죄, 악, 고통 그리고 종말이라는 기독교적 통찰이 어떠한 현실
적인 의미를 지니는지를 심각하게 물을 수밖에 없다. 21세기는 인간
의 환경에 대한 계산가능성의 신화, 문명의 자연에 대한 통제가능성
의 신화, 기술시대와 현대화에 대한 낙관주의적 신화가 빠른 속도로
붕괴되어가고 있다. 특히 사회적 구조악의 강화와 인간 물화(物化)
의 극대화는 지구촌 인류의 미래를 더욱 암울하게 몰고 간다. 그렇다
면 21세기의 현실을 살아가는 그리스도인에게 기독교의 소중한 전
승들, 특히 기독교의 죄는 어떠한 사회적인 의미를 던져주는 것일까.

---

1) 이 글은 전철, "그리스도교에서 바라본 죄의 사회적 의미", 『기독교사상』 제629호(서울:
   대한기독교서회, 2011년 5월호), 28-35에 실린 글이다.

실로 기독교의 죄는 낭만적 사유가 아니다. 사변의 산물이 아니다. 오히려 기독교가 바라보는 죄는 인간의 본성과 사회의 본질을 관통하고 장악하며 그를 끊임없이 무너트리는 현실성에 대한 매우 구체적이며 날카로운 직시이다. 프로메테우스는 인간에게 불을 선사하였고 기독교는 인간에게 죄를 가르쳐주었다. 기독교가 하늘에 있는 하나님의 영광에 민감한 만큼 동시에 땅에 있는 인간의 죄에 민감한 이유가 여기에 있다.

기독교 신학의 죄 해석사

기독교 전승에서의 죄는 어원적으로 과녁을 벗어난다는 뜻을 담고 있다. 2000년 전 예수는 인간에게 죄와 용서의 선언을 말한다. 그리고 이것이 신성모독이라는 이유로 그 자신이 십자가 희생을 당한다. 그리고 예수는 제자들에게 피조물의 죄와 창조주의 용서에 관한 주의 기도를 가르친다. 바울은 죄를 하나님의 법에 대한 인간의 불순종으로 이해한다.

어거스틴(Augustine, 354-430)은 원죄론과 죄의 유전을 말한다. 아담은 죄로 죽고, 그 죄는 계속 인류에게 현재적으로 유전된다. 그러나 펠라기우스(Pelagius, 354-420/440)는 원죄론을 부정한다. 인류는 아담의 원죄와 무관하다. 인간은 죄 없이 태어나는 존재이며, 인간의 죄를 구원하는 은총은 특별히 필요하지 않다. 키에르케고르(Kierke-gaard, 1813-1855)는 죄를 실존의 근원적 불안과 연결시키며 죄의식의 감정을 매우 깊은 차원까지 분석한다. 불안은 죄에 선행하는 심리상태이며, 이는 공포와 다르다. 불안은 신과의 관계 상실 속에서 드러나는 유한한 실존의 감정이며 정서이다.

알브레히트 리츨(Albrecht Ritschl, 1822-1889)은 죄의식을 하나님의 나라, 그리고 그리스도와의 관계 속에서 형성되는 의식으로 이해한다. 특히 죄론은 구원론과 함께 신국론을 이루는 두 요소이다. 칼 바르트(Karl Barth, 1886-1968)는 예수 그리스도라는 빛을 통해서 드러나는 인간 죄의 그림자를 교만, 태만, 기만으로 정의한다. 폴 틸리히(Paul Tillich, 1886-1965)는 죄를 본질로부터 소외된 실존의 상태와 관련하여 정의한다. 하나님은 존재 자체이고 모든 실존은 본질로부터 분리된 소외의 상태이며, 죄는 본질에서 실존으로의 전이 가운데 등장한다. 이 실존의 상태를 틸리히는 불신앙, 오만, 정욕으로 정의한다. 볼프하르트 판넨베르크(Wolfhart Pannenberg 1928-)는 신과 인간과 자연의 조화를 기반으로 한 유기적 생명의 관계성이 깨지는 상태를 죄로 이해한다. 그리하여 죄는 인간 스스로가 그 앞의 신과 그 뒤의 자연과의 견실한 관계로부터 퇴각하여 그 자신이 신이 되려는 태도이다.

20세기 후반에 들어서서 현실세계의 복합성(complexity)을 기반으로 죄의 문제를 해석하려는 경향이 출현한다. 존 폴킹혼(John Pol-kinghorne, 1930-)은 죄를 인간의 개인주의와 연결시킨다. 피조물은 창조주와 교제할 때에만 인생의 충만함을 경험할 수 있지만 창조주부터의 소외를 감행하고 현실세계와의 유기적 네트워크를 망각한 채 자기 혼자만으로 충분히 살 수 있다는 착각이 죄의 뿌리이다. 개인주의는 죄의 근원적 뿌리이다.

미하엘 벨커(Michael Welker, 1947-)는 기독교의 죄 개념은 오늘날의 문화 가운데에서 쉽게 이해될 수 없는 난해한 개념으로 오염되어버렸다고 진단한다. 이러한 문제제기를 바탕으로 그는 죄 개념을 새롭게 재해석한다.[2] 벨커에 의하면 죄는 경미한 주차위반이나 음주운전이 아니다. 오히려 죄는 삶의 관계를 새롭게 하는 원천으로부터의 단절이며 인간회복의 근거의 파괴이다. 또한 죄는 시대정신을 지배하는 자연적이며 문화적인 환경을 창발적인 방식으로 새롭게 구축하려는 노력을 파괴하고 가로막는 마성적인 힘이다. 그는 특히 다원주의적 현실사회(Polykontextuelle Gesellschaft)에서 죄가 어떠한 방식으로 다층적으로 기능하고 있는지를 알프레드 노스 화이트헤드(Alfred North Whitehead, 1861-1947)와 니클라스 루만의 시스템이론을 기반으로 하여 분석한다.

죄에 대한 정치사회적 해석도 20세기 신학의 중요한 성과이다. 서남동(1918-1984)은 죄를 지배자의 언어로 정의한다. 죄는 역사에서 지배계층이 피지배계층을 누르는 이데올로기였으며 죄는 단지 개인도덕과 결부되어 수행되었다고 비판한다. 안병무(1922-1996)는 죄를 공(公)의 사사화(私有化)로 해석한다. 그에 의하면 땅과 하늘과 바다, 그리고 그 안에 있는 모든 것이 다 하나님의 것, 즉 공이며 이 하나님의 것을 사유화 또는 독점하는 것이 죄이다. 제임스 콘(James Cone, 1938-)은 죄를 종교적인 불결로 이해하지 않고 오히려 연약하고 가난한 자에 대한 정치사회적이며 경제적인 억압으로 이해한다. 정치경제적 분배를 부당하게 수행하면서 이웃과 타인과 약자의 존재감을 배제하고 부정하는 것이 죄이다.

---

2) Michael Welker (Hg.), Sünde. *Ein unverständlich gewordenes Thema* (Neukirchen-Vluyn: Neukirchener Verlag, 2005).

기독교 죄 담론의 복합적 상황

기독교의 죄론은 기독교 전승의 소중한 통찰이지만 이를 둘러싼 현실적 난점과 문제의 지평 또한 복잡하게 연결되어 있다. 이는 다음과 같다.

(1) 원죄의 재해석 문제: 기독교의 역사에서 원죄론은 매우 논쟁적인 주제였다. 왜 기독교 인간관에서 원죄 개념이 등장하였으며 오늘날 어떠한 사회적 의미를 지니는지를 재해석하는 것이 중요한 과제이다.

(2) 죄에 대한 실존적·심리적 해석의 한계: 기독교의 죄는 철저하게 사회적이다. 그러나 죄의 문제를 왜 기독교의 역사에서 실존적, 내면적, 심리적으로 다루어왔는지를 헤아리는 것이 중요한 과제이다.

(3) 기독교의 죄와 사회적 법률의 죄와의 관계: 기독교의 죄와 법의 구속력은 세상의 평화와 정의(Pax et iustitia)에 근거한 사회적 법률보다 훨씬 고양된 질적 전망을 담고 있지만 동시에 현실적으로 서로 충돌되는 부분이 존재한다.

(4) 기독교의 허위의식으로 기능하였던 감시와 처벌로서의 죄와 면죄의 문제: 구원의 빛 속에서 상관적 의미를 얻는 죄의 문제는 현존하는 기독교 권력의 강화를 위한 수단으로 작동되었다. 죄의 주체는 인간이지만 죄 사함과 용서의 주체는 인간과 종교권력이 아니다. 이러한 이유로 기독교의 죄론이 그 심원한 의미에서 많이 이탈되어 오늘날 지워야 할 주홍글씨로 퇴락되었다.

(5) 다원화된 현실사회와 분화된 사회체계에서의 죄론의 기능: 기독교의 죄론은 기독교의 정체성을 증빙하는 중요한 코드이다. 이 코드가 어떻게 다른 다양한 사회적 체계와의 커뮤니케이션 속에서 긍정적/부정적 메시지를 발생시키는지를 주목해야 한다.

(6) 새로운 생태학적 민감성과 감수성을 촉구하는 죄론의 과제: 생태계의 문제는 자연의 문제가 아니라 인간과 자연의 상호작용 속에서 발생하는 문제이다. 우리는 우리의 신경조직이 미치는 정도만큼 고통에서 우리를 보호할 수 있다고 니체는 말하였다. 죄의 감수성도 마찬가지이다. 죄의 감수성 또한 우리의 영적인 시신경이 얼마나 먼 곳까지 닿아 있느냐에 따라 그에 상응하여 우리에게 열린다. 기독교의 죄 관념과 죄로부터의 해방은 사회-생태적 맥락 속에서 재해석되어야 한다.

기독교 죄론의 세 가지 공리

첫째, 죄는 창조주와 피조물 사이의 비대칭적 관계성(asymmetric relationship)에 의존하여 밝히 드러나는 피조물의 구체적이며 현실적 본성에 대한 진술이다. 창조주의 시선에서 모든 피조물은 죄 아래에 갇힌 존재들이라고 성서는 고백한다(「갈라디아서」 3,22a). 죄는 창조주의 영광과 빛의 조명을 통해서 드러나는 피조물의 숙명적인 그림자이다. 죄 자체는 피조물의 독립변수가 아니라 창조주와의 관계 속에서 파생되는 종속변수이다. 그러므로 죄론은 구원론과의 관계에서 그 정당성과 위치를 얻는다. 구원론이 '무엇으로부터의' 해방과 구원을 말한다면 죄론은 바로 핵심적인 그 '무엇'을 다룬다.

둘째, 죄는 피조물의 개체적 차원에서 개별적으로 감당해야 할 무게가 아니라 피조물 전체의 차원에서 감당해야 할 사회적이며 연대적 숙명이다. 죄의 개인적 의미는 독자적으로 존재하지 않는다. 기독교의 죄는 철저하게 사회적 맥락을 지니고 있다. 특히 20세기 죄론의 해석사는 죄와 개인 구원의 관계보다는 죄의 집단적이고도 사회적 연대성과의 관계 문제를 더욱 다각도로 조명해나가고 있다.

셋째, 죄는 소위 분화된 사회체계 안에서 법적 구속과 처벌의 대상인 범죄와는 다른 지위를 지니고 있다. 기독교의 죄는 분화된 사회체계 안에서 쉽게 포섭되거나 양화될 수 없다. 예를 들어 기독교의 죄는 사회체계 내부에서는 도덕적이며 윤리적인 환기와 관련되어 소극적 의미를 줄 수는 있으나 그 자체는 사회적 처벌의 확고한 구성요건이 될 수 없다. 양은 패턴을 측정하거나 정의하거나 결정할 수 없다. 사회의 죄 감각(quantity)은 기독교의 죄 감각(pattern)을 포섭하거나 정의할 수 없다. 기독교의 죄는 사회체계에서는 쉽게 증빙되지 않는 미증유의 요소이다.

죄의 사회체계적 지위

기독교의 죄론은 특정한 행위자의 죄를 문제 삼아 그를 심판의 법정에 세워서 공포를 조장하고 노예의 도덕을 강화하는 노예담론이 아니다. 오히려 사회적 시스템의 자기인식과 자기정화와 관련된 매우 고양된 지혜전승이자 통찰이다. 지금으로부터 25년 전인 1986년 4월 26일 소련의 체르노빌 원자력발전소에서 방사능 누출 사고가 일어난 바로 그해, 니클라스 루만(Niklas Luhmann, 1927-1998)은 『생태학적 커뮤니케이션』(*Ökologische Kommunikation*)이라는 책을 출간한다.3)

이 저서를 관통하는 니클라스 루만의 사회체계이론의 기본적인 문법은 다음의 두 가지로 압축된다. (1) 체계는 환경을 자기준거를 통한

---

3) Niklas Luhmann, *Ökologische Kommunikation. Kann die moderne Gesellschaft sich auf ökologische Gefährdungen einstellen?* (Opladen: Westdeutscher Verlag, 1986).

끊임없는 감축/추상화를 수행한다. 이는 루만의 체계이론의 구성주의적 측면을 반영한다. (2) 각각의 분화된 사회 체계들을 메타적으로 관찰하는 상위체계는 결코 개별적인 시선에서는 허용되지 않는다.

오늘날 우리가 살아가고 있는 현실세계는 끊임없이 각각의 사회체계들의 경합/소통/갈등이 발현되는 일종의 블랙박스와도 같다. 즉 현실세계는 인간의 터전이며, 인간은 현실세계를 고유하게 경험-구성하지만 인간은 현실세계를 결코 완벽하게 관찰할 수 없다는 소위 체계(System)와 환경(Umwelt) 사이의 깊은 심연에 관한 가설을 루만은 자신의 사회체계이론을 통하여 제시한다.[4]

모든 개별적 생명과 사회라는 시스템은 일차적으로 환경을 그의 고유한 시선으로 관찰한다. 이러한 시선은 철저하게 체계 내적 근거를 둔 자기진술(autopoiesis)의 시선이다. 자신의 환경에 대한 해석은 몸을 가진 실존의 천형이기도 하다. 개인적 단위의 생명이 이러하듯 각각의 정치, 사회, 경제, 문화의 시스템 또한 그를 둘러싸고 있는 환경으로부터 자신을 주체적으로 구현해낸다.

오늘날의 사회는 개인들의 이러한 자기중심성이 집단적으로 결집된 복합적 공간이다. 그 공간에서 몸들이 경합한다. 사회체계의 존재방식은 바로 이러한 힘의 응축과 집결에 있다. 그러나 모든 시스템이 지니는 자기재귀적인 성격은 언제나 자신을 다시 비추어본다. 모든 시스템은 자신을 그가 만든 거울(Spiegel)을 통하여 다시 비추어본다. 하지만 이 인식은 진정한 의미의 반성적 인식이기 보다는 재귀적 인식일 뿐이다. 그 거울은 진정한 의미의 나를 드러내기보다는 내가 보고 싶은

---

4) Chul Chun, *Kreativität und Relativität der Welt beim frühen Whitehead* (Neukirchen-Vluyn: Neukirchener Verlag, 2010), 197-199.

부분만을 보여주는 나르시시즘의 변형일 뿐이다.

여기에서 기독교의 죄 관념의 사회체계적 의미가 등장한다. 기독교의 죄 관념은 모든 피조물적 시스템의 자기재귀적인 나르시시즘을 투영하는 체계 내적 거울이 아니라 창조주의 시선에 의거하여 사회와 피조물이 지닌 모든 위기의 존재양식을 선명하게 드러내주는 파괴적인 거울이다. 즉 기독교의 죄는 현실세계를 '영원의 관점에서'(sub spe-cie aeternitatis) 조명할 때 피조물이 감지하는 그 자신의 한계상황에 대한 자각이다.

이 점에서 죄는 인간의 산물이나, 죄를 밝히 드러내는 그 빛은 사회 안에 거하지 않는다. 이것이 피조물과 창조주 사이의 역설의 관계이다. 그리고 이 둘은 비대칭적이다. 그러므로 기독교의 죄는 분명 세상의 현실성을 반영하면서 출현하지만, 정의감으로 죄의 무게를 측량하는 정의의 여신인 디케(Dike)의 저울의 평형에 어떠한 영향도 끼치지 못한다. 그 죄는 세상에서 출현했지만 순수하게 세상 안에서 증명되거나, 세상 안으로 환원되지 않는 세상의 미증유로서의 죄이다.

사회체계의 탈분화와 죄

각각의 사회적 관찰의 사각지대를 넘어선 거울을 통하여 죄의 메시지를 얻게 된다면, 그것은 우리 사회에 어떠한 의미를 지니는 것일까. 이러한 죄는 현실세계를 궁극적인 시선을 통하여 바라보게 하기 때문에, 기독교의 죄의 시선 속에서 사회의 한계가 폭로된다. 그러므로 그것은 많은 경우 사회체제를 위협하는 요소로 드러날 것이다. 왜냐하면 기독교의 죄 인식은 분명 사회의 경계와 사회적 질료를 터치하지만 사회 자신이 체계 내적으로 해석하지 못하는 미궁의 형상이기 때문이다. 죄의 인식은 사회의 질료로 환원되지 않은 미증유의 형상과도 같다.

사회체계를 향한 죄 코드의 종교적 생성과 메시지의 전달은 결코 사회적 체계로 환원될 수 없기에 사회적 기능의 차원에서는 이질적이며 불편한 것들이다. 이러한 점에서 기독교는 궁극적으로 사회의 전복을 꿈꾼다. 이러한 종교적 시선은 사회적 체계 내부에서 미래를 향한 명시적 방향에 상응하는 암시적 방향이다. 그러므로 종교적 시선에 기반을 둔 죄의 메시지에는 사회의 장밋빛 미래를 약속하는 명시적 증빙자료를 제출하지 않는다. 오히려 종교적 시선은 사회의 체계 내적 원리의 변화와 교정을 암시적으로 요구한다.

사회 전체를 문제 삼고 터치하는 종교적 죄 담론의 형성에 대한 사회적 폄하, 혹은 분화된 현대사회에서 이질적으로 여겨지는 종교적 시선을 문화적 담론과 연결하거나 해체하려는 작업은 기독교 죄 담론의 핵심 동기와 그 긍정적 가치를 훼손할 우려가 있다. 기독교 죄 담론으로 인하여 발현되는 사회적 우울은 그 사회의 진보를 저해하는 부적절한 징후가 결코 아니기 때문이다.

죄의 사회적 의미

(1) 창조주 하나님은 사랑이시다(「요한1서」 4,8). 하나님은 사랑이므로, 인간이 사랑하는 삶을 살지 않는 것은 사회적으로는 무죄일지라도 기독교적으로는 유죄이다. 사랑하지 않는 사람은 하나님을 모르는 존재이다. 하나님을 모르는 것이 기독교의 죄이다. 사랑이 없는 삶은 그러므로 창조주의 본성을 거스르는 죄의 삶이다. 우리의 죄가 깊은 곳에

하나님의 은혜도 깊다(「로마서」 5,20). 하나님의 사랑의 온전한 체현이 매우 어렵지만, 동시에 우리를 감싼 죄의 쇠사슬을 끊으려 하는 해방의 열망이 구원을 여는 은총임을 성서는 역설적으로 말하고 있다. 우리의 죄의 감각은 선취된 은총이다.

(2) 기독교의 죄론은 사회체계의 분화를 촉진하는 내재적 아우토포에시스와 관련되기보다는 사회체계 전체의 전망과 해방을 새로운 방식으로 촉발하는 소위 창발적 케노시스와 관련된 담론이다. 죄의 인식은 재귀준거를 파괴하고 사회의 탈분화와 해체를 촉진하기에 미증유의 요소이다. 그러나 그것은 세상의 상태를 변화시킨다.

(3) 기독교의 죄 인식과 극복의 노력이 사회체계라는 블랙박스를 통하여 어떻게 사회적으로 구체화되는가에 관한 명료한 감각이 요구된다. 개인에게는 정당한 판단이지만, 개별적 판단이 사회적으로 구현되었을 때 예상하지 못한 오류를 산출할 수 있는 '조합의 오류'(fallacy of composition)를 우리는 상기해야 한다.

(4) 우리의 죄를 우리 자신이 감지하지 못하는 무지(無知)는 큰 죄이다. 우리의 죄를 알면서도 죄의 현실성을 넘어 몸으로 사랑하지 않는 무행(無行) 또한 큰 죄이다. 우리는 우리의 생명이 다할 때까지 주님이 가르쳐주신 죄와 용서의 기도를 묵상하며 죄의 현실성을 넘어 하나님의 은총을 소망해야 할 것이다: "우리가 우리에게 죄 지은 자를 사하여 준 것같이 우리 죄를 사하여 주옵시고."(「마태복음」 6,12).

전철은 본 연구소 선임연구원이고, 한신대학교와 한신대 신학대학원 외래교수로 활동하고 있으며, 알프레드 노스 화이트헤드, 니클라스 루만의 시스템이론을 관점을 바탕으로 한 조직신학적 구성에 관하여 연구하고 있다. 저서로는 *Kreativität und Relativität der Welt beim frühen Whitehead* (Neukirchen-Vluyn: Neukirchener Verlag, 2010)가 있으며 *Gottes Geist und menschlicher Geist* (Leipzig: Evangelische Verlagsanstalt, 2013)를 비롯한 다수의 공저와 논문이 있다.

비블리오드라마의
교육적 가능성에 대한 고찰

손성현

"실천의 위엄은 이론에 의존하지 않는다.

실천은 이론과 함께함으로써

더욱 의식적인 실천이 될 뿐이다."[1]

들어가는 말

유럽과 미국에서 중요한 성서 연구 방법의 하나로 주목 받아온 비블리
오드라마가 최근 한국 교회에서도 적극적인 관심과 참여, 나아가 활발
한 학문적 토론의 대상이 되고 있다. '한국비블리오드라마협회'는 현재
비블리오드라마의 대중화를 위해 다양한 형태의 비블리오드라마 워크
숍을 열어 진행하고 있으며 교사 대학, 교회 청년부 프로그램, 대학
내 프로그램 등에 직접 찾아가 비블리오드라마를 소개, 보급하고 있
다.[2] 비블리오드라마의 이론과 실제를 다루고 있는 외국의 주요 저술

---

1) F. Schleiermacher, Pädagogische Schriften I. *Die Vorlesungen aus dem Jahre 1826*
   (Ullstein, 1983), 11.
2) '한국비블리오드라마협회'의 보도에 따르면, 우리나라에 비블리오드라마가 소개된 것
   은 2000년부터다. 이때부터 비블리오드라마는 한동대, 안양대를 비롯하여 많은 학교에

이 번역되고 있고,3) 여러 편의 논문이 발표되고 있으며,4) 비블리오드라마의 요소를 적극 활용한 성경 공부 교재가 발간되기도 했다.5) 이제는 기독교 교육 개론서에서도 비블리오드라마가 기독교/교회 교육의 여러 방법 중에서 하나의 독자적인 방법으로 소개되기에 이르렀다.6) 본격적으로 한국에 알려진지는 불과 십 년밖에 되지 않은 비블리오드라마가 바야흐로 전성시대를 맞은 것일까?

이 논문은 비블리오드라마와 관련하여 지금까지 발표된 자료를 토대로, 비블리오드라마의 필요성과 가능성을 기독교/교회 교육적 견지에서 조명하려는 시도이다. 물론 비블리오드라마에 대한 관측은 다양한 지점에서 가능하다. 그 시점에 따라 비블리오드라마의 다양한 유형이 도출되기도 한다. 그러나 현재 한국(교회)의 상황에서 교육과 관련된 문제의식 및 위기의식은 다른 어떤 것보다도 비블리오드라마의 교육적 가치에 우리의 일차적인 관심이 머무르게 하고 있다. 과연 비블리

서 새롭고도 역동적인 성서 연구 방법으로 부각되기 시작했다.

3) 대표적인 저술로는 비욘 크론도퍼(Björn Krondorfer) 엮음,『비블리오드라마』(원제: *Body and Bible*), 황헌영 김세준 옮김, 창지사 2008/²2010. 게르하르트 마르셀 마르틴 (Gerhard Marcel Martin) 지음,『몸으로 읽는 성서 ― 비블리오드라마』(원제: *Sachbuch Bibliodrama - Praxis und Theorie*), 손성현 옮김 (라피스, 2010).

4) 예컨대 한국사이코드라마/소시오드라마학회 학회지에 발표된 김현희(2008), 김희영 (2008), 김세준(2009)의 논문과 기독교학문연구회의 학회지『신앙과 학문』에 발표된 추태화(2008)의 논문.

5) 『어린이 LTC』, SM 목회연구소 2008. 이 교재는 "형성", "상상력", "이야기", "미적 감성", "목적과 의도의 유동성"을 중요한 요소로 전제하는데, 그 모든 요소를 만족시키는 것이 바로 "비블리오드라마 방법론"이라고 밝히고 있다. "비블리오드라마는 성서의 한 이야기를 극으로 재행위화합니다. 그리고 성서인물의 역할을 담당합니다. 성서의 이야기는 살아 움직이는 이야기가 됩니다. 그러면서 우리는 이야기의 한가운데 놓이게 됩니다. 더 이상 객관적인 입장으로 성서의 이야기를 대하지 않습니다. 내가 곧 이야기의 주인공이 됩니다. 『어린이 LTC』는 가능한 한, 성서의 이야기와 내가 동일시되는 '비블리오드라마' 방식을 사용하여 집필하였습니다."(위의 책, 교사용 6-8)

6) 정일웅,『교회교육학』(범지사, 2008), 304-306.

오드라마에 대한 수요는 한국 교회 교육의 현실과 어떤 관계가 있는가?(I) 비블리오드라마에는 얼마나 다양한 유형이 존재하며, 그 다양성을 하나로 묶는 공통분모는 어떤 것인가?(II) 비블리오드라마의 교육적 가능성과 그 한계는 무엇인가?(III, IV) 이 물음에 대한 대답을 시도하는 가운데 비블리오드라마의 윤곽을 그려보고, 끝으로 이런 비블리오드라마를 하나의 '방법'으로 이해하는 것의 타당성을 묻고자 한다.

한국 교회의 교육에 대한 비판적 진단과 비블리오드라마

지금까지 한국에서 비블리오드라마를 소개하는 글들은 하나같이 한국 교회의 교육 문제를 먼저 짚고 넘어간다. 기존의 교회 교육이 맞닥뜨린 위기의 상황을 비판적으로 진단한 뒤 여기에 대한 해결책, 혹은 대안으로 비블리오드라마를 제안하는 것이다. 비록 정확한 경험적 연구나 통계에 근거한 분석보다는 다분히 직관적이고 선언적인 형태로 모호하고 일반적인 대상("한국 교회의 교육")을 겨냥한 비판들이 대부분이지만, 과거 자신이 받아왔던 교회 교육을 회상하거나 현재 교회 교육의 장에서 직접 일하면서 그 분위기를 나름 경험하고 있는 이들에게는 피부로 다가올 만한 내용들이다. 과연 어떤 비판인가?

지금 여기를 사는 인간과 과거의 전통 사이의 역동적인 의사소통은 우리가 '교육'이라고 부르는 과정의 요체다(1). 나아가 교육은 과거의 전통 앞에서 이 시대의 사람들이 서로 의사소통하는 것을 포함한다(2). 또한, 이미 그 전통을 접한 기성세대와 지금, 혹은 나중에 그 전통을 배우는 성장세대 사이의 의사소통이 교육의 가장 흔한 양태다(3). 먼

옛날 기록된 성서의 본문을 가장 중요한 전통으로 여기는 기독교 교육의 경우도 마찬가지다. 교회 교육이 위기에 직면했다는 진단은 바로 이러한 '관계' 속의 교육이 원활하게 이루어지지 않고 있음을 의미한다. 비블리오드라마 지지자들도 그런 문제를 지적하고 있다.

첫째, 전승된 텍스트인 성서와 현대 한국 교회의 젊은 세대 사이의 멀어짐이다. "위기현상의 본질은 현 교회교육의 주된 언어, 즉 성경의 언어가 오늘의 젊은이 세대들에게 낯선 언어가 되어가고 있다는 점에 있다. ··· 무엇보다도 오늘의 청소년들에게 뚜렷하게 나타나는 현상은 그들에게 성경의 '언어성'이 사라져가고 있다는 점, 다시 말해서 성경의 언어가 오늘날 청소년들의 언어에 너무 멀리 위치하고 있다는 것이다. 비디오적 감각에 익숙해져 있는 오늘의 젊은 세대들에게 성경의 선포적 언어 자체가 낯설고 받아들이기 힘들다. 심지어 기독 청소년들에게조차 성경은 친숙한 책이 아님이 뚜렷해지고 있다."(고원석, 2010: 234-235) 학생은 성서의 이야기를 고리타분한 옛날 얘기라 생각하고 여간해서는 관심을 보이지 않는다. 성서 이야기가 학생의 삶에 잘 와 닿지 않는다. 성서의 세계와 학생의 세계는 전혀 다른 차원의 세계가 되어버린 교회 교육의 풍경이다.

둘째, 교회에 모여 성서를 배우는 젊은이들이 상호 소통하지 못하고 개별화되는 현실이다. "현대인들은 고도로 발달된 과학, 기술 문명 속에 심각한 인간 소외를 경험하며 살아가고 있다. 교회 현장 역시 입으로는 서로 사랑을 말하고 있지만, 그 내면을 들여다보면 교회 안 어느 누구에게도 자신의 고민거리를 쉽사리 떨어놓지 못하는 것이 현실이다."(김현희, 2008: 66) 성서를 배운다고는 하지만 함께 배우는 사람들과의 상호작용이 없는, 그래서 공동체성이 느껴지지 않는 현실이라는 것이다.

셋째, 교육자로 대표되는 기성세대와 성장세대 학습자 사이의 소통 불량의 문제다. "교육자의 일방적 강연에 따른 주입식 교육"(황현영, 2008: 220)의 문제, 학습자는 "피동적인 교육 대상으로 남는"(추태화, 2008: 192) 문제가 지적됐다. 성서를 가르치는 사람은 자기의 지식을 거의 일방적으로 배우는 사람에게 쏟아 붓는다. 그 가르침에 대한 비판적 물음이나 문제제기는 별로 환영받지 못한다. 성서 해석의 주도권을 쥐고 앞에 서 있는 사람의 말을 대다수의 사람들이 수동적으로 듣기만 하는 교육 메커니즘은 학습자의 창의적 참여를 봉쇄할 뿐만 아니라, 가르치는 이 스스로가 배우는 이들과 함께, 그리고 서로서로 공부하면서 진리의 공동체를 맛볼 수 있는 가능성을 협소하게 만든다. 파커 팔머(P. Palmer)가 지향하는바 "교사 중심도 아니고 학생 중심도 아닌, 주제 중심"이 되는 교육, "교사와 학생이 위대한 사물을 집중적으로 파고드는" 교육, "진리의 커뮤니티"를 형성하는 교육(팔머, 2000: 199)은 오늘 우리의 교회 교육 현실에서 너무나 요원해 보이는 것이다.

그런데, 이렇게 '전통'과 '학생'과 '교사' 사이의 연결성 약화에서 오는 교육적 문제보다도 더욱 예민하게 감지된 문제가 있었으니 그것은 '머리'와 '입'만 강조되는 지적인 교육 방법, 언어적 교육 방법의 폐단이었다. "특별히 교회 교육의 현장에서 초중고생들의 경우 성경은 지루하고 딱딱한 설교나 강연의 원천이라는 고정관념의 틀을 쉽게 깨지 못하고 성경을 친숙하게 여기지 않는 경향이 있는데 이는 참으로 안타까운 현실이 아닐 수 없다. … 딱딱한 논리와 객관적 진리 전달이라는 엄격한 틀을 세우는 '머리' 위주의 인지적 성경 전달의 방법을 뛰어넘어 온 '몸'으로 자유롭게 성경을 체험하는 성경 공부 방법은 없을까?"(황헌영,

2008: 219) "전통적인 성경학습의 경우 늘 교실과 책상으로 구조화된 정적인 상황에서 구두적인 언어에만 의존했지 신체적인 의사소통은 늘 무시되었다."(고원석, 2010: 248)

　　물론, 지금까지 열거한 문제는 비단 한국의 교회 교육에서만 문제로 지적되는 것도 아니고, 또 모든 교회의 문제로 일반화할 수 있는 것도 아니다. 객관적이고 검증 가능한 자료에 근거한 것도 아니다. 그러나 그런 문제의 조짐을 감지하고, 그 문제의 해법을 찾고자 고심하는 한국 교회의 교육 활동가들이 있었고, 그들 가운데 일부가 비블리오드라마를 '하나'의 중요한 대안으로 여기게 되었으며, 거기에 머무르지 않고 직접 비블리오드라마를 교육의 장에 도입하기 시작했다는 사실만큼은 부인할 수 없다(김창호, 2001: 163-167). 이들은 비블리오드라마를 통해 '성서'와 '학생', '학생'과 '학생', '교사'와 '학생' 사이에 소통이 일어나고, 머리와 입으로만 하는 교육이 아니라 '전 존재'가 참여하는 교육의 사건이 일어나기를 기대하고 있다. 그 기대가 실현될 수 있는 가능성에 관해 살피기에 앞서 몇 가지 짚고 넘어가야 할 물음이 있다. 도대체 비블리오드라마의 실체는 무엇인가? 비블리오드라마에 대한 명확한 정의는 있는가? 구체적으로 비블리오드라마는 어떻게 진행되는가?

비블리오드라마의 다양성과 통일성

비블리오드라마를 정의하고, 그것의 진행 과정을 설명하고, 그것의 중요한 특징을 언급할 때 한 가지 전제해야 할 것이 있다. 그것은 하나의 유일한 비블리오드라마(The Bibliodrama)가 있는 것이 아니라 다양한 비블리오드라마'들'이 있다는 사실이다(Aldebert, [2]2006: 157). 학

자들 중에는 '유럽', 특히 '독일'의 비블리오드라마와 '미국' 비블리오드
라마의 차이를 구별하는 경우도 있다.[7] 그러나 좀 더 일반적으로는
주창자 혹은 진행자의 핵심 강조점에 따라 성서 본문 중심의 비블리오
드라마, 놀이와 미적인 교육을 더 중시하는 비블리오드라마, 치유 중심
의 비블리오드라마 등으로 나뉜다(Aldebert, [2]2006, 157). 물론 이러
한 차이는 비블리오드라마가 공유하고 있는 특징들 때문에 언제라도
허물어질 수 있는 경계선과 같다. 일단 이런 다양성을 전제로 하면서 이후
의 진술 또한 '규정적인 것'이 아니라 '표본적인 것'임을 미리 밝힌다.

비블리오드라마의 대표적 이론가, 실천가 가운데 한 사람인 마르틴
은 비블리오드라마를 다음과 같이 포괄적으로 정의한다. "비블리오드
라마는 한 명 혹은 다수의 비블리오드라마 지도자의 안내를 받아, 12명
에서 최대 18명의 참가자가 성서 본문과 상호작용을 일으키는 열린
프로그램이다. 비블리오드라마는 경험 지향적이면서 동시에 텍스트
지향적이다. 나 자신의 경험이 성서의 경험과 만나는 것이다. 성서의
이야기, 상황, 인물, 기도, 명상, 가르침 속에 생생하게 살아 있는 경험,
때로는 일그러져 있거나 아예 묻혀 있는 경험과 나의 경험이 만나는
것이다. 우리는 성서 안에서, 혹은 성서와 마주할 때 어떤 당혹스러움,
감정의 차단, 소망의 투영 등을 느낀다. 비블리오드라마는 그런 느낌을
의식의 영역으로 끌어올리는 과정이며, 그것을 통해 자유와 생명의 잠

---

7) "독일을 비롯한 유럽의 경우, 성경 본문에 대한 보다 깊이 있는 이해와 교육을 주목적으
로 한다면 미국의 비블리오드라마는 성경의 이야기를 통해 치유를 겸한 기독교교육의
방법으로 사용하고 있다."(황헌영, 2008: 226) 그러나 필자가 보기에 이러한 구분은
일반화의 위험성이 있을 뿐만 아니라, "성경에 대한 깊이 있는 이해와 교육"과 "성경
이야기를 통한 치유"를 엄격하게 분리하는 듯한 인상을 줄 수 있으므로 그리 추천할
만한 구분은 아니다.

재력을 발견하는 과정이다."(Martin, ²2001: 9). 다른 학자들의 정의(예컨대 Pohl-Patalong, 2005: 300)도 마르틴의 정의를 크게 벗어나지 않는다. 다만 "성서의 이야기를 드라마로 체현(enactment)하는 것"이라는 크론도퍼(2008a: 14)의 짧은 정의는 마르틴이 말하는 "상호작용"이라든지 "만남"이 주로 몸의 움직임을 통해 드라마적으로 나타난다는 점을 분명히 해준다.

비블리오드라마가 구체적으로 진행되는 단계와 관련해서도 다양성 속의 통일성 같은 것이 드러난다. 여기서도 마르틴의 제안이 영향력 있는 하나의 범례로 제시된다. "비블리오드라마에서는 세 단계가 필수적이다. 맨 처음에는 몸으로 하는 작업이 있다. 그 다음은 창조적인 작업의 단계다. 이것은 대개 실제적인 재현의 단계인데, 외적인 무대 혹은 내적인 무대(상상의 무대) 위에서 실제로 놀아보는 단계다. 그 다음은 대화의 단계로서 해당 비블리오드라마의 토대가 되었던 텍스트를 이해하는 데 초점을 맞춘 대화를 할 수도 있고, 비블리오드라마 과정에서 집단 전체가 경험한 것이나 어떤 개인이 경험한 것에 대한 대화가 될 수도 있다."(Martin, ²2001: 10). 이렇듯 워밍업 혹은 '몸으로 하는 작업'(Körperarbeit)과 '창조적인 실연(實演)의 단계'와 '성찰적 대화'로 이어지는 삼중구조가 한 편의 비블리오드라마 과정을 형성한다.8)

비블리오드라마의 세 단계를 좀 더 생생하게 그려볼 수 있도록 한

---

8) 현재 독일 비블리오드라마의 중요한 이론가 가운데 하나인 알데베르트(H. Aldebert)는 빌레펠트 비블리오드라마 모델을 기초로 드라마의 단계를 다섯 단계로 세분한다 (Aldebert, ²2006, 160-174). "마음 열기와 몸으로 느끼기", "만남과 자기 자리 찾기", "본문 속 인물(어떤 대상)과 동일시하기와 되묻기", "심화하기와 실연하기", "평가와 이별"이 그것이다. 그러나 이것도 '몸 운동' – '창조적 실제 연기' – '성찰과 나눔'의 삼중 구조를 크게 벗어나지 않는다.

가지 사례를 소개하려고 한다.9) 대학생으로 구성된 참가자들은 먼저
약 30분가량 몸 풀기를 한다. 경직된 생각이 유연해지고, 자기의 감정
을 몸의 언어를 비롯하여 다양한 언어로 자연스럽게 풀기 위해서는
몸부터 유연하게 하는 작업이 필요하기 때문이다. 가벼운 스트레칭,
호흡 훈련, 안면 근육 풀기 등을 통해 몸과 맘의 긴장을 풀어준다. 이런
몸 풀기는 직간접적으로 성서 텍스트와 연관된 것일 수도 있고 이로써
그 본문에 진입하기 위한 "콘텍스트"로 작용하기도 한다.「창세기」29
장 16~30절의 이야기를 비블리오드라마로 펼친다. 참가자들이 성서
본문을 집중해서 읽은 뒤 둘씩, 셋씩 짝을 지어 약 5분가량의 준비 대화
를 거친 후 본문의 이야기를 연기해본다. 각각 라반, 야곱, 레아, 라헬
중에서 하나의 역할을 골라 즉흥적으로 드라마를 만든다. 다음은 라헬
과 레아를 맡았던 두 여대생의 대화다. 야곱이 라헬과 결혼한 것으로
알고 초야를 치렀는데 "아침이 되어서 눈을 떠보니, 레아가 아닌가!"
(「창세기」29,25) 야곱이 삼촌 라반에게 따지고 있을 때, 라헬과 레아
사이에 오고 간 대화의 한 부분이다.

> 라헬: 어떻게 언니가 나한테 이럴 수 있어? 내가 얼마나 잘했는데, 언니에
> 게…. 나와 야곱의 사이를 알면서 그럴 수 있어?
> 레아: 그래, 넌 바로 그게 문제야. 왜 넌 너의 입장만 생각하니? 너의 눈엔
> 난 항상 안 보였어!
> 라헬: 그게 무슨 소리야 언니….
> 레아: 나도 야곱을 좋아했어, 근데 넌 너의 사랑만 기억하지. 내 사랑은

---

9) 이것은 감리교여성지도력개발원에서 주최한 "연극으로 성서읽기" 워크숍 네 번째 시간
(2009년 4월 14일)에 필자가 직접 참여하면서 경험한 것을 기록한 것이다.

모르겠니?

라헬: 언니… 언니가 어떻게 그래. 난 항상 언니에게 양보하고, 예전부터 언니를 위해 포기한 것도 많아. 근데 야곱까지 내가 포기해야 돼?

레아: 내가 포기한 건 생각 안 나니? 사람들은 항상 예쁘게 생긴 널 기억했어. 그럴 때마다 내가 받은 상처… 네가 알기나 해? 나도 수없이 포기해야 했다고…. 근데 넌 너의 입장에서만 생각하지. 야곱도 너보다 내가 먼저 좋아한 것일 수도 있어! 처음부터 내 남자인데!

라헬: 언니!! 그래도 야곱은 나를 사랑하고 있다고!

레아: 사랑은… 움직이는 거야!

(레아와 라헬, 헤어지듯 서로 다른 방향을 보면서 독백)

라헬: 난 정말 언니가 이렇게 생각하는 줄 몰랐어. 한 번도 언니 입장에 대해서 이렇게 생각해본 적이 없는데…. 그래도 그렇지, 어떻게 언니가 나에게 이럴 수 있지? 우린 가족이잖아!

레아: 라헬에게 이렇게까지 상처를 주며 야곱을 택했는데…. 그래, 사랑은 움직이는 거야! 결혼해서 야곱과 행복하게 살면 되는 거야…. 이렇게까지 했는데… 야곱이 과연 나를 사랑해줄까?

이 짧은 즉흥극은 모든 참가자들에게 큰 공감을 불러일으켰다. 다른 참가자들의 즉흥극도 모두 본 뒤 성찰의 시간을 마련한다. 두 학생들이 다음과 같은 자기 고백을 내놓았다.

레아: 처음에는 그저 레아에게 몰입을 하면서 레아를 연기하는 것이 중요

하다고 생각했다. 그러나 점점 내가 레아가 되어갔다. 내 생각이 레아와 연결되면서 나는 성서에서 예쁜 라헬이 야곱과 결혼을 못한 사건을 다시 읽게 되었다. 못생긴 레아 언니 때문에 결혼을 늦게 하게 된 라헬! 나는 레아를 연기하면서 레아의 입장을 여러 각도에서 생각해보게 되었다. 화내는 라헬의 모습 앞에서, 여태껏 너무나 서럽게 살아왔던 레아를 나타냈고, 마지막으로 내가 갖고 싶던 야곱, 그 사람을 갖고자 욕심을 내면서도 왠지 불안한 그 심리를 독백으로 나타냈다. 지금은 잘 기억이 나지 않지만, 한 가지 확실히 경험한 것은, 이 이야기가 남의 이야기가 되지 않는다는 사실이다. 내가 연기를 잘하느냐 못하느냐는 뒷전이고, 내가 레아가 되어 단순히 성서 속이 아니라 내 앞에 있는 라헬에게 내 입장을 이야기한다. 동생인 라헬에게 늘 열등감을 느끼며 살아왔던 레아의 마음을 들여다볼 수 있었다. 독백을 활용한 비블리오드라마를 통해서 아주 색다르게 성서 속 주인공이 돼 볼 수 있었다.

라헬: 라헬의 역할을 맡아서 드라마를 하면서 레아에게 굉장히 미안한 마음이 들었다. 레아의 모든 것을 빼앗았던 것 같아 미안하면서도 내 것을 빼앗기기 싫어하는 느낌을 가졌다. 한 대사 한 대사를 통해 라헬 스스로를 변호하면서도 레아에게 무척이나 미안한 마음이 들었다. 연극을 하면서 내가 진짜 라헬이 된 것 같았던 느낌이 이러한 마음을 불러일으킨 것 같았다.

이 사례를 통해서 우리는 비블리오드라마의 핵심적인 특징 가운데 하나를 실감하게 되는데, 그것은 바로 '즉흥성'과 '일회성'이다. 이것은, 정해진 대본을 기초로 함께 연습하여 무대 위에 올리는 성극과 완전히 대비되는 비블리오드라마의 특징이며, 비블리오드라마의 교육적 가능성과 한계를 평가하는 열쇠 개념이기도 하다. "비블리오드라마와 학문적 성서 설화 연구 및 주일 설교와의 차이점은 드라마 참여자들이 이야기 안으로 뛰어 들어가는 즉흥성과 즉시성에 있다. 성서의 이야기가 오늘날 우리의 삶에 연계되는 것은 이성이나 믿음만으로 되는 것은 아니다. 오히려 그 이야기들을 창의적으로 놀이식으로 재사유화(re-appropriation)하는 데서 가능해진다."(크론도퍼, 2008a: 18).

비블리오드라마의 교육적 가능성

미학적 차원: 온 몸으로 경험하고 표현하는 창조적인 배움
마르틴을 비롯한 대표적인 비블리오드라마 이론가들은 연극에 관한 담론이 비블리오드라마의 발전에 중대한 영향을 끼쳤다는 사실을 지적한다(Martin, ²2001: 13-24; 크론도퍼, 2008b: 55-66).10) 비블리오-'드라마'라는 명칭 자체에서 드러나듯이 여기서 연극적 요소는 결정적인 역할을 한다. 일반적으로 연극이 그렇듯이, 비블리오드라마의 공간과 시간에서도 음악적인 요소와 미술적인 요소가 적극 활용되기 때문에 언뜻 보기에도 비블리오드라마는 미적(美的) 특성을 가지고 있다. 그런데 비블리오드라마를 통한 교육은 단순히 '아름다움'에 관한 이론으로서 '미학'이 아니라—더 근본적으로—인간의 모든 감각이 일차적으로 이 세상을 경험하는 순간에 일어나는 변화에 대한 성찰로서

---

10) 마르틴은 폴란드 출신의 연극인 에르지 그로토프스키(Jerzy Grotowski)와 영국의 연출가 피터 브룩(Peter Brook)의 활약을 언급하고 있다(Martin, ²2001: 13-24). 두 연극인에 대한 개략적인 설명으로는 김미혜, 『20세기의 위대한 연극인들』(살림출판사, 2005), 63-66, 79-83 참조.

의 미학적 차원을 다루게 된다. 독일의 가톨릭 신학자 비터(Gottfried Bitter)에 따르면, 본래 '감각을 통한 지각'을 뜻하는 그리스어 '아이스테시스'(aísthesis)에서 유래한 미학(Ästhetik, aesthetics)의 차원을 고려한 교육은 첫째, 몸의 감각을 활용하고 훈련함으로써 배우는 '감각 교육'(Sinnenbildung)의 성격을 지닌다. 둘째, '아름다움에 관한 학문'으로서의 '미학' 전통을 받아들여 예술을 통한, 그리고 예술을 위한 교육으로 나아가는 '예술 교육'(Kunstbildung)이 될 수 있다. 여기서 한 걸음 더 나아가, 미학을 좀 더 포괄적으로 이해하여 "이 세상에 대한 태도의 방식"으로 볼 수 있다. 그러면 미학적 교육이란 "감각을 적극 동원하고, 주체를 중시하면서도 타인의 타자성을 찾고, 발견하고, 느끼고, 인정하는 '통전적 교육'(integrale Bildung)이다"(Bitter, 2002: 233-234). 여기서 중요한 것은 이러한 교육 과정이 '몸'(의 모든 감각)을 통한 경험과 표현을 지향한다는 것이며, 비블리오드라마는 이러한 감각 교육과 예술 교육과 통전적 교육의 요소를 두루 활용하고 성찰하는 데 적합한 교육적 실천이라는 점에서 '미학적 차원'을 확보하고 있다.

비블리오드라마는 성서의 이야기를 머리로 이해하고 입으로 설명하거나 토론하는 '인지적 차원'을 잠시 접고, 몸을 총체적으로 사용하여 그 이야기에 다가서려고 한다. 우리말로도 번역된 입문서 『비블리오드라마』(크론도퍼 편집)의 원 제목이 "몸과 성서"(*Body and Bible*)인 것은 결코 우연이 아니다. 라우클리는 성서의 본문을 인지적으로만 파악하고 설명하려는 방식을 "선형적(linear) 인식론"이라고 꼬집는다. 이것은 본문 속의 침묵, 무의식의 작용, 몸의 언어를 결코 포착할 수 없다(라우클리, 2008: 78-88). 그러나 비블리오드라마는 이성적 성찰에만 매이지 않고, 본문이 주는 다양한 몸의 반응, 몸을 통한 표현 등에 집중하면서 다각적인 방식으로 자기 자신을 '감지'(感知, wahrnehmen)할 수 있게 하는 전인적인(ganzheitlich) 실천이다. 바로 이것이 비블리오드라마의 미학적인 차원을 구성한다. 알데베르트는 이런 미학적인 성격에서 가장 중요한 요소로 "느리게 하기"(Verlangsamung)와 자기 안에 있는 "감지 능력(Wahrnehmungsfähigkeit)을 섬세하게 구분하여 의식하기"를 들고 있다(Aldebert, [2]2006: 159). 비블리오드라마로 한 본문을 다루게 되면, 그 본문을 눈과 머리로 그냥 훑고 지나가는 것이 불가능해진다. 자기 몸으로 표현하는 과정, 그리고 다른 사람의 표현에 집중하는 과정은 필연적으로 본문을 천천히 곱씹어 읽게 만드는 것이다. 그러면서 자기가 어떤 이야기를 듣거나 표현할 때 나타나는 신체적 기호들을 자각하고 그것들을 새롭게 계발하는 계기가 발생하는 것은 비블리오드라마의 '미학적 차원'에 속한다.

윤리적 차원: 상호작용 속에서 타자를 발견하는 교육

기독교 교육도 다른 교육의 분야와 마찬가지로 '윤리적 차원'을 내포한다. 인간의 공동생활에 규범을 제시하는 도덕적 명령에 대한 성찰을 뜻하는 '윤리'의 요소가 비블리오드라마를 통한 교육의 장에서는 어떻게 구체화될 수 있는가? 세속화에 이은 다원화 시대를 살아가는 현대인들이 맞닥뜨리는 복잡다단한 윤리적 문제를 제대로 인식하고, 그에 대한 자신의 입장을 정립하고, 나아가 그 입장을 다른 입장을 가진 이들과 대화하면서 인간적인 해법을 찾아가도록 돕는 것이 윤리 교육의 과제다. 자라나는 학생들의 경우는 윤리적인 판단 능력과 책임적인 존재로 살아갈 수 있는 능력을 계발하도록 돕는 것이 윤리 교육의 핵심 목표라고 할 수 있다(Adam/Schweitzer, 1996: 36-37). 과연 비블리오드라마는 이런 윤리적 차원의 교육에 어떤 기여를 할 수 있는가?

비블리오드라마는 윤리 교육의 다양한 주제, 예컨대 공공 윤리, 성윤리, 직업윤리, 생명 윤리, 환경 윤리, 노동 윤리 등을 직접적으로 다루는 데 적합한 장이 아닐 수 있다. 그것은 이런 윤리적 주제의 본질을 인지하고 그에 대한 태도를 결정하는 일이 매우 인지적인 수고를 필요로 한다는 점 때문이기도 하고, 어떤 윤리적 실천을 요구하는 방식이 다소간 '명령'이라든지 '요구'의 성격을 띠게 마련인데 이것이 '자발성'을 중시하는 비블리오드라마의 역동성과는 어울리지 않기 때문이기도 하다. 그러나 필자가 보기에 적어도 암시적이고, 간접적인 측면에서는 비블리오드라마를 통한 교육이 지니고 있는 윤리적 함의는 충분하다.

비블리오드라마는 교사가 학생들에게 일방적으로 지식을 전달하는 교육이 아니라, 함께 배워야 할 대상을 중심으로 학생들끼리 상호소통이 이루어지는 배움의 공동체를 만들어가기에 적합한 틀이다. "비블리오드라마는 집단이 함께 이루는 작품이다. 역할을 맡은 주인공이나 보조 출연자들만이 드라마를 만들어가는 것이 아니라 다른 참여자들 역시 드라마를 지켜보고 때로는 주인공의 더블(double: 주인공을 동일시한 후 그의 내면세계를 대신 말해주는 사람)로 참여하여 드라마를 함께 만들어간다. 그렇기 때문에 집단 간에 상호작용은 매우 활발히 일어난다. 또한 드라마를 통해 자신의 고통과 아픔을 서로가 나누고 공유하기 때문에 집단 간의 결속력은 매우 굳건해진다."(김희영, 2008: 66) 비블리오드라마에서 일어나는 다양한 '상호작용'(Interaktion)은 한 집단 내에서 타자의 존재를 소중한 것으로 감지할 수 있게 만든다. 나와는 다르다고 생각했던 사람들에게서 내게도 아주 친밀한 경험이나 감정의 표현을 보게 되거나, 나와 비슷하다고 생각했던 사람들이 표현하는 아주 낯선 세계를 발견하면서 신선한 충격을 받게 된다. 이러한 맥락에서, 비블리오드라마의 윤리적 함의를 "타자"와의 관계 속에서 발견한 타이허르트(Wolfgang Teichert)의 주장은 설득력을 얻는다. 그는 엠마누엘 레비나스(Emmanuel Lévinas)의 유명한 명제 "나의 자발성을 타인의 현존으로 문제 삼는 일을 우리는 윤리라 부른다"를 비블리오드라마의 실천에 적용해본다. 일단 비블리오드라마 과정에서 흔히 시도되는 "역할 바꾸기"는 타인의 생각과 입장을 그 어느 때보다 진지하게 받아들일 수 있는 기회를 제공한다. 한 걸음 더 나아가, 나의 나됨이—레비나스의 용어를 빌리자면—타자의 얼굴로 인해 도전을 받게 된다. 여기서 타자는 나와 함께 비블리오드라마에 참여해서 다른 역할을 맡은 사람일 수도 있고, 내가 연기하게 된 성서 속의 타자일 수도 있다. 이런 비블리오드라마 과정을 통해서 우리는 타자의 얼굴, 타자의 음성이 우리의 자아를 뒤흔드는 체험을 할 수 있다. 타자를 외면하거나, 타자를 나와 똑같은 존재로 치부하는 경향에서 벗어날 수 있게 되는 것이다(Teichert, 2001: 104-117).

그러나 타자의 발견은 무조건 자기 입장의 포기, 나의 나됨의 포기로 이어지지는 않는다. 다만 그 입장이 과연 절대적인 것인지 거리를 두고 바라볼 수 있는 능력만큼은 중요하다. "타자를 감지할 수 있는 개방성을 그 특징으로 하는 윤리적 교육의 목표는 '온건한' 배타성 주장(der schwache Exklusivanspruch)이다(Zilleßen, 2001: 485). 비블리오드라마는 이러한 윤리적 차원을 담지하고 있지만, 그것을 명령하거나 요청하는 대신 상호작용을 통해 그 필연성을 구체적으로 체험할 수 있게 되는 것이다.

성서 해석의 차원: 성서 이야기와 삶의 이야기 사이의 쌍방 해명

비블리오드라마를 통한 교육의 '미학적' 차원과 '윤리적' 차원이 풍요롭게 전개될 수 있도록 해주는 터전, 그것은 '성서'다. 비블리오드라마의 교육성 가능성은 다른 어떤 것보다도 창조적 성서 읽기와 성서 해석에서 찾을 수 있다. 세계교회협의회(World Coucil of Churches)의 성서 공부 책임자로 헌신했던 한스 베버(Hans-Ruedi Weber)는 성서 연구에서 비블리오드라마의 가능성을 다음과 같이 설명한 바 있다. "최근에 '성서 드라마'(Biblio-drama)는 성서 연구의 '필수적인' 방법으로 발전되었다. … 극화된 성서 이야기는 연기하는 참가자들의 삶의 이야기와 연관되어 있다. 그들의 삶의 현재 경험은 성서를 해석하는 데 도움을 주고, 성서 해석이 현재의 삶에 도움을 주기도 한다. 극화된 성서 구절은 성서 드라마에서 연기하는 사람들의 근본적인 인간적 물음과 삶의 정황에 새로운 빛을 비춰준다."(베버, 2006: 97-98). 성서 해석이 오늘 우리의 삶에 도움을 준다는 것은 그리스도인이면 누구나 인정하는 바다. 그런데 놀라운 것은, 오늘 우리의 비근한 삶의 경험이 성서 해석에 도움을 줄 수 있다는 사실이다. 베버는 "빛을 비춰준다"는 표현을 쓴다. 우리의 삶이 성서의 세계를 비추고, 거꾸로 성서 본문이 지금 우리의 삶의 자리를 비춰주는 해석적 소통의 상황을 독일의 (기독교)교육학은 "쌍방 해명"(wechselseitige Erschließung)이라 부른다.11) 비블리오드라마는 텍스트와 현재 우리의 상황 사이의 쌍방 해명

---

11) 이 용어는 독일의 교육학자 볼프강 클라프키(Wolfgang Klafki) 이래로 "정신과학적 교육학"의 열쇠 개념 가운데 하나다. 클라프키의 교육 이론(Bildungstheorie)은 1950년대부터 독일어권 교육학에서 큰 영향력을 행사했다. 클라프키는 교육(Bildung)을 대상과 인간 사이의 쌍방 해명(wechselseitige Erschlossenheit)으로 규정한다

을 촉진하는 중요한 성서 연구 방법 가운데 하나다.

성서 이야기를 즉흥 드라마로 풀다보니, 성서에도 인간의 경험이 배어 있음을 느끼게 된다. 성서는 이야기 주인공들의 세세한 감정의 결을 하나하나 설명하지 않고 여백으로 남겨두었는데, 그냥 눈으로 읽거나 남이 읽는 것을 들을 때는 전혀 활용할 필요가 없었던 나의 상상력과 공감의 능력으로 그 여백을 채워야 한다. 이런 훈련이 반복되면, 성서의 이야기는 나와는 너무 먼 옛날의 기록이 아니라 나와 똑같은 인간들의 경험이 투영된 생동감 있는 이야기로 다가온다. 성서 이야기의 주인공에게 감정이입이 일어나고, 그 과정에서 성서의 한 문장이 나의 감정을 건드리는 것도 경험한다. 나와 본문 사이에 공명(共鳴)이 일어난다. 성서 전통과 나 사이에 활발한 의사소통이 일어난다.

그러나 오늘 우리의 경험을 적극 활용하는 성서 해석에 대해 의혹에 찬 시선이 있는 것도 사실이다. 객관적이고 학문적인 방법을 동원하여 성서를 해석하는 사람들의 눈에 비블리오드라마의 경험 지향적 해석은 비학문적이고, 자기감정에만 치우친 자의적 해석(eisgesis)으로 비칠 수도 있다. 비블리오드라마는 기존의 성서 주석(exegesis)이 제기하는 이러한 문제제기를 그냥 무시하고 자기의 길을 걸어가야 할 것인가? 필자가 보기에, 비블리오드라마는 기존의 성서 주석을 대치하는 것이 아니라 그것을 보완하면서 더 깊은 성서 해석으로 나아가는 길을 열어준다는 점에서 탁월한 교육적/성서교수학적 가능성을 함축하고 있다. 그러므로 "비블리오드라마는 성서 주석의 한 방법으로,

---

(Theißen, 2003: 35 참조). 물론 여기서 '교육'으로 번역된 독일어 '빌둥'은 인간의 주체적인 '자기도야'의 과정과 그 결과로 얻어진 '교양'까지 포함하는 포괄적인 개념이다. 우리말로 '도야', '교양', '형성', '교육' 등으로 번역할 수 있다.

참가자의 경험/요구와 문학적-학문적 성서 주석의 규칙을 동시에 존중하는 방법이다. … 비블리오드라마는 놀이와 상상을 통해, 우리의 삶과 결부된 해석 및 성찰을 통해 공시적(synchron) 주석, 즉 최대한 포괄적이고 전인적인 주석을 도모함으로써, 성서 본문을 그것의 생성 시기로부터 이해하는 통시적(diachron) 주석을 보완한다."(Kollmann, 2001: 177). 요컨대 비블리오드라마의 성서 해석은 오늘 우리의 경험의 도움을 받아, 몸으로 성서 본문을 성찰하고 해석하되, 단순히 거기에 머무르지 않고 기존의 (학문적) 성서 주석에 대한 관심으로 나아갈 수 있다.

실제로 필자가 어느 교회의 중고등부에서 인도한 비블리오드라마 과정에서「누가복음」15장 '잃어버린 아들의 비유'를 네 조로 나누어 다양하게 드라마화한 뒤 마무리하는 자리에서 어느 학생(고2)이 도전적인 목소리로 이렇게 물었다. "도대체 이 비유가 의미하는 게 뭐예요?" 필자는 그 물음에 대한 대답으로 기존의 성서 주석이 제시하는 몇 가지 중요한 의미를 설명해줄 수 있었다. 처음부터 그런 주석을—명시적으로든 암묵적으로든—전제하고 시작했다면 그 학생의 자발적인 참여도, 궁금증의 증폭도, 그런 도발적인 질문도 이끌어내지 못했을 것이다.

몇몇 이론가들은 비블리오드라마가 궁극적으로는 성서 본문으로 돌아올 수밖에 없는 과정이라는 것을 강조한다. "다시 성서로!"를 강조하는 까닭은 크게 두 가지로 나뉜다. 하나는 비블리오드라마의 구체적인 과정에 관련된 것이다. 즉, 참가자가 과도한 주관주의로 흐르거나, 인도자가 지나치게 집단의 분위기를 자기 스타일로 이끌어가려고 할 때, 그런 경향을 수정하고 견제할 수 있기 때문이다(Aldebert, 2002: 505). 또 다른 하나는 결코 "닳아 없어지지 않는 성서 본문"에 대한 신뢰야말로 비블리오드라마의 정체성이기 때문이다. 마르틴은 이 점을 거듭 강조한다. "나는 성경을 읽는 독자들의 반응에 대하여 우리가 갖는 관심과 성경 본문과 독자들 사이에서의 교류를 촉진하기 위하여 우리가 취하는 작업들이, 결코 성경 본문에 대한 진정한 관심과 의미부여를 희석시키지 않는다고 생각한다. 비블리오드라마를 통해 성경을 해석하고 전유화하는 경험을 하는 과정에서, 이 모든 일들의 우선권이 성경에서 독자에게로 옮겨간다고 보아서는 안 된다. … 비블리오드라마는 처음부터 끝까지 성경의 본문이 중심이 되어 이루어진다. … 성경의 본문은 해석의 재 위에서도 다시 일어나는 불사조와 같은 것이다." (마르틴, 2008: 209-210) 그러므로 비블리오드라마에서 '성서 본문'에 대한 강조는 역설적으로 창조적인 성서 읽기, 즉 자기의 경험을 적극적으로 본문에 투영하면서 대담하게 성서를 읽고 해석하고 체현하는 과정을 지지해주는 것이기도 하다.

비블리오드라마의 교육적 한계?

비블리오드라마의 이런 다양한 교육적 가능성을 구체적인 현장에서, 또 이론적인 성찰의 장에서 구현하려 할 때, 미리 감안해야 할 부분이 있다. 비블리오드라마의 '한계'(限界)를 규정하는 것은, 그것을 마치 만병통치약처럼 여겨 필요 이상의 과도한 기대를 하는 것을 막아준다. 또한 비블리오드라마의 역동성을 특정한 교육적 의도를 이루기 위한 수단으로 삼는 것을 경계하게 해준다.

보통은 비블리오드라마를 기독교 교육의 여러 가지 방법/수단 가운데 하나로 본다. 위에서 언급한 효과를 언뜻 보면 비블리오드라마는 좋은 수단인 것 같다. 그런데 '교육의 방법/수단'이 되기에는 결정적인 문제가 있다는 사실이 비블리오드라마의 한계이자 독특성이다. 좋은 '교육 수단'은 정해진 '교육 목적'에 복무한다. 방법은 내용을 위한 것이어야 한다. 기독교 교육의 매체는 궁극적으로 교육의 메시지를 지향해야 한다. 그리고 그런 교육이 체계적으로 계획, 관리, 평가되어야 한다. 그러나 비블리오드라마 상호작용의 핵심 요소인 '즉흥성' 혹은 '일회성'은 원칙적으로 교육적, 더 자세히는 교육공학적 메커니즘과 완전히 어긋난다. 이런 특징은 비블리오드라마가 어떤 의도된 '결과'를 지향하는 것이 아니라 '과정'을 중시한다는 사실을 분명히 한다. "비블리오드라마의 과정 지향성(Prozessorientierung)은 비블리오드라마를 과도하게 어떤 교수방법론으로 만드는 것(Didaktisierung)에 대해 유보적 태도를 취하게 한다. 비블리오드라마 과정은 협소한 학습 목표에 껴 맞춰지지 않는다."(Aldebert, [2]2006: 158) 비블리오드라마를 교육적으로 인도해야 하는 사람의 처지에서도 '즉흥성'과 '일회성'은 난감한 요인이다. 매번의 비블리오드라마가 어떻게 펼쳐질지, 아무리 지도자요 인도자라도 완전히 파악할 수가 없다. 그 시간, 그 공간에 있는 참가자들의 역동성에 따라 매번 다른 형태로 전개될 수 있다는 사실을 감안해야 한다. 요컨대 비블리오드라마라는 즉흥적이고 일회적인 상호작용의 과정은 정확한 계획-실행-평가라는 교육적 메커니즘을 빠져나간다. 기독교 '교육'의 '수단'치고는 그리 탐탁스럽지가 않다.

　　그러나 만일 '교육'이라는 것이 어떤 목적을 미리 설정하고 그 목적에 맞게 '피교육자'를 이끌어가는 것을 의미하지 않고, 학습자 자신의 주체적인 깨달음과 결단과 실천을 지향하는 것이라면 얘기가 다르다. 하나의 교리적인 정답이 아니라, 개개인의 생애와 경험에 따라 여러 개의 의미 있는 대답을 추구하는 기독교 교육의 장이라면 비블리오드라마가 상당한 기여를 할 수 있을 것이다. 한 사람이 몸으로 그려내는 성서의 이야기가 비록 자의적이고 우발적인 해석처럼 보일지라도, 그 사람은 영원히 그 순간의 해석에 머물러 있는 것이 아니라 계속해서 새롭고, 더 의미 있는 해석으로 나아갈 능력이 있음을 신뢰하는 것, 그러므로 한 사람의 학생이, 비록 그가 청소년, 혹은 어린이라 할지라도, 한 사람의 "주석가"라는 사실을 인정하는 것이 중요하다(Schweitzer, 2007: 200-208). 사실 비블리오드라마에서 일어나는 자의적 해석(eisgesis)은 더 신중한 주석(exegesis)에 대한 '관심'을 불러일으킬 수 있다. 늘 가르치는 위치에 있던 사람으로서 교사가 비블리오드라마를 인도하면서 스스로 예상하지 못했던 상황에 유연하게 대처하는 훈련을 하게 된다. 무엇보다도 윗세대인 자신의 한계를 노출해야 하는 당혹스러운 순간도 있을 것이다. 그러나 교육 과정이란 항상 내가 뭔가를 가르쳐야 하는 시간이 아니라, 다른 사람으로부터 늘 새롭게 배우는 시간이 될 수도 있다. 교사로서, 인도자로서 기꺼이 그런 창조적 교육의 일부가 되어주는 모습을 보여준다면 학생과 교사 사이에 가로놓인 장벽이 낮아지고, 학생이 교사를 대화의 파트너로 생각할 수 있다. 비블리오드라마는 교육 메커니즘의 한 수단으로 전락하기를 거부한다. 하지만 학생을 교육의 주체로 여기고, 학생 스스로가 기존의 전통과 생생하게 만날 수 있도록 배려하는 교육, 그런 기독교 교육의 촉매제가 되기에는 충분하다.

이 외에도 비블리오드라마의 '한계'를 생각하게 만드는 몇 가지 물음이 있다. 그 가운데 하나가 "과연 어떤 연령대부터 비블리오드라마를 할 수 있나?"이다. 알데베르트는 사춘기 이전의 어린이들에게는 완전한 형태의 비블리오드라마가 적절하지 않다고 보는 입장이다. "비블리오드라마 세미나에 성공적으로 참여할 수 있는 전제 조건은 참가자들이 자기 삶의 상황을 주제로 삼아 해석하고 그것을 여러 가지 형태로 표현할 수 있을 때며, 또 거기에 대해서 기꺼이 다른 사람과 나누려고 할 때며, 성서 본문을 가지고 모두가 함께하는 과정에 자신도 동참할 수 있을 때다. 그리고 이것은 원칙적으로 사춘기 이후에 가능하다." (Aldebert, 2002: 505) 이에 반해, 비블리오드라마를 어린이 성서 학습에도 적용하는 사례가 많은데, 한국에서 출간된 『어린이 LTC (Leadership Training Course)』도 그런 경우라 할 수 있다. 하지만 어린이를 위한 프로그램이나 교재의 경우 비블리오드라마의 전 과정을 실천했다기보다는 그 가운데 몇 가지 기법, 혹은 통찰을 어린이 교육에 활용했다고 보는 편이 정확하다.

또 다른 물음은 비블리오드라마와 다른 심리 치료 사이의 경계선에 관한 물음이다. 한국의 비블리오드라마 연구가들도 이미 비블리오드라마와 사이코드라마, 혹은 게슈탈트 치료의 차이에 대한 진지한 성찰의 결과를 가시화하고 있다. 예컨대 김세준(2009: 31)은 기존의 연구를 도표로 간명하게 정리해주었다(표 1).

"비블리오드라마는 치료(Therapie)가 아니다. 하지만 치료적 차원을 가지고 있다. 이것은 비블리오드라마가 성서 본문으로 접근하는 길을 열어줄 뿐 아니라, 자기 자신에게 접근하는 새로운 통로가 될 수 있기 때문이다."(Goßmann, 2002: 63)

〈표 1〉 비블리오드라마, 사이코드라마, 게슈탈트치료의 비교

	비블리오드라마	게슈탈트	사이코드라마
공통점	자아로의 접근. 언어적 소통보다 행위(표현) 중시		
차이점	성경적 텍스트, 기독교 신앙, 신앙공동체에 대한 지향	다른 사람과의 동일시. 심리치료 중점	심리치료 중점 치료적인 교육훈련 전제 자기 인생이 주제 중심
	사이코드라마로부터 발전		

그래서 비블리오드라마는 사이코드라마의 방식을 부분적으로 활용하고 있다(황헌영, 2007: 225- 237). 그러나 '성서 본문 지향'은 비블리오드라마를 다른 심리치료와 구분하는 시금석이 된다. 또 한 가지, 비블리오드라마를 직접 지도하는 사람의 경우, 의도적으로 참가자의 감정을 자극하고 드라마의 치료적 차원을 이용하려고 한다면 그것은 비블리오드라마의 '한계'를 넘어서는 것임을 스스로에게 확인시키는 것이 중요하다. 그러므로 이러한 한계를 정확하게 인식하면서 비블리오드라마의 교육적 가능성을 극대화할 수 있는 인도자 훈련의 과정이 꼭 필요한 것이다(Aldebert, 2002: 507).

나가는 말: 비블리오드라마 — 하나의 방법?

비블리오드라마는 거기에 참여한 사람들(어린이, 청소년, 성인)이 성서의 세계, 그리고 자기 자신의 감정을 새롭게 발견할 수 있게 해주는 중요한 '방법'으로 소개되고 있다. 이 논문은 비블리오드라마를 통한 교육이 담지하고 있는 미학적, 윤리적, 성서교수학적 가능성을 소개했

다. 이러한 교육적 가능성을 지닌 비블리오드라마는 과연 기독교 교육의 좋은 '방법'이 될 수 있다. "방법(method)이라는 단어는 그리스어 메소도스(methodos), 메소데이아(methdeia)에서 온 말로써, 의사소통과정에서 매우 중요한 어떤 점을 시사해주고 있다. 문자적으로 보면, 그것은 다른 사람과 함께 길(그리스어, hodos)을 따라 가는 것을 뜻한다. 그러나 신약성서에서 이 말은 단 두 번 나오는데 그것도 두 번 다 경멸적인 의미로 사용된다. 즉 사람들을 미혹시키는 '영리한 술수'와 '간계'라는 의미로 '메소데이아를 가진 악마'를 언급할 때 나타난다(「에베소서」4,14; 6,11). 이것은 성서공부 방법을 배우려는 사람들에게 중요한 경고이다. 방법이란 악마적일 수 있다. 방법을 가지고 사람을 조종할 수도 있고, 전달하고자 하는 메시지를 왜곡할 수도 있다."(베버, 2006: 15-16) 비블리오드라마도 "다른 사람을 조종"하거나, "전달하고자 하는 메시지를 왜곡할 수" 있는 '방법'으로 전락될 수 있는 여지가 전혀 없을 수 없다. 특히 어떤 교육 목표, 교육 의도를 가지고 비블리오드라마의 '과정 지향성'보다는 어떤 교육적 결과를 내는 데 치중한다면 그것은 부정적 의미의 '방법'으로 주저앉는 것이다. 그러나 "다른 사람과 함께" 걷는 길, 서로 만나 상호작용을 하며 "의사소통"할 수 있다는 의미에서 '방법'이라면 그것이야말로 비블리오드라마가 추구하는 교육의 길이며, 그런 의미에서 비블리오드라마는 하나의 '방법'이라 부를 수 있을 것이다.

하지만 여전히 '방법'이라는 명칭 속에 내포된 계획과 결과의 메커니즘에 거리를 두고 싶은 사람은 비블리오드라마를 차라리 하나의 '실천'(Praxis)으로 이해할 수 있다. 여기서 비블리오드라마의 '과정'으로서의 성격이 더욱 분명해진다. 실천으로서의 비블리오드라마는 이론이 구체적으로 실현되고 검증되는 하나의 역동적인 마당[場]이 될 것이다.

> "비블리오드라마는 '실천'으로 시작했다.
>
> 비블리오드라마는 읽기 실천, 배움 실천, 삶의 실천이다.
>
> 이론은 이차적인 것이면서 동시에 필수적인 것이다.
>
> 이론은 지속되는 실천을 비판적이고도
>
> 생산적으로 동반하고 또 변화시킨다."
>
> (Martin, ²2001, 11)

제8시대

〈참고문헌〉

고원석,「성경학습의 새로운 패러다임으로서 비블리오드라마 — 비블리오로그(Bibliolog)를 중심으로」,『교회 전(全)사역의 교육적 접근에 관한 통전적 연구』, 장로회신학대학교 기독교교육연구원, 2010, 233-263.

김미혜,『20세기의 위대한 연극인들』, 살림출판사, 2005, 63-66, 79-83 참조.

김세준,「기독교집단의 비블리오드라마를 위한 액션메소드의 종합적 활용」,『한국사이코드라마학회지』(제12권 제1호) 2009, 23-38.

김창호,「몸으로 배우는 것이 가장 효과적이다. 액션 메소드 교육방법. 비블리오드라마」, 장로회신학대학교 기독교교육연구원,『교육교회』2007년 11월호, 163-167.

김현희,「비블리오드라마와 독서치료」,『한국사이코드라마학회지』(제11권 제1호) 2008,

11-42.

김희영, 「비블리오드라마(Bibliodrama)를 통한 역동적인 성서교육에 관한 연구」, 『한국 사이코드라마학회지』(제11권 제1호) 2008, 59-80.

라우클리, 사무엘. 「에덴에서의 추방: 연구의 해석학」, 크론도퍼, 비욘 (편). 『비블리오드 라마』, 김세준 황헌영 옮김, 창지사, 2008, 73-134.

마르틴, 게르하르트 마르셀. 「비블리오드라마의 기원과 성경본문」, 크론도퍼, 비욘 (편). 『비블리오드라마』, 김세준 황헌영 옮김, 창지사, 2008, 187-216.

베버, 한스 R. 『성서, 나를 읽는 책』, 연규홍 옮김, 예영커뮤니케이션, 2006.

정일웅, 『교회교육학』, 범지사, 2008.

추태화, 「비블리오드라마의 한국 교회 활용을 위한 연구」, 『신앙과 학문』(제13권 제1호), 2008, 189-214.

크론도퍼, 비욘 (편). 『비블리오드라마』, 김세준 황헌영 옮김, 창지사, 2008.

크론도퍼, 비욘. 「한국어판 서문」, 크론도퍼, 비욘 (편). 『비블리오드라마』, 김세준 황헌영 옮김, 창지사, 2008a, 12-21.

크론도퍼, 비욘. 「유희(익살) vs 전환(거룩)」, 크론도퍼, 비욘 (편). 『비블리오드라마』, 김 세준 황헌영 옮김, 창지사, 2008b, 37-72.

파머, 파커. 『가르칠 수 있는 용기』, 이종인 옮김, 한문화, 2000.

황헌영. 「비블리오드라마(Bibliodrama): 새로운 유형의 치유 성경공부」, 한국목회상담 학회, 『목회와 상담』 2007년 제9호, 218-240.

SM 목회연구소, 『어린이 LTC』, 2008.

Adam, Gottfried, Ethisches und soziales Lernen. in: Bitter, Gottfried (et. al., hg.), *Neues Handbuch religionspädagogischer Grundbegriffe*, Kösel: München 2002, 238-243.

Aldebert, Heiner, Anspiel - Rollenspiel - Bibliodrama, in: Bitter, Gottfried (et. al., hg.), *Neues Handbuch religionspädagogischer Grundbegriffe*, Kösel: München 2002, 504-507.

Aldebert, Heiner, Bibliodrama, in: Adam, Gottfried / Lachmann, Rainer hg., *Methodisches Kompendium für den Religionsunterricht 2*, Vandenhock & Ruprecht: Göttingen 22006, 157-174,

Bitter, Gottfried, Ästethische Bildung, in: Bitter, Gottfried (et. al., hg.), *Neues Handbuch religionspädagogischer Grundbegriffe*, Kösel: München 2002, 233-238.

Kollamann, Rolland. Art. Bibliodram, in: Mette, Norbert / Rickers, Folkert hg., *Lexikon der Religionspädagogik Band I*, Neukirchen-Vluyn: Neukirchener 2001, 177-180.

Pohl-Patalong, Uta. Bibliodrama, in: Lämmermann, Godwin. (et. al. hg.), *Arbeitsbuch Religions-pädagogik: Ein Begleitbuch für Studium und Praxis*, Gütersloher Verlagshaus 2005.

Martin, Gerhard Marcel. *Sachbuch Bibliodrama. Praxis und Theorie*, Kohlhammer: Stuttgart, ²2001.

Müller, Peter. Bibliodrama oder Exegese—Bibliodrama und Exegese, in: Naurath, Elisabeth. Pohl-Patalong, Uta (Hg.), *Bibliodrama: Theorie - Praxis - Reflexion*. Stuttgart: Kohlhammer, 2002, 16-21.

Goßmann, Hans-Christoph, Die therapeutische Dimension. Bibliodrama und Gestalt-therapie, in: Naurath, Elisabeth. Pohl-Patalong, Uta (Hg.), *Bibliodrama: Theorie - Praxis - Reflexion*. Stuttgart: Kohlhammer, 2002, 63-70.

Schleiermacher, Friedrich Daniel Ernst, *Pädagogische Schriften I. Die Vorlesungen aus dem Jahre 1826*, Ullstein 1983.

Schweitzer, Friedrich. Wie Kinder und Jugendliche biblische Geschichten konstruieren. Rezeptions- forschung und Konstruktivismus als Herausforderung des Bibelunter-richts. in: Bizer, Christoph (et. al. hg.), *Bibel und Bibeldidaktik* (Jahrbuch der Religionspädagogik Bd. 23), 2007, 199-208.

Teichert, Wolfgang. *Wenn die Zwischenräume tanzen. Theologie des Bibliodramas*, Kreuz Verlag: Stuttgart 2001.

Theißen, Gert. *Zur Bibel motivieren. Aufgaben, Inhalte und Methoden einer offenen Bibeldidaktik*, Gütersloher Verlagshaus: Gütersloh 2003.

Zilleßen, Dietrich. Art. Ethik, Ethisches Lernen. in: iMette, Norbert / Rickers, Folkert hg., *Lexikon der Religionspädagogik* Band I, Neukirchen-Vluyn: Neukirchener 2001, 482-489.

손성현은 감리교신학대학교 등에서 강의하고 있으며, 한국 비블리오드라마&드라마치료 협회 총무로 일하고 있다. 「요체화(Elementarisierung) 논의의 어제와 오늘」, 「종교개혁의 나라 독일의 기독교교육」 등을 썼고, 번역서로 『한스 큉의 이슬람』, 『몸으로 읽는 성서』, 『역사적 예수』 등 다수가 있다.

Theological consideration on the marginal experiences of Korean "Military brides" in America

Yong Yeon Hwang

Introduction

Korean American is one ethnic group of Asian American, who is often regarded as 'model minority' in America. Though they have experienced racial discrimination as ethnic minority in America, people think that the discrimination is mainly because they are in the position of minority resulted in their migration and ethnic succession. So, according to such thought, if the condition of migration could be removed, the factor of discrimination would be hardly founded.

In this paper, I will explore the case that the marginality of some Korean Americans is due to another factor besides their migration. The case which I explore is Korean "Military brides."[1]

Korean military brides take a queer position both in South Korea and in America. In Korea, they are often guessed as former military sex workers around American military base camps. The military sex workers are regarded as the being in 'shadow' of South Korean economical development and Korean-American ally under the development. It means that Korean people think that Korean-American ally needs the military sex workers, but regards them as shameful being who pollute the purity of Korean nationalism, so want to forget their being. Because most of Korean military brides are guessed as former military sexual workers, they usually experience similar consideration.

On the other hand, in America, the military brides are basically regarded as object of assimilation, and the expose of Koreanness is restricted. In addition, they are expected to show the preoccupation of Asian women – obedient women "which is rarely founded among contemporary American women". Besides this, even in Korean American community,

---

1) "Military brides" are (non-American) women who marry American servicemen. Generally, they are called as "War brides". However, according to Ji-Yeon Yuh, most "War brides" have married their husband not in during wartime but in during non-wartime. In other words, their marriage should be considered in the view that American military influences can be continued even in non-wartime in the form of military stationing. Therefore, Yuh suggests to call the women not as "War brides" but as "Military brides", and I agree Yuh's idea. Yuh, Ji-Yeon, trans. by, Lim, Ok-Hee, *Beyond The Shadow of Camptown – Korean Military Brides in America* (Seoul: Samin, 2007), 18-19

they are regarded as uncomfortable being because most of Korean American is influenced from the thought of Korean homeland people. In short, in the case of Korean military brides, their marginality in Korean society is closely connected with the influence of America, and vice versa. However, under the condition of such marginality, the brides create their own space to live their own life.

Asian American experience plays the role of origin of theologies focusing on marginality. Especially, Jung Young Lee established the concept of "in-between" and "in-beyond". However, when we consider the marginality of Korean military brides, we need to complement the theology about marginality such as Lee's. Besides this, though the concept of 'han' can be utilized to consider the marginality of Korean military brides, their marginality plays the role as the factor of complementing Korean Minjung theology because their marginality is partly due to Korean nationalism. In this paper, I try to complement Jung Young Lee's theology about marginality and Minjung theology through the marginality of Korean military brides.

The marginality of Korean military brides

The stationing of American Army and
the forming of military prostitution for American Army

American Army started to station in 1945 in South Korea.
Though it may have been their intention at starting point, South
Korea played the role as one of the front area against commu-
nism since Korean War in 1950. Therefore, after Korean War,
military ally has been established between South Korea and
America, and the stationing of American Army became semi-
permanently.

Military prostitution for American Army started right after
stationing of the Army. In the end of 1945, the first camptown
— the prostitution area around the American military base
camp — was established in Inchon.[2] Since Korean War
(1950-1953) occurred, the number of camptowns increased
and the scale become bigger, because American Army conti-
nued to station in Korea after the War.[3] In 1960s, the camp-
towns reached the biggest scale, and the number of sex wor-
kers was more than 30,000.[4]

---

2) Yuh, Ibid., 44.
3) Ibid., 45.
4) Ibid., 47.

Camptowns were not only the place of military prostitution, but also the place of black market where American goods were distributed. So, American base camp was one of the most important sources of income of South Korean people.[5] However, to construct the base camps, a lot of Korean town were transformed and often even destructed. Yuh indicated one example of constructing base camp without enough compensation and resulted in throwing away of the original resident people.[6]

The military sex workers for American Army and
the opinion about them of Koreans and Americans

Most of Korean military sex workers were poor women who found a job to make her own and her family's living. In some cases, those who managed employment agency for providing sex workers cheated poor women that they can help them to find a job, and sell them to pimps.[7] Some Korean novels described the women who were raped by American soldiers and started sex work for American Army.[8]

---

5) Ibid.
6) Ibid., 49.
7) Ibid., 60.
8) For example, in Ahn Jeong-Hyo's novel Silver Stallion, a widow was raped by a American soldier, was thrown away by people because of the brand of 'raped woman', and became a sex workers. Kim, Hyun Sook, "The Symbol of Nation, 'Yanggongju'", Kim, Elaine H & Choi, Chungmoo, ed, trans. by, Park,

The sex workers were usually called as "yanggalbo(means 'humble' sex workers for American Army)", "yanggongju (means the sex workers pretend to be Western princess)", and "UN ladies(means sex workers for UN Army)".[9] This names show the basic opinion about them of Koreans: the women who were corrupted by foreign people, but the corruption was their voluntary choice. Because this 'corrupted' and 'voluntary' images, even the movement of former Korean comfort women who were forced military prostitution for Japanese Army within World War II, who was one of the victim of military prostitution, refused to acknowledge similarity to the sex workers for American Army.[10]

However, though the sex workers have been corrupted people, so have been unwelcomed by other Koreans, the cor-ruption was understood in various way. For example, some Korean novels show those who thought women in their town can be protected from American soldiers because of the mili-tary prostitution area near their town.[11] In addition, when the anti-America social movement was vitalized in 1990s, the sex workers, especially when one of them was killed by an

---

Eun-mi, *Dangerous Women* (Seoul: Samin, 2001), 226-227.

9) Yuh, Ibid., 44.

10) Cho, Grace M. *Haunting the Korean Diaspora* (Minneapolis: University of Minne-sota Press, 2008), 122.

11) Ibid., 46.

American soldier, were used as a metaphor of the symbol of corrupted and injured Korean nation by America.[12)]

Except the image of 'corruption', around the sex workers, there are some attractive and luxurious images. For example, Yuh indicates a sex worker's life story. She said that "When I was child, I wanted to live in America while watching TV and movies. When I was older, I wanted to live luxuriously. (⋯) So I came to the camptown because I wanted to meet Americans and expected to earn much money. However, after I came here, I came to know that the reality is different to my expectation."[13)] The mention about watching TV and movies (maybe the big part of them was American TV program and movies) implies that there was yearning for modernity behind the attractive and luxurious images.

Meanwhile, in the view of American Army, the military prostitution was tolerated and even incited.[14)] For example, according to Yuh, in 1977, the military newspaper of American Army in Pacific reported the sexual party with Korean sex

---

12) Kim, Ibid. 237. Kim indicates an interesting example about this case. In 1995, she participated in a forum about military prostitution for American Army in Korea with an activist who had been former a sexual worker for American Army. In this forum, she discovered that the translator blocked the question about the individual experience of sex work of the Korean activist, and only received the question about American imperial influence to South Korea. Kim, Ibid., 219.

13) Yuh, Ibid., 63.

14) Ibid., 38.

workers like that "We found the Orient which we heard only through speech."[15] So, to many American soldiers, the sexual experiences with Korean women have been one of the attractive experiences in Korea. However, they think that the military prostitution is only due to avarice of Korean women and pimps, so don't agree that the sexual workers experience injuries to some extent by American Army.[16]

Among such opinions of Koreans and Americans, the sex workers were sometimes utilized as a mean of military negotiation between Korea and America. According to Catherine Moon, in early 1970s, when the negative opinion about the stationing of American Army in South Korea occurred and some part of the Army withdrew, the US Forces in Korea asked a clean supervision of the sexual workers as one mean to turn the opinion to Korean government, and the government agreed and practiced the supervision.[17] In this time, South Korean government educated the sex workers who worked around U. S. Army bases as follows: "You sex workers should be nonofficial diplomats. When you do so, you become patriots, because you satisfy American soldiers, the soldiers of

15) Ibid.
16) Ibid., 36-37.
17) Moon, Catherine, "The body of the sex workers in the Korean camptown and genderized state within the relation between South Korea and America", Kim & Choi, ed, Ibid., 192-193.

blood alliance states, and earn American dollars."[18]

The experience of Korean military brides: overlapping and differentiating with sex workers

The images of the Korean military sexual workers as discussed above has influenced the Korean military brides deeply because Korean and American people usually guess most of the brides are former military sexual workers. Especially, when her husband was black or Hispanic people, Korean Americans usually guess that she was exactly a former sex worker in Korean camptowns.[19]

Of course, among the Korean military brides, there are many former sex workers in camptowns. However, except the case of former sex workers, the Korean women from various backgrounds married American serviceman through various processes.

Yuh indicates several cases of military brides from 1950s to 1980s. The examples which she indicates show the change of current of reason why they chose to marry American soldiers and change of opinion toward the marriages.

In the cases in 1950s, the examples which Yuh indicates are

18) Moon, trans. by Lee, Jeong-Ju, *Sex among Allies* (Seoul: Samin, 2002), 156.
19) Yuh, Ibid., 262.

as follows. (1) The woman who disappointed the under-development of new liberated country and Korean patriar-chism, so chose to marry an American soldier whom she met while she was working at PX in American base camp.[20] (2) The woman who was a war refugee missing their family and house, so was introduced a soldier by her friend working in an American base camp.[21] (3) The woman who was a person defecting from North Korea, and suffered from violence and inability of her Korean husband, so found a job in American base camp, and divorced with her husband and married American soldiers.[22] The similarity of these three cases is that the marriage with American soldiers is that their exit from Korean poverty and underdevelopment due to division, war, patriarchism.

In the cases in 1960s and 1970s, the cases Yuh indicated are one case of the base camp worker and two cases of sex workers.[23] In the latter cases, the women share the experi-ence of being deceived and transported to camptown without their consent by job agency. In addition, to the women, the marriage with Korean man was impossible because of the brand of 'yanggongju'. In the former case, the base camp was

---

20) Ibid., 80-86.
21) Ibid., 86-89.
22) Ibid., 89-99.
23) Ibid., 99-114.

one of workplace near her home, and she met her husband while working the base. However, her marriage was objected from her and her husband's families because of the prejudice about Korean military brides: among Koreans, the brides are guessed as sex workers, and among Americans, the brides are guessed as sex workers or tempters of innocent American soldiers. From these cases, we recognize the deep influence of American base camp in South Korea, and the prejudice to-ward military sex workers and military brides became popular.

In the cases in 1980s, the cases Yuh indicated are not con-nected with sex work. In two cases, the women wanted to meet Americans to learn English, so visited the area where Ameri-cans often visit or go to English school, and met Americans who was soldiers.[24] In another case, the woman wanted the place where young women can have fun without restriction, so went to the club in camptown, and met her husband.[25] In these cases, America appears with some attractive and cool image, and appears connected with practical power such as English.

A woman among these cases in 1980s stated that when she met other military brides during the education for American soldiers and Korean fiancés, she thought that most of other

---

24) Ibid., 115-118, 122-131.
25) Ibid., 118-122.

brides were sex workers and felt shame toward them and herself.[26] This episode show the deep influence of the image connected with sex work which even the military brides themselves cannot avoid to have. Connected with this image of sex work, Grace Cho indicates a statement of other military brides as follows: "Most of those women (=military brides) were Yankee whores. But not me. Not me."[27] The image of sex worker is something which cannot neither approved nor denied.

The marginality of Korean military brides:
within American societies and Korean American societies

At first, the marginality of Korean military brides appears in the form of treatment like aliens. Recognized as aliens, they experienced racial discrimination such as dawdling service, but their husbands didn't agree that their wives experienced discrimination, so didn't support them.[28] In addition, they should overcome the prejudice toward Asian military wives that they are obedient to man, sexual attractive harmony with male sex fantasy, and wants to tempt American man, so most of them were former sex workers.[29]

---

26) Ibid., 130.
27) Cho, Ibid., 145.
28) Yuh, Ibid., 150-153.
29) Ibid., 153-157.

Language has been one of serious burden to the brides. The burden of language is only that of the Korean brides. In other words, only they have to learn English, but their husband need not learn Korean.[30] Not only they didn't social service such as education, medical service, job recruiting because of their poor English, but also they experience indignity of being corrected their English even by children.[31]

In addition, their families demand them to forgive Korean language and food, especially for growing their children as American. As the result, they cannot communicate with their family well, and their material authority cannot be accepted by their husbands and children.[32]

Though most of the brides expected to escape Korean patriarchism, they experienced American patriachism. Their husbands expected that Korean brides play the role of preconception about Asian women who are obedient to husband and devote to family. This preconception was often regarded as a 'merit' of Korean brides, contrast with American women who was guessed that they are arrogant and don't respect husbands.[33] In this point, patriarchism and racism/orientialism overlaps.

---

30) Ibid., 157-158.
31) Ibid., 161-164.
32) Ibid., 169-171.
33) Ibid., 180-183.

While experiencing such discriminations by American people, Korean military brides have experienced other discriminations by Korean American people. Basically, they are regarded as foreigners by Korean people because of their marriage with Americans.[34] In addition, because of their bad image connected with shadow of camptown, they were often disconnected the relation with their maiden home family,[35] and experienced difficulty to make relation within Korean American society.[36] Among the brides, if someone's husband is white people or her family has high social position, she receives good treatment by Korean American society, but at her absence, she becomes the object of contempt and insult which a bride at low social position experiences even at her presence.[37]

While experiencing these discriminations, many Korean military brides have played the role as entrance of new Korean immigrants. According to Yuh, the military brides who she interviewed are often the first Korean at their own resident area, and endorsed the immigration of their relatives.[38] In addition, they have helped new Korean immigrants when they experienced difficulty to receive social service, but after the immi-

---

34) Ibid., 254.
35) Ibid., 255.
36) Ibid., 256.
37) Ibid., 263.
38) Ibid., 269.

grants resolved their difficulty, they often discontinued the re-lation with the brides.[39]

In Korean American society, there is a bad rumor about military brides: they often 'hunt' Korean man for sexual enjoyment. Such rumor plays the role as one of means which Korean American people differentiate 'innocent' themselves from 'impure' military brides.[40] Through these differentiating, they exclude the brides to the outside of Koreanness, and make a myth that we achieve American dream while preserving Koreanness, but the military brides cannot doing so.[41] The myth is simultaneously the denial of the shadows of camp-towns, which is connected with American military influence.[42]

However, the Korean military brides try to resist the exclusion and succeed. In the episode at a Korean American Church which Yuh mentioned,[43] some brides suggested to join in preparing Thanksgiving day food but other Korean women who married Korean men denied their suggestion. However, in spite of the denial, the brides prepared Thanksgiving day food, and while the food prepared by other Korean women remained, the food prepared by the brides run out.

---

39) Ibid., 272.
40) Ibid., 298.
41) Ibid., 300.
42) Ibid., 298.
43) Ibid., 300-301.

This episode is one of the examples which the brides insist they themselves are also 'Koreans'.

The effort to make a space for survival: establishing community among Korean military brides

According to Yuh, most of Korean military brides wanted and tried to meet other brides. Though they wanted to meet other Koreans, but other Koreans, especially students in rich family, avoided brides because they guessed that the brides were from lower class. Only among military brides, the friendship could be developed.[44]

Through the process of individual meeting and friendship, the Korean brides established the communities of themselves. Through these communities, they share jobs, care children of other working brides, help new brides to adapt to America, go to travel with other brides, and held the holiday party for them and their family.[45] In addition, they sometimes held fund-rasing dinner party, and donate earnings of the party to Korean orphanagies.[46]

In the activity of this community and the church which the

---

44) Ibid., 308.
45) Ibid., 326-327.
46) Ibid., 325.

brides join in, Korean language and food play an important role.[47] In the meeting, they can use Korean language and prepare and enjoy Korean food. As mentioned above, language and food are the factor that the brides was forced to forgive.[48] Through using Korean language and enjoying Korean food, the brides try to preserve their Koreanness.[49] In addition, by using Korean, they can share their life experience, especially the conflict from generation difference with their children.[50] According to Yuh, the Korean brides think that if other Koreans who are not military brides participate in their meeting, the brides cannot speak freely.[51]

Of course, there are some limitations in the communities. In the communities, the brides of white people mainly meet other brides of white people, and the brides of black people mainly do same.[52] In addition, the communities try to help brides in suffering, but they often can give only temporary charity.[53]

When we consider multiculturalism, Korean military brides can be interestingly considered. At the multicultural festivals

---

47) Ibid., 330-333.
48) Ibid., 331.
49) Ibid., 334.
50) Ibid., 336-337.
51) Ibid., 341.
52) Ibid., 342.
53) Ibid., 343.

in America, especially in rural area and small town, the brides plays the important role of preparing Korean food and cultural works, putting on Korean dress.[54] Through these multi-cultural festivals, the brides can receive positive image about Korea from their husband and other American people.[55] However, according to Yuh, when the Korean brides insist their Korean cultural identity, this is not harmony with the viewpoint of multiculturalism that cultural identity is super-ficial.[56]

When the brides insist their Koreanness, they deny the rule of Korean American community, which exclude them from Koreanness. Therefore, their insistence on Koreanness dis-turbs the model of monolithic ethnic community which is one of the foundations of multiculturalism.[57]

Theological consideration on the marginality of Korean military brides and reflecting the theological discourses

Consideration and reflection with Jung Young Lee's 'theology on marginality'. Jung Young Lee explains his Asian American theology founded on the concept of 'marginality' in his book

---

54) Ibid., 346-347.
55) Ibid., 348-349.
56) Ibid., 350.
57) Ibid., 354.

Marginality: The Key to Multicultural Theology.[58] In this book, to explains his theology, he establishes the concepts of 'In-between', 'In-both', 'In-beyond', and insists that the locus of marginality become a creative core.

From his experience as an Asian American, Lee describes "In-between" as follows:

> I am situated ambivalently between two worlds–America and Asia–and I absorb the repulsions and attractions or the rejection and acceptance of each. The marginal person has to live in these two worlds, which are not only difficult but often antagonistic to each other. From these two worlds, I chose membership in the dominant society, but it rejects me because of my root in the other world. Hence, I want to be accepted by the world of my ancestry, but it also rejects me. I am unwanted by both worlds, yet I live in them.[59]

In this step, "In-between" means the situation of staying the space between two worlds, because of denial from the two worlds.

However, in next step, Lee reinterprets the situation of "In-between" positively. According to him, margin as "In-be-

---

58) Minneapolis: Fortress Press, 1995.
59) Lee, *Marginality*, 43-44.

tween" is the space where "two or multiple worlds are brought together and depart form each other or others", so where the worlds are interconnected.[60) This indication of interconnect opens the possibility to develop the meaning of "In-between" from the exclusion from two of multiple worlds to the joining in the worlds. When the development is done, "In-between" develops to "In-both".[61) While in the step of "In-between", marginality is defined by worlds around itself, in the step of "In-both", it defines worlds.[62)

As mentioned above, "In-between" and "In-both" are two aspects of marginality. In other words, these two aspects coexist in reality of marginality, and marginal people experi-ence all of them.[63) In this viewpoint, marginality is being at the margin that connects both worlds.[64) It means that mar-ginality includes both worlds and influenced by the worlds, but simultaneously transcends the worlds and influences the worlds. So, in this step, marginality develops to 'In-beyond'.[65)

In the step of 'In-beyond', the margin is the locus of two or multiple worlds merge.[66) So, through the merging of

---

60) Ibid., 47.
61) Ibid.
62) Ibid., 57.
63) Ibid., 59.
64) Ibid., 60.
65) Ibid.
66) Ibid.

worlds, the possibility of creating newness can be opened. Therefore, in this step, the marginality becomes the creative core which can give newness to the worlds.[67]

When we consider the marginality of Korean military brides with Lee's discussion as mentioned above, at first, we recognize that the brides are one case of good example of the development of marginality from "In-between" to "In-beyond". When they married American servicemen, they were regarded as aliens in Korea and Korean American communities, and were regarded as objects of assimilation in America. However, they made an effort to survive in America, preserving their Koreanness. So, they wanted to be beings of "In-both". Through the effort for living, they made the space for their living, overcame the exclusion which the mainstream of Korean Americans did, and preserve their Koreanness to be restricted by their American families, so they became challengers to mainstream people in South Korea, America, and Korean American communities. In this point, they became beings of "In-beyond".

However, the marginality of Korean military brides has some different aspects than Lee discusses about marginality. In the Lee's discussion, marginality is mainly happened when some people transfer from one world to other worlds and con-

---

67) Ibid.

nect the worlds which might not be connected if they didn't transfer. However, in the case of Korean military brides, American military stationing already influences to form their marginality in South Korea within the form of a bad image of "yanggongju", and such marginality influences to forming their marginality in America society and Korean American communities. In other words, in the case of Korean military brides, South Korea and America is connected internally even at the start of forming the marginality. Therefore, when the brides insisted their Koreanness, the Koreanness becomes a kind of trouble in South Korea, American society, and Korean American communities. In this way, they become a kind of creative core to worlds around themselves in my opinion.

Consideration and reflection with Korean Minjung theology

When we consider the marginality of Korean military brides with the concept of Korean Minjung theology, we can use the concept of Han at first.

According to Andrew Sung Park, Han is defined as the "collapsed pain of the heart due to psychosomatic, interpersonal, social, political, economic, and cultural oppression and repression".[68] When this collapsed pain cannot find the way to dissolve and even is oppressed the finding the way, Han is deepened more and more. Suh Nam-Dong, who is one of the pioneers of Minjung theology, indicates an example of deepening Han as follows: In 1979, a woman worker was victimized by the police in the process of struggle against fraudulent closing of her working company. However, when a memorial ceremony for her was tried, the government interfered the ceremony and it could not be held. If the ceremony had been held, her Han would have been resolved, but if not so, her Han would have been smoldered.[69]

When we consider the concept of Han, we should newly consider the issue of sin. Park insists that while sin is of the oppressor, han is of the oppressed.[70] In other words, when the oppressor commit sin, the oppressed are harmed by the sin of the oppressor, and come to have and deepen their han. Therefore, according to Park, the repentance of sin should be not only from God's forgiveness, but also from the victim's forgiveness.[71] Besides this, Suh insists that "'Sin' is usually only a label which rulers charge to opponents and the weak. (···) 'Sin' is a language of rulers and 'han' is a lauguage of Minjung".[72] In other words, Suh's insistence means the label of 'sin' itself

---

68) Park, Andrew Sung, *The wounded heart of God* (Nashville: Abingdon, 1993), 16.
69) Suh, Nam-Dong, *The exploration on Minjung Theology* (Seoul: Hangil, 1983), 85.
70) Park, Ibid., 69.
71) Ibid., 91.
72) Suh, Ibid., 106-107.

become a cause of oppressing the exposing of han of Minjung.

When we consider concept of han with above discussion, we can explain the elements of marginality of Korean military brides with the concept of han. They are excluded from South Korea and Korean American communities by the mainstream people, and their Korean characters (especially, language and food) are restricted for their family in America. However, until they met each other and made their own communities by themselves, they could net find the way to overcome their realities and none helped them. In addition, though the camp-town was constructed for the propit of America state and South Korea state, so the two state should be responsible for the suffering in the camptown, the bad image connected with the sex workers in Korean camptowns continuously played the role as a bad label to the brides. Of course, the Korean military brides have found the way to resolve their han by themselves.

However, when we consider the insistence of Koreanness by the Korean military brides, Korean Minjung theology should be complemented in some points, because Minjung theology have been partly founded on insistence of Korean authenticity.

The discussion on Korean authenticity insistence in Minjung theology was raised by Suh Kyeong-shik, one of Korean Japanese intellectuals.[73] He defines Korean Japanese as the people who are disunited in homeland of their ancestors

(=Korean peninsula which had been un-divided previously), their own homeland (=Japan), and their nationality (=South or North Korea).[74] So, Korean Japanese cannot avoid the overlapping of the (previous) ruler (=Japanese) and the (previous) ruled (=Korean) in their own identity.[75] In this condition of disunion, Korean Japanese cannot have their 'national culture' as one of important factor of identity, because they already lose/are deprived it.[76]

Suh indicates Yang Jeong-Myong, one Korean Japanese who have Japan nationality by the choice of their parents. Though he had Japan nationality and Japanese name, he experienced discriminations, and tried to resist against them, but simultaneously anguished his disunited status – Korean but having Japan nationality and recognized this status as a kind of his own 'betrayal' toward his Korean identity.[77] After all, he burned himself to express resistance against discrimination of Korean Japanese, remaining a petition expressing his anguish about the betrayal.[78] As mentioning the fact that Yang

---

73) Suh, Kyeong-Shik, "Can the Korean Japanese be regarded as Minjung?", trans. by. Lim, Seong-Mo & Lee, Gyu-Su, *Between Refugee and National People* (Seoul: Dolbegae, 2006), 171-196.
74) Ibid., 187.
75) Ibid., 188.
76) Ibid., 188-189.
77) Ibid., 177-179.
78) Ibid., 175.

invited the Korean culture circle in Waseda University in which Suh joined in afterward, but the circle didn't help him,[79] Suh asks to Minjung theologians that they can response to Korean Japanese if they depend on the Korean authentic characters which are supposed as self-evident to "Korean" such as han, gut (Korean shaman rites), and Korean fork tales. For the Korean characters is not self-evident to Korean Japanese, especially the people such as Yang.[80]

Of course, there are many different points between the reality of Korean military brides and that of Korean Japanese. However, they raise a common issue to Minjung theology – the Koreanness which can be unconsciously understood as that of Korean mainstream people. As above mentioned, when the Korean military brides insist their own Koreanness, the Koreanness dosen't strengthen the Koreanness of Korean and Korean American mainstream people, but become the challenge to it, and expose cracks among the Koreans. This fact raises the necessity that Korean Minjung theology should expose the differences and cracks within Koreanness rather than depending on the Korean authentic characters.

---

79) Ibid., 184.
80) Ibid., 191.

Conclusion

Recently, U. S. government started process of appointing Sung Kim new U. S ambassador in South Korea. Korean newspapers report this fact focusing on that the new ambassador is a Korean American. In the reports, the image of Korean American is 'model minority' achieving social success in U. S, and new ambassador are almost recognized as a Korean.

Korean military brides don't have this kind of 'model minority' image. To insist to be Korean, they have to struggle with both Korean and American. However, when they create their own community by themselves, they challenge toward both Korean and American with their Koreanness.

When we consider the marginality of Korean military brides, we need to consider marginality more deeply, so consider interconnect among the worlds at the start of forming marginality. In addition, we should marginalize our theology.

제8시대

⟨Bibliography⟩

Cho, Grace M. *Haunting the Korean Diaspora* (Minneapolis: University of Minnesota Press, 2008).

Kim, Hyun Sook, "The Symbol of Nation, 'Yanggongju'", Kim, Elaine H & Choi, Chungmoo, ed, trans. by, Park, Eun-mi, *Dangerous Women* (Seoul: Samin, 2001), 217-247.

Lee, Jung Young, *Marginality: The Key to Multicultural Theology* (Minneapolis: Fortress, 1995).

Moon, Catherine, "The body of the sex workers in the Korean camptown and genderized state within the relation between South Korea and America", Kim, Elaine H & Choi, Chungmoo, ed, trans. by, Park, Eun-mi, *Dangerous Women* (Seoul: Samin, 2001), 177-215.

Moon, trans. by Lee, Jeong-Ju, *Sex among Allies* (Seoul: Samin, 2002).

Park, Andrew Sung, *The Wounded Heart of God* (Nashville: Abingdon, 1993).

Suh, Kyeong-Shik, "Can the Korean Japanese be regarded as Minjung?", trans. by. Lim, Seong-Mo & Lee, Gyu-Su, *Between Refugee and National People* (Seoul: Dolbegae, 2006), 171-196.

Suh, Nam-Dong, *The exploration on Minjung Theology* (Seoul: Hangil, 1983).

Yuh, Ji-Yeon, trans. by, Lim, Ok-Hee, *Beyond The Shadow of Camptown – Korean Military Brides in America* (Seoul: Samin, 2007).

황용연(Yong-Yeon Hwang)은 버클리 연합신학대학원(GTU) 박사과정에서 공부하고 있으며, 제3시대기독교연구소의 객원연구원이다. 저서로『죽은 민중의 시대 안병무를 다시 본다』(공저), 『21세기 민중신학』(공저)가 있으며, 유학길에 오르기 전에 민중신학에 관한 많은 글들을 발표했다. 현재 주된 관심은 탈식민주의적 관점에 입각하여 민중신학을 재해석하고, 한국 사회를 분석하는 것이다.

텍 스 트 비 평

바울과 데리다

두 낯선 이방인의 (불)가능한 만남, 그리고 환대의 공간

박성훈

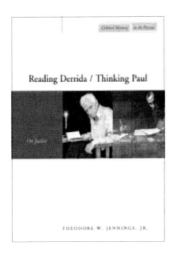

Theodore W. Jennings Jr.
*Reading Derrida/Thinking
Paul: On Justice*
(Stanford University
Press, 2006)

들어가며

번역은 일종의 불가능한 작업이다. 번역의 과정은, 하나의 언어에서
다른 언어로 옮기는 과정에서 도저히 자신의 모국어로 번역해낼 수
없는 말이 있을 수밖에 없다는 의미에서, 그리고 텍스트의 해석의
과정에서 발생하는 의미의 넘침 혹은 모자람으로 인해, 번역이 번역
자 자신에게 부과하는 것은 항상 어떤 불가능한 것으로부터 가능한

결과를 만들어내는 부담스런 요구일 수밖에 없다. 따라서 번역이라는 (불)가능한 작업을 통해, 번역자는 원저자에 대해 가장 충실하지만 동시에 필연적으로 그를 배신하는 입장에 서게 된다. 그 배신에 대한 용서를 구하는 의미에서, 그리고 자신의 모국어로 번역하는 책을 읽게 되는 첫 번째 독자로서, 번역자는 그동안 작업한 글에 대한 이해를 충실하게 전달해야 할 부채를 넘어선 의무를, 즉 어떤 무한한 책임을 지게 된다. 따라서 책의 번역 작업을 마무리할 때, 자신이 번역한 글에 대해 말하는 자신만의 글을 내놓는 것은 번역자에게 있어 매우 중요한 일이다. 그래서 나는, 이 책의 저자 테드 제닝스가 보여준 우정과 이 책으로부터 얻은 여러 통찰들에 대한 감사로, 그에 대한 충실한 배신의 표시일 수밖에 없는 이 서평을 한 문학 작품으로부터 시작된 바울에 대한 오해의 고백으로 시작하려 한다.

바울에 대한 어떤 오해

니코스 카잔차키스가 쓴 『예수 최후의 유혹』의 마지막 부분은 어떤 가상적인 것을 보여준다. 만일 예수가 십자가에서 죽지 않고 평범한 삶을 살았다면, 두 여자와 결혼하여 평범한 가정을 이루고 아이를 낳아 편안한 일생을 도모했다면 어떻게 되었을까라는 꿈과 같은 상상을, 즉 어쩌면 그가 평생토록 원했을지도 모를 그저 평범한 삶을 살아가는, 메시아가 아닌 인간 예수의 유혹을 말이다. 이 꿈 속에서 자신이 원하는 평범한 삶을 살다가 노년에 접어든 예수는 어느 날 광장에서 일면식도 없는 한 사람이 많은 사람들에게 자신의 제자를 사칭하며 예수를 메시아로 선포하고 있는 광경을 목도하게 된다. 이 꿈 속의 사기꾼은 그의 거짓말에 항의하며 이를 폭로하겠다고 위협하는 평범한 노인 예수를 비웃으며 이렇게 말한다. "그러시게나. 누가 당신을 믿겠어? 오히려 날 믿는 사람들이 당신을 죽일걸. 사람들은 구세주가 필요하니까." 이어서 다른 제자들의 회한에 찬 삶의 모습을 대한 예수는 곧 이 달콤한 꿈에서 깨어나, 십자가에 매달린 자신을 발견하고서 "다 이루었다"라는 말로 생을 마감한다. 사실, 예수의 꿈 속에 등장하는 이 사기꾼의 이름은 바로 바울이다. 예수 운동을 종교로 만들고, 예수의 복음을 왜곡하여 역사가 증명하는바 교회가 행한 모든 전횡의 기초를 놓았으며, 교회 역사 전체에 걸쳐 인간 개개인을 내성적 죄의식으로 인한 번뇌에 빠뜨린 성마르고 자기분열적인 인물 말이다. 이 논쟁적인 소설은 바울을 예수의 가르침을 왜곡한 인물로 그려내고 있으며, 이러한 왜곡된 '인상'은 단순히 문학적인 허구에만 그치는 것이 아니라 19세기 이래로 지속된 '역사적 예수' 연구의 귀결이었다고 말할 수 있을 것이다.

바울 르네상스

그러나 근래에 들어 국내에는 이러한 바울에 대한 '왜곡된' 인상을 뒤집는 새로운 기류가 조성되고 있다. 내가 이러한 기류를 통해 재조명된 바울을 만나게 된 것은 약 4, 5년쯤 전이었다. 몇몇 지인들과 함께 시작했던 세미나에서 함께 읽게 된 프랑스 철학자 알랭 바디우의 『사도 바울』이라는 책은 교회 내에 퍼져 있는 통상적인 해석과는 다른 바울의 면모를 드러내고 있었다. 개인적인 차원의 죄와 구원의 문제에 천착하는 전통적인 독해방식의 왜곡에서 빠져나온 바울, 로마제국에 저항하는 대안적 공동체들을 건설하고 그 결속을 위해 동분서주하던 운동가이자 정의와 법 사이의 역설이라는 문제를 진지하게 고민했던 사상가로서의 바울(바디우의 표현에 따를 때 그리스도 "사건의 사상가·시인인 동시에 투사"로서의 바울[1]), 즉 정치적인 의미를 회복한 바울의 면모를 말이다.

　마침 그 세미나가 진행될 당시 국내에는 여러 권의 바울 관련 서적들이 번역 출간되고 있었고, 심지어 지금까지도 국내 인문학 및 신학계의 바울에 대한 관심은 진행형이다. 정치 및 문화 현상에 대한 전방위적인 비평을 써내고 있는 지젝의『죽은 신을 위하여』, 이탈리아의 미학자이자 발터 벤야민 연구의 권위자 조르지오 아감벤의『남겨진 시간』, 신학자 리처드 호슬리의『바울과 로마제국』, 그리고 최근에 출간된 유대 종교사가이자 철학자 야콥 타우베스의 강연문『바울의 정치신학』에 이르기까지. 말하자면, 우리는 바울 르네상스의 시대를 살고 있다고 할 수 있을 것이다. 그런 맥락에서, 곧 국내에도 번역 출간될 테드 제닝스의 책『데리다를 읽는다/바울을 생각한다』또한 바울을 다시 생각하기 위한 노력의 일환으로 볼 수 있다.

바울, (다시) 생각하기

종래의 19세기 이후의 자유주의 신학, 특히 역사적 예수 연구로 인한 바울 오해에 더불어, 이보다 더 오랜 역사를 지닌 좀 더 근본적인 차원의 오해가 있다. 제닝스에 의하면, 아우구스티누스와 루터의 해석 방식을

---

1) '시인'(poet)이라는 말은 그리스어의 poiesis에서 온 것으로 '생성'을 뜻하는 말인데, 여기에서 시인이라는 말이 쓰인 이유는 바울이 무엇인가 새로운 것을 생성해내는 사유 및 활동을 한 사람이기 때문이다.

따르는 고백적인 바울 해석의 전통이 일정 이상 바울의 주된 문제의식을 희석해왔다. 말하자면, 바울이 「로마서」에서 주로 관심을 가지는 '정의의 문제'는 개인적인 차원의 '올바름' 혹은 의로움으로 환원되었고, 법정적 언어인 정당화(정의로움의 인정) 또는 칭의(dikaiosune)는 죄의 용서 또는 구속의 문제로 치환되었던 것이다. 즉, 정의의 문제를 개인적인 용서나 구원의 문제로 대체하는 해석 방식에 의해 방점이 찍히는 지점은, 마음의 법과 몸의 법 사이에서 분열되어 죄를 범할 수밖에 없는 비참한 운명에 대해 탄식하는 한 개별적 인간의 고백—"아, 나는 비참한 사람입니다. 누가 이 죽음의 몸에서 나를 건져 주겠습니까?"(24절)—그리고 이러한 비참한 운명에 처한 개인을 '죽음의 몸에서 건져'내는 메시아의 구원이다(「로마서」 7,16-25 참조). 문제는 이러한 해석의 전통 속에서 강조되는 메시아의 구원이 언제나 개인적인 차원에 머무른다는 점이며, 이로 인해 국가에 부역하는 보수적인 교회와 교조적인 신학이 바울에 의해 정초된 교회 공동체들의 중요한 가치였던 '정의의 요구'라는, 그리고 부당한 폭력에 기초한 제국을 (또는 오늘날의 국가를) 대체할 새로운 정치체 건설이라는, 좀 더 핵심적인 측면을 가려왔다는 점이다.

따라서 바울의 원래의 모습을 되찾는 노력은 오늘날 신학이나 인문학은 물론이거니와 바울이 이룩한 메시아적 공동체의 회복을 위해서도 필수적인 과제다. 그리고 그런 의미에서 근래의 바울을 재고하고자 하는 일련의 움직임은 사실상 어떤 정치적 차원을 수반한다고 볼 수 있다. 즉, 전지구적인 (자본의) 지배에 저항하여 이에 승리한 전범적인 예를 찾아내고, 바울이 원래 의도했던 (율)법을 넘어서는 정의라는 주제를 교회 내에 알리기 위한 노력의 차원을 말이다. 이런 맥락에서 이 책이 목표하는 것은 오랜 세월 동안 교회 내에서 지배적 지위를 점하고 있던 '고백적 게토(ghetto)'로부터 바울을 해방시켜 「로마서」 고유의 문제 의식을 드러내는 것이다.

바울이 말하는 정의의 역설/
역설을 수반하는 정의와 법의 관계를 말하는 데리다

바울이 제기하는 정의의 문제는 모종의 역설을 전제한다. 즉, 메시아 예수의 십자가형을 통한 칭의 또는 정의로움의 인정은 (율)법 바깥에 있는 것이다(「로마서」 7,4-6). 그러나 「로마서」의 바울에게 있어 (율) 법은 극복해야 할 어떤 것이지만, 동시에 "거룩하고, 정의롭고, 선한" 것이다. 바로 여기에 바울이 제시한 정의의 문제에 내재하는 고유한 역설이 있다. 우리는 이 「로마서」의 고유한 역설의 지점에서, 분열적인 말하기가 드러나는 곳에서, 바울 자신이 제시하는 정의의 문제와 데리 다가 말하는 정의와 법의 역설적인 관계라는 문제가 공명하는 장소를 발견하게 된다.

그렇다면 데리다는 누구인가? 자크 데리다는 서구의 역사를 관통 하는 로고스에 일자적 진리에 문제를 제기하며, 음성-중심주의 (phono-centricism)에서 벗어나 에크리튀르(글쓰기, écriture)를 통해 자신의 사유를 전개하는 독특한 태도를 가진 사람이다. 여러 사상 가들에 대한 해체적 독해를 통해, 마치 균열이 없는 듯 보이는 체계에서 균열의 지점을 드러내고, 닫힌 것을 열어내어 안과 밖을 오염시키며, 이것과 저것의 동시성을 말하는 이 위대한 알제리 출신의 유대인 사상 가는, 말하자면 소크라테스적 전통 위에 서서 철학 자체의 오만(hubris)

을 일깨우는 철학자다. 그러나 데리다의 해체적 독법은 매우 위험한 것이 아닌가? 당연하게 받아들여지는 것을 해체(deconstruction)라는 방법으로 뒤흔들고, 그 안에 잠재하는 역설을 드러내며, 모든 절대적인 것을 상대화하는 해체라는 방법은 성서를, (율)법을, 더 나아가 정의를, 신적인 정의를 그리고 결국에는 기독교의 토대, 즉 신 관념을 무너뜨리는 것은 아닌가?

제닝스는 오히려 그 반대라고 말한다. 성서 속에서 쉽게 간과하여 잊혀지는 문제들이 오히려 해체를 통해 드러나며, 특히 기독교의 오랜 역사에 걸쳐 개인적 차원으로 숨겨지고 왜곡되었던 바울이, 그리고 그의 핵심적 문제였던 '정의의 요구와 요청'이 수면 위로 드러나게 할 수 있는 것이다. 그리고 무엇보다 데리다에게 있어 법은 해체 가능한 것이지만 정의는 법의 기원이며 해체불가능한 것이다. 마치 바울에게 있어 (율)법은 극복되어야 할 어떤 것이지만, 메시아의 정의, 더 나아가 신적인 정의는 (율)법의 기초로서 영속할 수밖에 없는 것처럼 말이다. 1990년대 이래로 이러한 법의 외부로서의 정의, 법의 너머에 있는 정의라는 주제는 데리다의 중요한 관심사였다. 내가 소개하고자 하는 이 책은 데리다가 제기하는 정의의 문제와 더불어 이를 둘러싸고 배치되는 선물, 부채를 넘어선 의무, 환대, 코스모폴리타니즘(cosmopolitanism, 세계시민주의), 용서 등의 주제들이 오늘날의 바울 해석에 미치는 중요한 영향력을 탐색한다.

데리다를 통한 바울 독해의 변별점

그러나 데리다를 통해 바울을 볼 때 얻을 수 있는 어떤 고유한 지점이 있는지, 데리다의 문제의식을 통한 바울 해석에 어떤 변별점이 있는지에 대해 의문을 던질 수 있을 것이다. 한 가지 흥미로운 사실은 데리다가 바울 독해에 대한 책을 쓴 다른 학자들과는 달리 바울에 대해 직접적인 글을 '쓰지' 않았다는 점으로, 그의 여러 저술에서 바울은 다른 사상가들—예를 들어, 니체, 키르케고르, 벤야민 등—에 대한 면밀한 독해를 통해 단편적으로 다루어지고 있을 뿐이다. 즉, 데리다가 바울을 다루는 방식은 타인의 바울 해석에 대한 해체적 독해를 통해 '간접적'으로 접근하는 것인데, 어쩌면 우리는 바로 여기에서 데리다를 통한 바울 읽기의 변별점을 찾을 수 있을지도 모른다.

개략적으로 이야기하자면, 앞에서 언급한 최근의 바울 재해석에는 두 가지의 흐름이 있다. 그 한 가지는 벤야민, 타우베스, 아감벤 등이 속한 유대적 전통 안에서, '메시아적인 것(the messianic)'을 통해 바울을 읽는 흐름이며, 다른 한 가지는 바디우나 지젝이 라깡 정신분석의 영향하에서 공산주의를 재해석하는 시도로서 실행하는 바울에 대한 무신론적이며 내재적인 해석의 흐름이다. 데리다는 자신의 고유한 '간접적인' 바울 독법으로 인해 이 두 흐름 중 어느 편에도 배치될 수 없는데, 그런 의미에서 그가 바울 해석에서 이 두 흐름의 '경계 위에' 서 있는 듯한 기묘한 인상을 받게 된다. 데리다의 간접적인 그러나 매우 면밀한 해체적 독해를 통한 바울 해석은 바로 이런 측면에서 다른 사상가들의 해석과 구별되는 장소를 가진다고 볼 수 있다. 그러나 문제는 바울과 연관 지을 수 있는 정의의 문제를 다루는 글들이 데리다 저작 여기저기에 단편적으로 산재해 있으며, 그로 인해 데리다와 바울 사이의 연관을 생각하기가—완전히 불가능하지는 않더라도—용이하지 않다는 점이다. 제닝스의 작업이 지니는 의미는 바로 이 단편들을 하나로 묶어내고,

바울의 주제들과 병렬적으로 배치하는 작업을 통해 바울이, 특히「로마서」의 바울이 관심을 가졌던 문제가 바로 정의에 관한 것이라는 점을, 그리고 일반적으로 유포된 오해와는 달리, 데리다에게 정의의 문제가 무엇보다 긴급한 문제였다는 점을, 명확히 드러낸다는 것이다.

법의 너머에 있는 정의

바울과 데리다를 병치시키는 이 책은 먼저 일종의 예비적인 작업으로 데리다의 여러 글들에 흩어져 있는 정의와 법에 관한 논의들을 함께 모아낸다.『법의 힘』,『마르크스의 유령들』,『환대에 대하여』,『죽음의 선물』등의 데리다 텍스트에서 법을 해체하여 정의의 해체불가능성을, 그리고 법과 정의의 불가분의관계를 드러내는 사유의 단초들을 불러모으는 것이다. 여기에서 정의와 법 사이에는 모종의 이중적인 구분이 설정된다. 먼저 정의와 법의 관계는 법을 통해 구현된 정의를 나타내는 법/권리와 구분된다. 그리고 법/권리는 다시 이를 현실적으로 실현하는 조문들인 법들/권리들과 구분된다.[2) 어쨌든 데리다에게 정의는 해체할 수 없는 것인 반면, 법은 해체할 수 있는 것이다. 그러나 이와 동시에 정의와 법 사이의 구분은 불안정한 것이다. 데리다에 따르면, 정의는 법의 외부이면서도(이질적), 법 안에 함축되며(분리 불가능), 그 실현을 위해서는 '법의 힘'을 거쳐야만 하기 때문이다.

　　이 단계에서 이 책이 데리다의 사유를 통해 제시하고자 하는 것은

---

2) 이러한 구분은「로마서」에서도 등장하는데, 말하자면 바울이 신적인 정의, 메시아의 정의와 (율)법 그 자체, 그리고 문자로서의 (율)법, 즉 조문으로 된 법을 말할 때 드러나는 듯 보인다.

정의가 지닌 어떤 부정적인 성격이다. 정의는 결코 어떤 긍정으로, 말하자면 고전적인 방식으로 정의를 말하는 "각자에게 마땅히 줄 것을 준다"는 아리스토텔레스적 규정에 의해서 완전하게 드러나지 않으며, 이러한 규정에 따른 정의는 오히려 법 혹은 권리로 환원된 정의라고 말할 수 있다. 벌을 받을 사람에게는 벌을, 상을 받을 사람에게는 상을 준다는 징벌적/보상적 정의는, 그리고 한 걸음 더 나아가 분배적 정의 또한 그런 긍정을 통해 정의를 규정하는 형식을 취하는 것이다. 무엇보다 이런 방식의 정의는 어떤 순환을, 계산이 가능한 주고받음을, 예를 들어 데리다가 『마르크스의 유령들』에서 말하는 '번민-복수-번민'의 악순환과 같은 교환 및 순환의 관계를 가지게 된다. 하지만 이러한 순환은 언제나 폭력에 대한 더 큰 폭력으로 이어질 수밖에 없으며, 이를 고려할 때 진정한 정의는 오히려 이러한 폭력과 복수의 교환경제를 끊는 데서 발생한다. 진정한 정의가 일종의 경제적 순환의 단절에서 발생한다는 점을 고려할 때, 정의는 계산적인 주고-받음을 초과하는 의미에서 선물과 유사한 형식을 지닌다. 완전한 선물이 언제나 불가능한 것이기에 정의는 일종의 (불)가능성, 종말론적 차원에 있는 것, 데리다의 용어로 말하자면 장래(future, futur)와 구분되는 도래할-것(to-come, l'avenir), 아직 오지 않은 것일 수밖에 없다(이러한 문제들은 『환대에 대하여』에서 한꺼번에 다루고 있다).

폭력과 십자가에서 드러나는 메시아적인 것

바울과 데리다는, 법의 집행에서 나타나는 특정한 힘 또는 폭력, 즉 '법의 힘'이라는 주제를 통해 정의가 법의 너머에 있다는 인식을 공유한다. 제닝스는 이를 보여주기 위해 매우 흥미로운 방식으로 발터 벤야민 (Walter Benjamin)의 이름을 사용한 미드라쉬적(midrashic) 견해를 개진하는데, 이것은 데리다가 "법의 힘"에서 선보였던, 벤야민의 (첫 번째) 이름 '발터'가 힘 또는 폭력을 의미하는 독일어 단어 게발트 (Gewalt)와 연관되어 있다는 고찰에 대한 대구로 볼 수 있을 것이다. 이 책이 제시하는 데리다의 고찰에 대한 대구란 발터의 마지막 이름 (성)인 벤야민이라는 이름과 관련된다. 성서상의 기록을 고려할 때, 이 벤야민이라는 이름에는 앞에 쓰이는 발터라는 이름 못지않은 폭력의 상황들이 결부된다는 것이다. 먼저 야곱의 아들 벤야민이 태어날 때 어머니 라헬이 죽었던 일, 「사사기」에 기록된 벤야민 지파 지역에서 일어난 폭행 사건인 '기브아의 분노', 무엇보다 벤야민 지파 출신의 바울이 경험한 메시아 예수의 십자가형 및 예수의 추종자들에게 가해진 폭력(여기에서 바울이 처형 장면을 직접 목격을 했는지 아닌지는 중요하지 않다) 등의 특정한 폭력의 상황들을 고려할 때, 바울과 데리다가 접점을 찾게 되는 것은 바로 발터 벤야민의 이름에서 시작되는 '폭력'에 대한 고찰인 것이다.

어쨌든 데리다에게 이 폭력이란 주제는 어떤 실제적인 사건(메시아 예수의 십자가형)을 통한 것이 아닌 발터 벤야민의 "폭력 비판을 위하여"라는 글에 대한 해체적 독해로부터 유래한 것이다. 데리다는 벤야민의 글을 해체하는 고찰인 "법의 힘"에서 벤야민이 제시한 법 정초적 폭력과 법 보존적 폭력 사이의 구분을 고찰한다. 새로운 법을 제안하거나 만들어내기 위한 폭력과 이미 존재하는 법의 안정성을 유지하기 위해 법질서의 집행자들이 드러내는 폭력의 구분을 말이다. 여기에서, 법질서가 이빨을 드러내는 법의 임의적 폭력에 대한 논의가 등장하는

데, 이러한 법의 임의적 폭력이란 바로 법질서를 중지시키는 총파업—벤야민이 제시하는 국가 체제를 전복하고 새로운 형태의 정치를 정초하는 정치적 총파업이건 혹은 국가 지배 자체를 폐지하는 프롤레타리아 총파업이건 어느 쪽이든 상관없이(둘 사이의 구분이 불안정하기에)—을 억제하기 위해 국가와 국가 질서를 유지하는 법이 그 '무한하게' 초과적인 폭력을 드러내는 것을 말한다.

바울이 법의 폭력성을 인식하게 되는 방식은 데리다와는 달리 어떤 사건을 통한 것이다. 사울(바울의 원래 이름)은 길리기아 지방의 타르수스(다소) 출신 디아스포라 유대인으로, 로마 시민이며 바리새인이자 존경 받는 율법학자 가말리엘의 문하에 있던 어떠한 결격 사유도 없는 사람이었다. 그러나 그런 그가 다마스쿠스로 예수쟁이들을 잡으러 가는 길에 경험한 예수와의 신비한 만남을 통해 예수가 신의 아들이자 메시아임을 믿게 된 뒤 이름을 바울로 바꾸고 스스로 메시아가 (이방인을 위해) 보낸 사도임을 선언한다. 그런데 바로 그 메시아 예수는 십자가로 처형된 자다. 이 처형은 당시 지중해를 둘러싼 전 지역을 연속적인 정복 전쟁을 통해 장악하고 평화와 번영을 구가하던 로마제국과 제국으로부터 일정한 지위를 승인받은 종교로서의 유대교 사이에서 (암묵적으로) 진행된 모종의 공모에 의한 것이었다. 그런 배경에서 볼 때, 바울에게 메시아의 정의는 (율)법 바깥에 있는 것이었으며, 따라서 「로마서」에서 바울의 비판의 칼날은 로마법과 유대교 율법 양자 모두를 향한다.

이 책이 주목하는 것은 벤야민에게서 유래한 '위대한 범죄자'의 형상이다. 대중의 지지를 얻고 사랑을 받는 이 인물의 매력은 부당한 법 바깥에 서 있다는 점인데, 이는 적극적으로 법 바깥에 서 있었으며 십자가형을 통해 법의 부당한 폭력을 폭로했던 메시아 예수에게서도 나타나는 특징이다. 법적 질서의, 국가 질서의 최종적인 폭력 수단인 사형제도, 바로 이 지점에서 법의 성격이 그대로 드러나는 것이다. 어쨌든 그로 인해 정의는 법의 '강한 힘'이 아니라 어떤 '약한 힘', 메시아 예수의 십자가형, 법적 질서 앞에서 드러나는 무력함에서 나타나는 것이다. 바울이 말하는 '하나님의 어리석음', 그리고 데리다가 벤야민으로부터 끌어오는 '메시아적인 것', 법 바깥의 그리고 법의 너머에 있는 정의란 바로 그런 약함으로부터 드러나는 것이다.[3]

선물로서의 정의

그렇다면 정의는 분명히 법 바깥에, 법 너머에 있는 것이며, 따라서 법의 질서, 교환과 순환의 질서를 벗어난 것이다. 앞에서도 말했듯이 그런 의미에서 정의는 각 사람에게 마땅히 주어야 할 것을 주는 보상적/보복적 정의가 아니며, 심지어 분배적 정의도 아니다. 제닝스는 정의가 부정을 통해서밖에 드러날 수 없는 이러한 맥락에서 데리다의 선물이라는 주제에 주목한다. 데리다가 제시하는 선물은 불가능한 것일 수밖에 없는데, 그 이유는 받는 사람이 정말로 원하는 것인지 알 수 없으며, 받은 이후에 무언가 답례를 해야만 한다는 긴장이 생긴다면 선물은 선물이 아니라 어떤 부담 또는 기껏해야 되갚아야 할 교환물이 될 수밖에 없다는 것이다. 또한 아무런 대가를 생각하지 않는 선물 역시 주는

---

3) 이 '약한 힘', '메시아적인 것'은 실제로 로마제국 내에서 폭력적인 저항이 아닌 어떤 방관자적 저항을, 메시아를 기다림을 지속했던 바울 공동체의 종말론적 성격과 궤를 같이 한다.

사람 스스로가 얻게 되는 자신의 선함에 대한 자기만족이 뒤따른다면 이것 역시 선물을 준 것이 아니라 증여물과 자기만족을 교환한 셈이 된다. 진정한 선물이 가능하려면, 만일 그런 것이 가능하다면, 그것은 이러한 교환의 경제4)를, 순환의 법(칙)을 중단하는 것일 수밖에 없다. 「로마서」가 말하는 정의 또는 칭의(정의로움의 인정) 역시 그런 것인데 이것은 인간의 행위나 어떤 자격 같은 것과는 아무런 상관없이 값없이 주어지는 것이기 때문이다. 그러므로 정의는 은혜 또는 선물과 유사한 어떤 것이다.

환대라는 의무와 서로를 환영하라는 메시아의 법

그러나 선물만으로는 부족하다. 비록 정의가 선물과 같이 값없이, 상환의 책임 없이 주어지는 것이라 하더라도, 우리는 정의가 법을 통하지 않고는 실현될 수 없다는 것을 알고 있다. 말하자면, 메시아를 따르는, 메시아에 충실한 자들의 공동체를 위한 새로운 법이 필요한 것이다. 물론 이 법은 이전의 (율)법과는 다른 범주에 속한 새로운 법이어야 한다. 그런 의미에서 이 책이 주목하는 것은 데리다의 "부채를 넘어선 의무"―「로마서」에서도 나타나는 듯 보이는―와 바울이 「로마서」에서 제시하는 "믿음의 순종" 및 "메시아의 법"이라는 주제들이다.

이런 새로운 규범을 매개하는 것은 사랑인데, 이 책은 바울이 예수의 이중적 사랑의 규범(신에 대한 사랑과 이웃에 대한 사랑)을 단일한 사랑의 규범(이웃 사랑)으로 전환한다는 점에 주목한다. 말하자면, 신

---

4) economy 또는 경제라는 말을 어원학적으로 분석할 때 나타나는 -nomy라는 말에 비추어볼 때, 경제 자체가 일종의 법(칙)이다.

으로부터 받은 사랑을 신에게 돌린다면, 그것은 일종의 경제로, 사랑을 교환하는 순환의 법(칙)으로 돌아감을 의미한다. 오히려 이러한 사랑의 교환경제가 드러내는 순환을 단절하여, 신에게 받은 사랑을 신에게 돌리거나 또는 내가 독점하는 것이 아니라 이웃에게 돌린다면, 여기에서 더 이상 교환 경제 혹은 법(칙)은 성립하지 않을 것이다. 메시아를 따르는 공동체 내에서 정의는 "메시아의 법"을 통한 이웃 사랑이며, "죽기까지 순종하신" 메시아의 "믿음의 순종"을, "메시아의 충실성"을 나누어 가진 충실한 자들의 이웃 사랑, 즉 타자에 대한 사랑인 것이다.

이 책이 데리다의 "환대"라는 주제에 주목하는 것도 바로 바울이 제시하는 "환영"이라는 새로운 공동체의 규범을 설명하기 위한 것이다. 데리다는 특히 환대와 연관 지어 앞에서 다룬 문제들, 즉 정의와 법, 법/권리 그리고 법들/권리들, 의무/부채, 선물 등에서 드러나는 역설적인 문제를 집약적으로 다루고 있는데, 여기에 윤리라는 차원이 더해진다. 환대 혹은 바울의 주제로 말할 때 "메시아적 환영"은 타자에게 내 집의 문을 열어 가진 것을 공유하는 윤리 또는 규범이다. 바울이 "메시아가 여러분을 환영하신 것 같이[받아들이신 것 같이], 여러분도 서로 환영하여서[받아들여서] 하나님의 영광을 드러내십시오"(「로마서」15,7)라고 말하고 있는 것처럼 말이다. 이때 데리다의 환대와 바울의 환영은 어떤 정치적 차원으로 연결된다. 데리다의 경우 환대라는 주제는 유럽의 증가하는 폐쇄성에 맞서는 사유의 길에서 제시되었는데, 이를 위해 외국인에 대한 환대와 난민을 위한 어떤 특정 국가에 속하지 않는 도시에 대한—다시 말해 코스모폴리타니즘에 대한—사유가 전개된 바 있다. 바울이 로마제국에 맞서는 일종의 새로운 정치체의 창안에 관심을 가졌다는 점은 주지의 사실이다. 그러나 그가 추구한 새로운 정치체는 제국의 질서를 전복하거나 이를 개혁하는 데 관심을 두는 것이 아니라, 법 외부의 정의를 현실로 끌어들이기 위해 노력하는 공동체였다. 종말론적이지만 그렇다고 해서 메시아만을 기다리며 다른 삶의 문제들을 등한시하는 것이 아니라, 이 땅 위에 메시아의 법을, 이웃 사랑으로 대변되는 메시아의 환영을 구현하기 위해 노력하는 공동체였다.

용서할 수 없는 것의 용서와 정의를 위한 이중적 용서

용서라는 주제 역시 서로에 대한 환영이라는 맥락에서 다루어진다. 이 용서라는 주제는 이 책에서 특히 중요하게 여겨지는데, 그 이유는 기독교 역사를 통틀어 매우 오랜 기간 동안 바울의 칭의라는 주제가 개인적이고 내밀한 죄의 용서, 믿음을 통한 속죄와 동일시되어왔기 때문이다. 즉 용서 혹은 개인적 차원의 속죄가 너무나 오랜 세월 동안 정의의 대체물로 작동해왔고, 그로 인해 신학의(특히 바울의) 정치적 차원이 가려져왔던 것이다. 그렇다면 바울은 용서라는 주제를 어떻게 생각했을까? 그리고 우리는 데리다를 통해 어떻게 이 용서라는 주제에 대한 오해를 가로지를 수 있을까? 먼저 이 책은 데리다가 말하는 용서의 불가능성에 대해 이야기한다. 데리다에게 용서란 어떤 용서할 수 없는, 변명할 수 없는 것에 대한 용서다. 만일 누군가 나에게 용서할 만한 잘못을 저질렀고 그래서 내가 그를 용서한다면 그것이 과연 진정한 의미에서의 용서라고 말할 수 있겠는가? 그런 의미에서, 용서는 선물과 같이 (값없이) 주어지는 것이며, 정상적인 지식의 체계를, 정상적인 법의 경제를 넘어서는 것이다. 그러나 용서와 선물은 같은 것일 수 없다. 왜냐하면 선물이 아직 오지 않은 것, 장차 도래할 것에 관계되는 반면, 용서해야 할 과오가 이미 지나간 시간에 속하는 것이라는 의미에서 용서는 과거와 관계되기 때문이다.

데리다와 달리 바울은 용서라는 주제에 관심을 갖지 않는다. 이 책에 따르면, 「로마서」에서 서로에 대한 '용서'로 번역되는 유일한 단어인 aphiein은 바울이 스스로 쓴 말이 아니라 구약성서의 「시편」의 인용구에 들어 있는 것이며, 이 단어가 등장하는 구절의 강조점은 용서가 아니라 축복에 찍힌다. 그리고 '용서하라'로 번역되는 다른 말은 은혜나 자비를 뜻하는 charis에 어원을 둔 charizomein인데, 이 말은 용서하라는 의미보다는 오히려 서로를 자비로 대하고 환영해주라는 의미이다. 그렇다면 용서라는 주제와 관련하여 데리다와 바울의 교차점은 없는 것이 아닌가. 다시 말해 데리다를 통한 바울 읽기는 적어도 용서에 관한 한 어떤 의미도 찾을 수 없는 것인가?

하지만 이것은 그렇게 크게 문제가 되지 않는다. 여기에서 제닝스가 목표로 하는 것은 용서라는 특정한 주제를 통해 바울과 데리다를 연결하는 것이 아니라, 데리다의 용서/선물을 전유하여 (일정 이상의 해석적 폭력—바울과 데리다 양자 모두에게 보이는 충실한 배신—을 무릅쓰고서라도) 바울과 관련된 용서에 대한 오독을, 용서의 개인화를, 더 나아가 사유화를, 정의를 폐기하는 사유화된 용서를, 특히 이런 방식으로 해석되어왔던 「로마서」 7장 해석을 개정하는 작업이기 때문이다. 이를 위해 이 책은 데리다로부터 정의가 지닌 또 다른 역설을 끌어온다. 데리다는 "용서하기 위해"라는 글에서 정의와 위증(배신)의 딜레마에 빠진 자신에 대해 말하는데, 그 딜레마란 정의롭기 위해 누군가 한 사람을 배신해야 하는 상황, 정의롭기 위해 불의해야만 하는 당혹스러운 상황이다. 그리고 바로 이런 이유로 정의롭기 위해 용서를 구해야 함을 말하는 것이다. 제닝스의 논변에 따르면, 데리다가 제시하는 이 정의와 위증의 역설의 상황은 바로 바울이「로마서」7장에서 말하는 내용과 상응하는 것이다. 타자, 즉 이웃과의 관계에서, 나는 정의롭고자 하지만 타자를 배신하고 있으며 그로 인해 번민에 빠지게 된다. "나는 스스로의 행위를 이해하지 못합니다. 왜냐하면 내가 원하는 것을 행하지 않고, 오히려 내가 증오하는 바로 그것을 행하고 있기 때문입니다"(7,15). "나는 옳은 것을 바랄 수 있으나, 그것을 행할 수 없습니다. 왜냐하면 나는 내가 원하는 선한 일은 하지 않고, 도리어 내가 원치 않는 악한 일을 행하기 때문입니다"(18b-19). 이러한 구성적인 딜레마, 또는 이중구속의 상황을 타개하기 위해서는 이중적 용서가 요구된다.

제닝스의 이야기에 따르면, 정의와 이중구속 그리고 이중적 용서는 바로 다음과 같은 과정을 통해 진행된다. 먼저 모든 사람에게 주어지는 선물과 같은 일반 사면이 주어지고, 이에 의해 정의를 위한 공간이 열린다. 여기에서, 정의에, 메시아적 정의에, 메시아가 죽기까지 순종했던 신적인 정의에 충실한 자들을 위한 장소가 마련되는 것이다. 그러나 여기에는 앞에서 이야기한 정의롭기 위해 불의해져야만 하는 역설이 뒤따르게 되며, 바로 이를 타개하기 위해 메시아의 정의에 충실한 자들을 이러한 딜레마로부터 구해내기 위해 두 번째 용서가 필요한 것이다. 흥미로운 것은 앞에서 언급한 것처럼 선물/용서의 이중항에서 용서는 지나간 것 또는 과거에, 선물은 도래할 것 또는 미래에 관련되는데도, 시간적 순서와는 상관없는 일종의 뒤틀린 선후관계가 설정된다는 것이다. 즉 미래와 관련된 선물이 선행적으로 주어져 정의의 공간을 열고, 과거와의 관계에 관련된 용서가 후행적으로 주어져 정의롭기 위해 불의해져야만 하는 역설을 풀어낸다. 여기에는 어떤 메시아적인 것의 시간성이 연관된다고 볼 수 있을 것인데, 말하자면 그것은 미래 완료 혹은 전미래 시제다. 미래가 과거에 선행하고 과거가 미래에 후행하는 이런 불가능한 것의 시제, 아직 오지 않았으며 약속과 같이 주어지는 도래할 것의 시제, 바로 그런 것이 이 미래 완료 또는 전미래 시제가 지닌 성격이며, 우리가 아는 그대로, 정의는, 메시아의 정의는, 메시아가 충실했던 신적인 정의는 바로 이러한 성격을 지니고 있는 것이다.

맺음말: 신학과 인문학의 서로에 대한 초청, 환영

마지막으로 약간은 뜬금없는 동어 반복적 질문으로 글을 마무리하려 한다. 우리는 바울을 생각하기 위해 데리다를 읽어야 하는가, 아니면 데리다를 읽기 위해 바울을 생각해야 하는가? 다시 말하면, 신학을 연구하기 위해 철학과 인문학을 연구해야 하는가 아니면 그 반대인가? 이에 대한 답은 타우베스가 그의 강연록『바울의 정치신학』에서 했던 말을 옮기는 것으로 대답이 될 듯하다. 타우베스는 철학과에 최소한 세 명의 신학교수가 필요하다고 말한다. 신약해석학, 구약해석학, 조직신학을 가르칠 교수들이 말이다. 오늘날 철학과 인문학을 연구하는 데 신학이나 성서에 대한 지식이 필요 없다고 생각하는 경향이 팽배해 있지만 이는 오해일 뿐이다. 동양 철학이나 역사라면 모르겠지만, 어쨌든 서구 철학 및 인문학의 역사 내에 기독교 신학과 성서는 깊이 침투하여 분리될 수 없을 정도로 혼합되어 있다. 철학과 신학이 마치 서로 관련이 없는 것처럼 여겨지는 오늘날의 학문적 상황에서 이 두 학문이 서로를 받아들이고 환영하는 이 책의 작업은, 혹은 다시 말해, 정의의

도상에 선 데리다와 바울이라는 두 낯선 이방인의 마주침과 이로부터 열리게 된 서로에 대한 환대의 공간은, 두 학문의 관계에 대한 정당한 평가를 가능하게 하는 것이다.

제8시대

박성훈은 연구집단 CAIROS 회원이며, 현재 인문학 번역가로 활동 중이다. 역서로 테드 제닝스의 『예수가 사랑한 남자』(동연, 2011), 같은 저자의 *Reading Derrida/Thinking Paul: On Justice*(근간) 등이 있다.

법 밖의 정의

바울의 메시아적 정치론에 대한 짧은 소개서

한수현

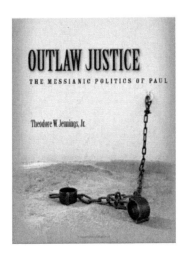

Theodore W. Jennings Jr.
*Outlaw Justice: The
Messianic Politics of Paul*
(Stanford University
Press, 2013)

몇 년 전 하버드 대학의 한 교수가 쓴 책 『정의란 무엇인가?』이 큰 반향을 일으켰다. 이 책을 펴들고 쏟아지는 질문 공세에 무장해제 되어 '정의'가 가지는 복잡함에 주눅이 들었던 적이 있었다. 하지만 마지막에 저자가 슬쩍 끼워놓은 답안에는 고개를 갸웃거릴 수밖에 없었다. 이른바 '공동체주의'라는 살짝 매력적인 단어를 꺼내놓고 결국 '정의'의 실현을 국가 정치의 장으로 제한하고, 열린 토론에서 '최선'이나 '차선'의 선택이 바로 '정의'라고 하는 결론에 쉽게 수긍을 할 수 없었기 때문이다 (저자는 그것이 자신의 완전하지 않은 의견이라고 밝히기는 하였다).

물론 내용 중에는 고개가 끄덕여지는 부분도 있었다. 종교적 가치가 '정치'와 '정의'를 논함에 분리되기 어렵다는 부분이다. 하지만 종교적 가치가 갖는 편향성을 말하며 이내 화들짝 물러선다. '정의'를 말함에 종교가 빠질 수 없다고는 하지만 전적으로 받아들일 수는 없다는 말일까? 오히려 필자에게는 '정의'를 말함에 있어서 서양 종교의 뿌리가 된 유대교와 기독교를 논하지 않고는 서구 정치에서 정의를 말하기는 힘들다는 주장으로 들렸다. 근대 사회에서 전통적으로 추구되어오던 정교분리에 대해 다시금 생각해보아야 한다는 말일까? 그렇다면 과연 종교, 또는 기독교가 우월한 인종주의나 전투적인 선교주의에 목숨을 거는 공동체만이 아니라 현대 정치사회에 대안이 되는 정치론이나 정의론을 생산할 수 있을까?

철학과 종교, 그리고 정치에 관한 담론들이 분리되기 이전에, 로마 제국의 엄청난 패도 앞에 유대교의 한 지식인이 제국의 정의에 대항하여 새로운 '정의'를 외치며 나타났고, 그가 쓴 글이 아직까지 남아 있다. 우리가 신약성서라고 부르고, 또한 그 안에 「로마서」라고 부르는, 바울이라는 사람이 쓴 서신. 바로 그 서신이 진정한 '정의'를 말하는 책이라고 테오도르 제닝스(Theodore W. Jennings Jr.) 교수는 말한다. 바로 이 글에서 소개할 책인, *Outlaw Justice: The Messianic Politics of Paul* (Stanford University Press, 2013)의 저자 제닝스는 바울의 편지 중 하나인 「로마서」가 정의란 무엇이며 어떻게 구현해낼 수 있는가의 문제를 다루고 있다고 말한다.

제닝스 교수는 바울 텍스트의 다양한 해석의 층위를 인정하면서도 정의론적 관점에서 읽는 것이 「로마서」를 바르게 접근하는 방법이라고 말한다. 흔히 '이신칭의'(以信稱儀, justification by faith)라고 말하는, '그리스도를 믿음으로 얻는 의'를 설파하는 교리적 근거로 사용되는 「로마서」가 제닝스 교수의 손에서 메시아에 대한 충성으로 구현하는 정의로 탈바꿈되는 것이다.

바울 서신을 정치적 관점에서 읽는 것은 철학과 성서신학 내에 소위, 트랜드를 형성하고 있다. 지젝, 바디우, 아감벤 등이 바울의 서신에서 새로운 가능성을 찾아내고 있고, 탈식민주의나 맑스주의 성서신학자들도 새롭게 바울을 읽는다. 그 핵심에 메시아 정치학에 대한 담론이 있다. 서구 지식인들과 신학자들에게 새롭게 일어나고 있는 바울 새롭게 읽기는 크게 두 가지 즉, 기독교신학 외적인 흐름과 신학 내적인 흐름이 있고, 제닝스 교수는 정확히 그 두 흐름이 만나는 지점에서 이 책을 썼다. 그 두 흐름을 살펴보자.

기독교 내에서 오랜 세월 동안 루터와 칼빈 식의 바울 서신 읽기는 개신교신학의 근거로 받아들여졌고, 이후의 바울 신학의 역사는 그리스도를 믿음으로 죄인에서 의인으로 칭함을 받는 사실성에 대한 연구와 논쟁으로 점철되어왔다. 과연 믿음으로 구원이 끝나는 것인가, 행함은 의미가 없는가, 율법적인 신앙은 의미가 없는가 등의 기독교가 인간 구원에 대한 단 하나의 유일한 대책이라는 식의 기독교 우월론을 생산하는 데 중요한 해석의 근거가 되어온 것이 바울 서신이었다. 정작 예수는 반(反)율법주의를 주장한 적이 없는데 말이다. 이러한 해석은 필연적으로 반유대주의적 신학을 기독교에 불어넣었다. 기독교는 율법적인 유대교를 뛰어넘는 고등종교이고 유교, 이슬람교, 불교 등도 이와 다르지 않다는, 그래서 오직 예수로만 구원받는다는 말이 바울에게서 힘을 얻게 된 것이다.

1990년대에 이르러서야 이러한 해석들을 극복하는 흐름들이 성서신학계에서 일어났다. 물론 아시아신학이나 민중신학에서 이미 있었던 흐름들이지만 서구 사회는 2차 세계대전의 유대인들에 대한 대학살로부터 정신을 차린 이후에야 반유대주의적이고 종교우월주의적 해석에서 벗어나 바울 서신을 다시 읽을 수 있게 되었다. 그로부터 도출된 성과들은 다음과 같다. 바울은 유대교적 전통에서 벗어나려고 한 것이 아니다. 즉, 바울은 반유대적인 가치로 기독교를 만든 것이 아니라는 것이다. 그렇다면 바울이 그토록 혹독하게 비판하는 율법적 신앙 또는 율법적 정의는 무엇을 지칭하는 것일까? 최근에 이르러서야 바울이 공격의 대상으로 삼은 것은 유대교가 아니라 로마제국이라는 것이 어느 정도는 상식적으로 받아들여지고 있다. 즉, 바울이 말하는 율법이라는 것은 모세의 율법만을 말하는 것이 아니라 로마의 법도 포함한다는 것이다. 그렇다면, 바울은 예수의 부활을 보고 이를 새로운 시대의 시작으로 여겼고 그의 유대교적 전통에서 이를 새롭게 해석하려 했다는 것이다. 이는 작금의 경제 제국이 등장하는 시대에 새로운 메시지를 던져주고 있다.

신학 외적인 흐름에서 바울의 서신이 중요해진 이유는 두 가지인데, 첫 번째는 자본주의의 끝도 없는 질주를 민주정치체제가 막아낼 수 없으리라는 '의심'이 '확신'이 되었기 때문이고, 두 번째는 레닌주의의 재조명이 이에 대한 대안으로 떠오른 것이라 필자는 생각한다. 자본주의 안에 살면서 자본의 힘에 휘둘릴 수밖에 없는 사람들이 어떻게 자본주의를 극복할 수 있는 비전을 만들어낼 수 있을까? 이 어려운 질문에 레닌은 형식(form)이 내용(content)에 선행한다는, 당이 당의 정신과 목표보다 먼저라는, 다른 의미로 말하면, 새로운 비전이 먼저가 아니라 희망을 생산할 수 있는 형식(form), 집단, 또는 공동체의 창설이 먼저라는 해답을 내어놓았다. 이에 착안해 루카치와 지젝은 바울이 예수의 가르침을 하나의 당의 형태로 만드는 것에 집중했다고 보았다. 즉 바울이 제국에 대한 대안적 정치학으로 새 정치를 생산할 수 있는 공동체를 만드는 데 필생의 노력을 기울였는데, 이것이 바로 에클레시아, 소위 현재 우리가 교회라고 부르는 집단이었다. 새로운 형태의 공동체만이 제국의 정치학을 벗어난 형태의 정치적 비전, 정의에 대한 인식을 생산할 수 있다는 것이 바로 바울의 생각이었다는 것이다. 엥겔스와 맑스가 바울의 서신을 읽으면서 초기 공산당의 조직에 대한 영감을 얻었고, 바디우와 아감벤이 국민의 삶 자체를 통제하는 국가 형태의 유일한 탈출구를 바울에게서 찾는 것은 그래서 공감할 만하다.

이러한 연구의 연장선상에서 제닝스 교수는 플라톤과 아리스토텔레스, 그리고 어거스틴부터 근대의 바르트, 현대의 지젝과 같은 철학자들과 브리짓드 칼과 같은 성서신학자들의 연구결과를 소개하며 「로마서」를 새롭게 읽어야 함을 제안한다. 아마 독자들은 그리스도를 메시아로, 예수를 여호수아로, 의(righteousness)를 정의(justice)로, 그리고 믿음(faith)을 충성(loyalty)로 읽는 독해에 놀랄 수도 있다. 그러나 그리스도는 히브리어 메시아의 희랍어 번역이고, 예수는 아람어로써 히브리식 이름인 여호수아를 말하는 것으로, 약속의 땅으로 신민들을 이끌 지도자를 의미한다. 또한, '의'라는 표현은 영어식 번역의 오류이며 이보다는 '정의'라는 표현이 더 적절하다. 마지막으로 믿음(피스티스)는 충성심(loyalty)로 번역하는데, '충성심'이 헬라어 '피스티스'의 더욱 절절한 번역이라는 생각에 익숙해지면(신실함이라고 생각하면

충성심이 내포하는 의미를 쉽게 느낄 수 있을 것이다),「로마서」야 말
로 바울의 새로운 정의론이라는 것에 고개를 끄덕이게 될 수도 있을
것이다.

　서론에서 제닝스는 바울의 시대에서부터 현재에 이르기까지의 바
울 해석의 역사와 정치론적 해석의 역사를 쉽고도 깊게 서술한다. 간단
한 서론이 끝나면, 그야말로「로마서」1장 1절로부터 마지막까지 독자
에게 친절한 설명을 곁들이며, 과연 새로운 정의와 그 정의에 기반을
둔 공동체가 어떤 것인가를 생생한 바울의 증언으로 들려준다. 제닝스
의 글의 장점은 쉽다는 것인데, 그가 사용하는 일차자료들의 고급정보
에 독자가 쉽게 접근할 수 있도록 도와준다. 제닝스의 설명과 함께 새로
운 정의의 공동체에 대한 바울의 신념을 듣다보면「로마서」가 현대의
새 정치를 갈구하는 독자들에게 보내는 바울의 외침임을 알게 된다.

　이제 본격적으로 책의 내용을 짧게나마 정리해보도록 하자. 필자가
생각하는 두 가지의 개념(토탈리티, 환대로서의 정의)을 핵심으로 삼
고 제닝스가 이해하는 로마서에 접근해보자.

토탈리티(totality - 전체성, 총체성)

오랫동안 성서학자들은 바울이 인간 개인의 죄에서 구원을 받을 수
있는 길을 제시했다고 생각해왔다. 제닝스는 이에 반하여, 바울은 "사
회적 콘텍스트로부터 분리된 개인의 죄의 총합을 탓하는 것이 아니라
한 사회의 공동체들을 비판한다"고 말한다. 그러므로 "보편적인 죄는
개인들을 지칭하는 것이 아니라 사회 전체(social totalities)가 불의
(unjust)에 기반하고 있음을 말하는 것이다."[1] 이는 일견 루이 알튀세

르(Louis Althusser)의 총체성(totality)의 개념과 라인홀드 니이버 (Reinhold Niebuhr)의 『도덕적 인간과 비도덕적 사회』(*Moral Man and Immoral Society*, 1932)을 떠올리게 한다. 즉, 불의의 원인을 추적하다 보면 한 인간을 발견하는 것이 아니라 그 사회 전체가 유기적으로 연합되어 불의를 생산하는 구조를 발견하게 되는 것이다. 데리다가 『법의 힘』(*Force of Law*)에서 법이 정의의 생산 자체를 불가능하게 하는 현실을 고발하는 것과 같이 제닝스는 바울이야 말로 유대와 로마의 법이 인간 사회를 불의한 공동체로 만들어가고 있음을 알아차린 인물이라고 본다. 헬레니즘 시대로부터 플라톤이나 슬론과 같은 천재들은 법이야 말로 인간 사회에서 정의를 생산할 수 있는 유일한 길이라고 생각했으며, 그들에게 가장 중요한 문제는 더욱 나은 법체계를 만드는 방법이었다. 그러나 바울은 "정의와 법 사이에는 회복할 수 없는 갈등이 존재하는데, 그러므로 정의라는 것이 있다면 그것은 반드시 법 밖에서 도래하는 것"이라고 믿었다는 것이다.[2] 이신칭의는 바울에게 정의를 실현하는 하나의 방법이었으며 이는 충성심(피스티스)를 통하여 구체화된 정의가 바로 복음이라는 바울의 대명제였던 것이라고 본다. 제닝스는 데리다의 정의에 대한 이해가 바울 서신, 특히나 로마서를 이해할 수 있는 중요한 단초를 제시한다고 생각하는데, 데리다가 정의는 정의 밖에서 그리고 정의를 넘어서 나타나야 한다고 말한 것처럼 바울은 하나님의 정의가 법의 행함으로 이루어질 수 없음을 주장하였다는 것이다(조르지오 아감벤이 그의 저서인 『남겨진 시간』에서 바울을 제대로 이해한 유일한 인간은 발터 벤야민이라고 했는데, 데리다야

---

1) Theodore W. Jennings, *Outlaw Justice: The Messianic Politics of Paul* (2013), 56.
2) Ibid., 61. 「로마서」 3,20-21 참조.

말로 벤야민의 애독자라는 것이 어쩌면 단서가 될지도 모르겠다). 그렇다면 여기서 말하는 법 밖의 정의라는 것은 구체적으로 어떤 것을 말하는 것일까?

환대로서의 정의(justice as hospitality)

환대로서의 정의의 개념은 제닝스가 그의 이전 저서인 *Reading Derrida/ Thinking Paul*에서 이미 데리다를 전유하여 바울의 주요 주제로 제시한 것이지만 이 책에서는 좀 더 세밀하게 설명하고 있다. 제닝스는 데리다의 저서인 『법의 힘』이 데리다의 해체주의에 실천적인 변화를 읽어낼 수 있는데, 바로 이 저서에서 데리다는 해체와 정의를 하나로 묶어 사용하였음을 강조한다. 그리고 이는 데리다의 환대에 대한 질문들로 연결된다고 볼 수 있다고 생각한다. 즉, 법-정의-환대라는 연결고리가 데리다의 해체를 실천하는 과정에서 나타났으며 이러한 징후를 바울서신에서 읽어낼 수 있다는 것이다. 데리다에게 해체가 불가능한 가능성이었던 것처럼, 바울에게 충성(믿음, 신실함)은 불가능을 믿는 행위였다. 바울이 아브라함을 예로 들어 불가능한 상황에서 하나님의 약속을 믿은 것처럼, 데리다 식으로 말하면 바울이 말하는 믿음이야말로 해체적 정의와 가까운 불가능성 위에서의 신실함이었다.

그래서 바울에게는 메시아의 죽음과 부활을 믿는 것은 불가능함 속에 가능성으로 나타난 하나님의 선물이었고 이는 완전히 인간이 만든 체계 밖에서 이루어진 일이다. 메시아가 유대인들에게 거절당하고 로마에 의해 죽임당했다가 부활했다는 것은 바로 유대의 법치 사회와 로마의 문명화된 법의 해체를 의미한다. 그래서 메시아를 하나님의 정의로 선포하는 것이 법 밖의 정의이며, 이 믿음(충성심)이야말로 정의의 길을 걸어가는 출발점이 되는 것이다.3) 메시아에 대한 충성이야말로 정의를 간직하는 것이라면, 그 하나님의 정의는 인간 공동체에서 어떻게 구체화될까?

바울은 일단 사회적 불의의 총체적 현실을 인정한다. 비록 하나님의 정의가 선물로 주어졌다고 하더라도 불의의 영향력은 사라지지 않는다. 인간 사회는 여전히 죄의 현실 아래에 있는 것이다. 여기에서 바울이 말하는 법의 장점이 구체화되는데, 법은 인간이 죄의 현실에 처하여 있음을 알게 하고 인간은 하나님의 정의가 법으로 이루어질 수 없음을 알게 된다. 바로 이순간이 법이 활동정지(inoperative)하는 순간이며, 이것이 바울이 말했듯이 법을 무너뜨리는 것이 아니라 법을 완성시키는 순간이다(fulfilled). 그리고 남는 것은 오로지 하나님의 약속을 믿는 것밖에는 없다. 메시아의 죽음과 부활이 이방인의 지혜로서도 유대인의 종교에서도 이해되지 않는 것처럼, 하나님의 정의는 실로 예측할 수 없다.4) 여기에서 제닝스가 생각하는 로마서의 정의의 두 번째 요소(첫 번째는 법 밖의 정의)인 정의의 즉흥성(improvisation)이 등장한다. 정의는 계산되거나 예측되는 것이 아니다. 정의의 개념을 인간의 어떤 지식체계로 가두려 하는 시도는 결국 인간 사회의 불의함을 더욱 드러낼 뿐이다. 하나님의 즉흥성에 대한 무조건적 믿음이 바로 정의의 시작이다. 그런데 인간의 지혜로서도 종교전통으로서도 이해할 수 없는 것이 하나님의 정의라면 바울은 어떻게 그 정의를 담아낼 수 있다고 생각했을까?

---

3) Theodore W. Jennings, *Outlaw Justice: The Messianic Politics of Paul* (2013), 94-97.
4) Ibid., 152-155.

제닝스는 그 해답을 「로마서」 12장으로부터 시작하는 바울의 권면에서 찾는다. "형제들아 네가 하나님의 모든 자비하심으로 너희를 권하노니 너희 몸을 하나님이 기뻐하시는 거룩한 산 제사로 드리라!"5) 어찌보면 뜬금없는 설교로 보이는 바울의 권면이 바로 정의를 구현하는 방법으로 제시된다.6) 바울은 정의를 실현하는 도구로서 철학도, 종교적 제의나 세상의 어떤 학문이나 기관도 아닌 바로 인간의 몸을 생각했다. 그 몸은 개인의 몸이 아니라 '다중이 모여 완성된 하나를 이루는 것'이다. 이는 장 뤽 낭시(Jean-Luc Nancy)의 singular plural7)의 개념이 이해에 도움을 줄 수 있는데, "각자의 특이성(singularity 또는 유일성)들이 전체로서의 다양성(plurality)과 연결되어 하나의 메시아적 공동체를 이루게 되는데, 이것이 바로 바울이 말하는 메시아적 공동체에 참여함이다."8) 이 메시아적 공동체의 삶 즉흥적(impro-visational)이면서 개인이기보다는 공동체이며 환대(welcoming, hospitality)의 정신으로 외부로 열려진 공동체임을 바울은 「로마서」를 통해 설명하고 있다.

그렇다면 이 메시아적 공동체는 어떻게 메시아적 정치론을 만들어

---

5) 개역성서 「로마서」 12,1.
6) 당시 보통의 서신에는 마지막 부분에 도덕적인 권고가 들어가는 것이 하나의 형식으로 쓰였는데, 이에 일군의 학자는 「로마서」 12장을 도덕적 삶을 위한 전형적인 권고라고 보고 이 메시지를 중요하게 생각하지 않았으나, 제닝스는 이 부분을 전통적인 헬라 서신의 도덕적 권면으로 읽는 것을 반대한다.
7) '유일한 복수성'이라고 한국에 소개되었으나 번역어를 사용하는 것보다 영어 단어를 그대로 읽어보는 것이 더욱 쉽게 의미에 접근할 수 있을 것 같아 번역하지 않고 놓아두었다.
8) Jennings, *Outlaw Justice*, 185. 재미있는 것은 여기에서 이러한 공동체의 예로 제닝스가 한국의 동학혁명 공동체를 들고 있는데, 바울이 생각한 존경과 사랑의 공동체를 본문과 동학운동을 통해 설명하고 있다.

내는가? 이 책의 제목이 『법 밖의 정의』(바울의 메시아적 정치론)이었기 때문에 처음부터 필자의 관심은 도대체 어떻게 로마서에서 어떠한 형태의 구체화된 정치형태를 만들어낼 수 있는가 하는 것이었다. 물론 정치라는 것이 하나의 공동체가 살아가는 방식이라고 본다면 바울의 메시아에 대한 충성을 통해 환대의 공동체로서 하나님의 정의를 구현해가는 것으로 설명은 충분히 설명될 수도 있다. 제닝스는 한 걸음 더 나아가 현대사회를 살아가는 우리들에게 바울이 주는 좀 더 실질적인 정치학에 대한 가능성을 데리다의 '도래할 민주주의'(democracy to-come)의 개념을 통해 제시한다. 이미 바울의 시대 이전에 플라톤이 민주주의를 개념화하였는데, 바울이 시도하는 환대의 공동체가 바로 현실의 모든 형태의 민주주의를 비판하면서도 더욱 이상적인 민주주의를 그리는 것을 가능하게 한다는 것이다. 이에 대한 제닝스의 설명을 필자가 나름대로 재구성해보았다.

민주주의라는 것은 결국 모든 이에게 열려 있어야 한다. 바울의 급진적 평등을 기본으로 하는 공동체가 약해지지 않고 자라났더라면 필시 외부의 힘에 의해 파괴되었을 것이다. 이와 반대로 살아남기 위해 현실정치와 결탁했다면 원래의 특이성은 사라져버렸을 것이다. 하지만 바울이 말하는 타자에 대한 환영과 강자와 약자가 서로를 존중하는 정치학은 어찌 보면 현실과는 동떨어져 있는 것처럼 보일 수도 있다. 하지만 생각해보자. 오랜 인간의 역사에서 주변인으로서 억압 받았던 민중들은 한 번도 역사의 주인공이 되어본 적이 없었다. 그들이 들고 일어설 때마다 위정자들은 철저하게 탄압하였다. 근대 이후의 시대에는 민주주의의 이념에 힘입어 여성, 성소수자, 노동자, 피식민인들이 자신들의 자리를 찾고자 투쟁하였으나 너무나 분명한 힘의 차이에 억

눌리거나 그들의 이론적 기반인 평등과 환대의 논리에 스스로 해체되는 결과로 이어졌다. 그렇다면 매우 분명한 힘의 차이 앞에서, 때로는 논리의 모순 앞에서 새로운 공동체를 향한 몸부림은 언제나 아무런 희망 없이 사라지게 되는 것일까?

그보다는 우선, 왜 우리는 아직도 그러한 공동체를 꿈꾸고 있는가? 무엇이 우리 안에 새로운 사회에 대한 욕망의 잠을 깨우고 있는가? 이 책의 콘텍스트에서 말하자면 제국을 뒤집어보려는 운동도 아닌, 자신의 논리에 반대하는 진영을 시원하게 논파하는 이론서도 아닌 바울 서신이 어떻게 지금까지 살아남아 우리의 욕망을 깨우고 있는가? 바로 급진적 평등과 환대의 공동체에 대한 비전이었기 때문이 아니었을까? 바울의 서신이 쓰인 이후로 바울의 저작들은 기독교 공동체의 논쟁의 한가운데에 있었다. 바울에게 매혹되어 그의 이름 아래에서 글을 썼던 사람들(제2 바울서신의 저자들)조차도 바울이 말하던 논지와 전혀 다른 논리를 말하거나 심지어 어떤 이들은 바울의 서신을 훼손하려 하였다.[9] 바울을 기독교 신학의 정수로 보고 개혁을 주도했던 마르시온조차도 바울이 유대인의 역성을 드는 것이 싫어서「로마서」16장에서 유대인들의 이름을 삭제해버리기도 하였다. 이렇듯 바울의 서신은 끝없이 사랑을 받으면서도 증오의 대상이 되어왔고, 기독교의 최고 권위를 부여 받으면서도 스스로 그 권위를 부정하는 텍스트로 우리에게 전해져왔다. 이를 데리다의 용어로 보면 자기면역(autoimmunity)으로 볼 수 있는데, 경찰이나, 군대, 또는 경제들이 정신분석학적으로 또

---

9) 바울서신의 여러 부분들이 학자들 사이에서 이후에 편집되거나 덧붙여 쓰인 것으로 여겨지거나 그러한 가능성을 두고 논쟁 중이다. 대표적인 예로「로마서」16장을 들 수 있는데, 어디까지가 바울의 저작인지를 두고 학자들 간에 동의가 이루어지고 있지 않다. 몇몇 부분에서는 여성의 이름을 남성처럼 후대에 편집한 것이 거의 확실하다.

는 정치적으로 결국에는 그들이 무장해제하기 원하는 바로 그것을 확대 재생산하는 것처럼, 바로 많은 사람들이 바울의 서신을 이용하여 자기의 신학에 권위를 부여하고, 여성들이나 성소수자들을 탄압해왔지만 결국에는 자신들이 억압하는 그 대상들이 새로운 비전을 생산할 수 있도록 하는 결과는 낳아온 것이 기독교의 역사이다.10)

"메시아적 프로젝트를 보호하려는 모든 시도들은 결국에는 현실과 타협한다. 그러나 비록 타협하더라도, 또는 그 정반대의 메시지로 변질되더라도, 바울의 메시아적 정치학은 여기저기에서 새롭게 희망으로 태어나 모든 형태의 지배와 분열의 형태에 저항한다. 바울의 텍스트는 언제나 기존 사회 질서에 어떤 형식으로든 대항해왔다. 이것이 가진 폭발적인 잠재력은 여전히 우리가 메시아적 정의의 부름과 선포를 듣고 일어나 충성을 서약하게 한다."11) 그리하여 바울의 목소리는 계속 남아 우리 안에 새로운 저항을 일으키게 된 것이다. 데리다가 다음과 같이 말한 것처럼. "그 어떤 형태의 민주정치보다, 사회민주주의(social democracy) 또는 대중민주주의(popular democracy)보다, 기독교 민주주의는 민주주의의 적들을 환영해야 한다. 왜냐하면 자신의 다른 뺨을 그 적들에게 돌려대는 것이고, 환대를 제공하고, 표현의 자유를 부여하고, 반민주주의에 투표할 수 있는 권리를 제공하며… 만약 어떠한 민주정치라는 것이 존재한다면 이 기독교 민주주의야말로 민주정치라는 이름을 받을 가치가 있다."12) 그리고 제닝스는 다음과 같이 책을 마친다. "그리하여, 바울의 메시아적 프로젝트는 '민주주의 그 자체'라

---

10) Jennings, *Outlaw Justice*, 228–230.
11) Ibid., 231.
12) Jacques Derrida, *Rogues: Two Essays on Reason* (Stanford, Calif.: Stanford University Press, 2005), 41.

는 말로 설명될 수도 있다. 물론 이 민주정치는 절대로 현존하지 않고 도래할 것(to come)으로 언제나 남아 있을 것이다. 이 도래할 민주주의(democracy to come)를 바울이 말했듯이 '거룩한 정의'(divine justice)라 불러도 될 것이다."13)

책을 덮으며 처음 든 생각은 어찌 이리도 데리다와 바울이 잘 어울리는지 누가 데리다고 누가 바울이며, 또는 누가 제닝스인지 정리하기 힘들 정도였다. 그야말로 바울과 이후 이천 년의 시간 속의 여러 인물들이 조화롭게 어우러져 바울의 정의의 열망으로 이야기하는 듯했다. 제닝스가 먼저 내딛은 바울 신학의 한 걸음이 한국의 여러 독자들에게 새로운 도전과 가능성으로 보이길 바라며, 곧 출간되는 제닝스의 저작 *Reading Derrida/Thinking Paul*이 널리 읽히길 바라는 마음 간절하다. 바울과 데리다를 잇는 제닝스의 필생의 노력이 담겨 있으며, 데리다와 바울의 차이 또한 깊게 다루었기에 『법 밖의 정의』와 함께 읽기에 이상적인 책이 되리라 믿는다.

제3시대

---

13) Jennings, *Outlaw Justice*, 231.

한수현은 시카고 신학교(CTS)에서 바울신학의 정치학에 관심을 두고 박사과정 중에 있다. 〈웹진 제3시대〉에서 '바울신학가이드'라는 제목으로 바울 연구사에 관해 연재를 하고 있다.

민중신학자 바울,
'도시국가 서울'에서 '정의'를 외치다

정용택

김진호, 『리부팅 바울:
권리 없는 자들의
신학을 위하여』(삼인, 2013)

'서울'로 돌아온 '바울'

몇 년 전부터 소위 '바울로의 전회'(turn to Paul)라고까지 일컬어지는
동시대 유럽 좌파 철학자들의 바울 관련 저작들이 한국의 인문학 독자
들에게도 비상한 관심사로 떠오르기 시작했다. 알랭 바디우(Alain
Badiou)를 필두로 조르조 아감벤(Giorgio Agamben), 슬라보예 지
젝(Slavoj Žižek)이 잇따라 발표한 관련 저작들은 물론이고 야콥 타우

베스(Jacob Taubes)의 고전적인 저작까지 번역되어 나왔다. 여기저기서 철학적으로 바울을 다루는 다양한 형식의 강좌나 세미나가 개설되었고, 학계와 비평계에서도 이러한 동향을 소개하고 검토하는 일이 잦아졌다. 이처럼 '바울로의 전회'가 일종의 지적인 유행을 일으키자 민중신학 연구자인 필자도 주변의 인문학도들을 만나면 가끔 민중신학의 '바울'론(論)에 대한 질문을 받곤 했다. 그럴 때마다 김창락-김진호로 이어지는 민중신학의 바울 연구, 특히 사회적 약자들의 인권을 옹호하는 담론으로서 민중신학의 '의인론'(義認論) 해석을 소개한 기억이 난다. 그렇게 소수의 민중신학 연구자들이나 민중신학에 관심 있는 인문학 독자들에게만 알려져 있던 민중신학의 바울론이 마침내 한 권의 책으로 집약되어 나왔다. 바로 민중신학의 제3세대를 대변하는 연구자, 김진호의 『리부팅 바울』이다.

저자는 고대 지중해 연안 지역의 대도시에 입지한 이스라엘계 디아스포라 회당 사회를 배경으로 전개된 바울의 담론투쟁을 역사적으로 분석하는 과정에서, "지구화의 광풍이 휘몰아치는 주변부의 메트로폴리탄인 서울에서 오늘날의 민중신학이 고민하는 문제"를 발견하게 되었다고 말한다. 기존의 국내 신학자들이 쓴 잡다한 바울 연구서들과 단연코 차별화되는 지점이다. 이를테면 저자는 오늘의 한국 사회를 농촌의 독자성이 거의 괴멸된, 그래서 서울에 귀속된 부속도시들과 촌락들로 이루어진 '도시국가 서울'이라고 명명한다. 그에 따르면, '도시국가 서울'이 '21세기적'으로 지구화하고 있는 세계의 '주변부 메트로폴리탄'이라면, 바울이 활동했던 도시들은 '1세기적'으로 지구화하던 세계의 '주변부 메트로폴리탄'이었다. 1세기 중반 바울의 현장이었던 지중해 연안 도시들과 21세기 한국 민중신학자의 현장인 '도시국가 서울',

그 두 세계는 민중신학적 관점에서 보자면 '귀속성'(attribution)의 문제를 공유하고 있다는 것이다. 시공간의 경계들을 무자비하게 뒤흔들며 무수한 이들의 귀속성을 심각하게 교란시켜버린 지구화된 세계의 문제를 두 개의 전혀 다른 도시사회가 공유하고 있는 셈이다.

구체적으로 하나만 살펴보자. 저자는 제5장에서 바울의 편지 「데살로니가전서」의 배경이 되는 마케도니아의 항구도시 데살로니가와 21세기의 서울을 '제국의 질서'에 편입된 '주변부 메트로폴리탄'의 관점에서 겹쳐 읽기를 시도한다. '데살로니가'가 로마제국과 황제의 권력에 충성스러웠던 것처럼 오늘날 서울은 지구제국의 질서에 유난히도 충성스러운 도시이다. 하여 예수라는 이를 새로운 왕으로 섬기는 자들이었다는 이유만으로 바울의 동료들을 체포하여 모진 고문을 가하고 심지어는 죽이기까지 했던 '황제의 질서'하의 데살로니가처럼, '도시국가 서울' 역시 '자본의 질서'에 거스르는 이들을 무참하게 죽여 나가고 있다. 자본의 추방령에 내몰려 스스로를 살해한 쌍용자동차의 해고자와 그 가족들, 몸이 불이 되어 잿더미가 된 용산 남일당의 철거민들, 공장의 혹독한 질서 속에서 살해당한 삼성반도체 사업장의 젊은 여성노동자 등. 그런 주검들이 도시 가도에 유령처럼 떠돌고 있고, 그 죽음을 기리며 메시아를 갈망하는 이들이 혹독한 자본의 질서 속에서 겨우겨우 숨 쉬며 하루하루를 살아간다는 점에서, 바울을 분노케 만들었던 데살로니가와 민중신학자를 절망으로 몰아넣는 서울, 그 둘은 닮아도 너무나 닮은 세계이다.

따라서 오늘날 한국 사회의 배제된 자들의 정치적 주체화에 관한 문제, 나아가 한국 사회의 구조적 부정의(不正義)를 변혁하는 정치적 과제에 관심을 기울이고 있는 이들이라면, 이 책이 바울의 담론투쟁의 현장을 '역사적 창'(historical window)으로 하여 오늘의 한국 사회에 제기하는 비평적인 논점들에 충분히 귀 기울여 볼 만하다. 실제로 저자는 각 장의 결론부마다 바울이 활동했던 도시들에서 나타났던 당시 대중들의 고통의 양상과, 이스라엘계 디아스포라 회당과 같은 사회집단 내부에서 횡행했던 하위계층에 대한 배제와 차별의 동학을 섬세히 읽어내고, 이를 다시 오늘날 '도시국가 서울'에서 나타나고 있는 민중의 비참한 현실과 교차시키고 있다. 바울의 투쟁 현장에 대한 저자의 역사적 분석과 별도로, '도시국가 서울'에 관한 저자의 비평에 대해 진지한 논의가 필요하다고 보는데, 그 주제는 다음 기회로 미루고, 일단 이 글에서는 저자의 '의인론' 해석이 갖는 이론적 의의를 현대적 '정의론'의 관점에서 되짚어보는 데 초점을 맞춘다.

구조적 부정의와 의인론

『리부팅 바울』은 바울의 의인론이 "현대적 개념인 인권문제와 대응하는 고대적 문제제기였다"는 주장에서 출발한다. 저자는 특히 제4장에서 본격적으로 의인론의 역사적 자리를 탐구한다. 바디우가 자신의 책에서 자주 다루었던, 저 유명한 「갈라디아서」의 한 구절, "유대인이나 헬라인이나 종이나 자유인이나 남자나 여자나 차별이 없다. 그리스도 예수 안에서 모두 하나이기 때문이다"에 비추어서 「갈라디아서」 2장 11-21절에 나타난 유대인 대(對) 헬라인의 차별구도를 남성 대 여성, 그리고 자유인 대 노예라고 하는 종족 이외의 다른 범주의 차별구도와 연결시켜나간다. 그리고 이러한 의미상의 계열화가 적용될 수 있는 현장으로 이스라엘 교포사회의 결속공간인 '디아스포라 회당'을 지목한다. 즉 유대인 대 헬라인의 차별관계가 남성 대 여성 그리고 주인 대 노예의 차별관계와 나란히 놓이고 있다는 것은 유대인 대 헬라인의 관계가 단순히 종족적·인종적 차원의 대등한 갈등 문제가 아니었음을 암시한다는 것이다. 이 세 가지 서로 다른 범주가 하나의 사회적 차별의 의미를 갖는 것으로 묶일 수 있는 곳, 헬라인과 노예와 여성이 다 같이 약자이며, 유대인과 자유인과 남성이 다 같이 강자인 곳, 그곳은 다름 아닌 '유대주의자들'이 헤게모니를 행사하던 이스라엘계 디아스포라 회당 안이었다는 것이다.

저자는 당시 그곳에서 작동하던 권력의 메커니즘을 추적하면서, 이 스라엘계 디아스포라 결사체가 로마제국 내 다른 결사체들에 비해 그 인구 비율 이상의 특권을 보유하고 있었다고 주장한다. 그들이 누렸던 특권으로는 사법권, 제의 준수권, 조세 징수권 등이 있으며, 본국 예루 살렘의 성전 제의를 이데올로기적 상징기표로 활용하면서도 교포 사회 나름의 독자적인 규범체계를 구축하고 있었고, 이에 따른 처벌과 보상 의 메커니즘을 작동시킬 수 있을 정도로 로마제국이 편의를 봐주던 자치 사회였다는 것이다. 이러한 자치적 성격은 이스라엘 종교의 제의 준수를 위해 제국질서하에서의 다른 사회적 의무에서 면제될 수 있는 그 정도의 높은 자율성을 포함하는데 결정적으로 디아스포라 회당은 "피스쿠스 유다이쿠스"(Fiscus Iudaicus)라는 이스라엘계 대상의 독 자적인 조세기구 역할을 수행했다고 한다.

그와 같은 사회적 배경에서 이스라엘계 디아스포라 회당은 격조 있는 결사체로서 제국 내 각 대도시들의 상류사회에서 깊은 호감을 얻었으며, 유리한 조건을 많이 향유한 결사체로 하류사회에 인식되고 있었고, 이는 한편에선 주변의 집중적인 질시의 대상이 되게 하기도

했지만, 또 다른 한편에선 적지 않은 개종자를 끌어들이는 매력적인 조건이 되기도 했다는 것이다. 이처럼 이스라엘계 디아스포라 회당은 도시 사회에 속한 또 하나의 사회로서, 회당의 구성원들은 이중적 사회 계열에 접속되어 있었는데, 도시 사회의 구성원이자 회당의 구성원인 사람의 사회학적 위상은 중심-주변으로 분포된 둘 이상의 사회적 계열이 중첩된 연결망 속에서 위치지어졌다고 한다. 한편, 회당 내부의 중심성은 기본적으로 "유대인다운 삶"의 모범성, 즉 "유대주의적 이스라엘인다운 삶"이라는 일종의 "사회적 규범"에 준거하고 있었다.

이때 "유대인다운 삶"을 공유함으로써 회당 내부에 포용될 수 있는 조건들이 이방인들에게 요구되었는데, 그것은 곧 회당 바깥의 도시사회 당국자들과 좋은 관계를 유지할 수 있는 사회적 지위, 당국에 내야 할 결사체의 세금을 과대하게 지출할 자산 능력이었다. 요컨대, 당국자들과 만찬을 나누며 결사체의 이권을 대변할 만한 재력·지식·신분 등이 이방인들에게 요구되었다. 물론 이러한 요구는 같은 이스라엘계 사람들에게도 마찬가지로 요구되었을 것이다. 종족상으로는 이스라엘계라 할지라도 그 사회적 지위가 비천하다면, 회당 안에서 특권적 지위를 누리기는 어려웠을 것이다. 마찬가지로 여성이나 노예, 뿐만 아니라 유대주의자들이 천시하던 '직업적 죄인'이나 '장애인들'도 떠올려볼 수 있다. 결국 인종, 계급, 자산, 지식, 성별, 직업 등에서 고루 높은 수준의 사회적 위치를 갖추어야만 회당 내부의 중심으로 편입될 수 있었다는 것이다. 이처럼 회당은 "유대인다운 삶"을 지향하는 유대주의적인 이스라엘계 사람들과 인종적으로 이방인이라 할지라도 사회적으로 품위 있는 지위의 사람(남성)들을 중심으로 편제된 결사체였다. 그러므로 이 안에서 '헬라인'이라고 하는 용어는 "유대인다운 삶"이라는 규준에

턱없이 미치지 못하는 이들을 포괄적으로 지시하던 '차별' 또는 '무시'의 사회적 은유였다는 것이다.

그러한 맥락에서 신약성서에 묘사된 초기 그리스도교 내부의 뜨거운 현안, 즉 유대인 대 헬라인의 대립구도는 회당 사회 밖이나 팔레스타인의 일반적인 지역에서 보편적으로 다뤄지던 이슈가 아니라, 지중해 연안 대도시들에 산재해 있었던 이스라엘계 디아스포라 회당이라고 하는 매우 특정한 시공간에서 발생한 문제였다. 다시 말해, 바울은 "유대인다운 삶"이라고 하는 인종과 성별과 계급이 중첩된 배제주의적인 규범 체계를 수립하고 있던 당시 이스라엘계 디아스포라 회당 안에서 상대적으로 소외받고 차별당하던 헬라인·여성·노예 들의 고통을 증언하는 동시에 그러한 고통을 재생산하는 회당의 '구조적 부정의'(structural injustice)를 문제시하는 과정에서 '의인론'을 제기하기에 이르렀다는 것이다.

물론 저자 자신은 이 책에서 '구조적 부정의'라는 용어를 전혀 사용하고 있진 않다. 그러나 필자가 보기에 저자가 논증한 회당 사회의 지배와 억압의 메커니즘은 현대 정치철학의 정의론에서 논의되는 '구조적 부정의'의 이론틀로 분석할 때 그 의의가 더욱 선명해질 수 있다. 논의를 진전시키기 위해서는, 먼저 '회당'이라고 하는 공간의 성격부터 명확히 규정할 필요가 있겠다. 저자는 이스라엘계 디아스포라 회당을 '결사체', 또는 '공동체'라고 표현하기도 하고, 어느 대목에선 "도시 사회에 속한 또 하나의 사회"라고 말하기도 한다. 그런데 저자가 주장한 대로 회당 안에서 '유대주의자들'이 특정한 종류의 집단들을 차별하고 배제할 때, 그 주된 근거가 종족·계급·성별이었다고 한다면, 이는 회당이라고 하는 공간이 '사회집단'의 성격을 강하게 띠고 있었음을 암시한다.

미국의 페미니스트 비판이론가 아이리스 영(Iris Marion Young)에 따르면, 사회 내에 존재할 수 있는 집단으로는 집합체(aggregate)와 결사체(association)와 사회집단(social groups)이 있다.[1]

집합체는 어떤 특정한 속성을 공유하는 개인들의 임의적인 집합이다. 보통 집합체는 그 구성원들끼리는 서로를 전혀 모를지라도, 외부의 시선에서 볼 때 하나의 동질성을 갖는 집단으로 범주화될 수 있는 그런 경우이다. 그러나 결사체는 자발적인 동기에 의해 공동의 목적을 달성하고자 의도적으로 모인 사람들의 집합을 말한다. 예를 들면 동호회, 정당, 교회, 대학, 이익집단, 회사와 같은. 반면에 사회집단은 객관적으로 공유하는 속성이나 구성원들의 자발적인 동기에 의해서가 아니라, 구성원들 간의 관계에 의해, 더 정확히 사회적 구조에 의해서 구성되는 사람들의 집합을 의미한다. 영에 따르면, 경제적 불평등의 문제는 물론이고 성적인 차별의 문제, 인종적 · 문화적인 차원에서 무시의 문제는 각각의 해당 속성을 공유하는 사람들의 정체성에 의해서 야기된 것이 아니라, 그들이 연루된 사회적 관계와 구조에 의해서, 그들이 사회 내에서 약자의 지위에 위치 지어졌기 때문에 '문제화'된 것이다.[2] 이렇게 특정한 사회적 관계와 구조에 의해 발생하는 지배와 억압의 문제를 영은 '구조적 부정의'라 말한다. 사회적 정의에 관한 논의가 집합체도 결사체도 아닌 사회집단에 유독 관심을 갖는 이유는 다름 아닌 사회집단을 중심으로 구조적 부정의, 즉 사회적 지위가 낮은 이들에 대해 지배와 억압이 구조화된 방식으로 출현하고 있기 때문이다. 그런 점에서

---

1) Iris M. Young, *Inclusion and Democracy* (Oxford: Oxford University Press, 2000), 89-90.
2) 아이리스 M. 영, 허라금 · 김양희 · 천수정 옮김, 『정치적 책임에 관하여』(이후, 2013).

김진호가 세밀하게 논증하고 있는 이스라엘계 디아스포라 회당은 결사체도 집합체도 아닌 사회집단의 성격을 갖고 있다고 판단된다. 회당 바깥의 사회에서 자유민과 노예, 남성과 여성, 상류계급과 하층계급, 유대인과 헬라인이라고 하는 지속적이고 체계화된 사람들 간의 관계는 사회적 구조로 나타나며 그러한 사회적 구조에 의해 구성된 사람들의 집합이 이스라엘계 디아스포라 회당이라고 하는 특정한 '사회집단'이 었다고 볼 수 있는 것이다.

요컨대, 영의 이론적인 설명과 『리부팅 바울』의 역사적인 예시들을 종합해서 말한다면, 사회구조가 일반적으로 "권력의 과정, 자원의 배분, 담론의 헤게모니"를 결정짓게 되고, 이 과정에서 상대적으로 유리한 사회적 지위를 획득한 집단(유대인, 회당에 기여도가 높은 이방인 상류계급, 남성, 자유민)과 불리한 지위를 차지하는 집단(헬라인, 회당에 기여할 자원을 갖지 못한 이방인 하층계급, 여성, 노예)이 구성되고, 이들 간의 지속적이고 불공정한 지배와 억압의 관계가 이스라엘계 디아스포라 회당이라고 하는 사회집단을 특징짓게 되었다고 말할 수 있다. 다시 영의 설명을 빌리자면, 사회집단이 젠더, 인종, 종교, 소득, 민족, 나이, 능력, 섹슈얼리티 등을 축으로 분류된다고 함은 젠더, 인종, 종교, 소득, 민족, 나이, 능력, 섹슈얼리티가 곧 사회구조를 의미하는 것이 된다.

예컨대 남성과 여성이라는 집단은 사회적 구조에 의해서 구성된 사회집단이며, 사회구조는 남성과 여성을 다르게 위치시킨다. 사회적 구조는 권력, 자원배분, 담론의 영역에서 일반적으로 유리한 지위를 가지는 남성이라는 집단과 불리한 지위를 가지는 여성이라는 집단을 구성한다. 사회집단이 관계적으로 구성된다고 하는 것은 사회관계와 사회구조에 의해서 집단의 내용과 성격이 조건 지어짐을 뜻한다.3) 여기서 주의해야 할 지점이 있는데, 사회집단은 관계적이고 유동적인 개념이기 때문에 집단과 집단 간의 차이 및 어떤 집단의 구성원과 다른 집단의 구성원 간의 차이를 누구라도 직관적으로 혹은 선험적으로 인지하진 못한다는 사실이다. 다만, 권력의 과정, 자원의 배분 그리고 담론의 헤게모니 속에서 유리한 지위를 차지하는 집단과 불리한 지위를 차지하는 사회집단이 '자의적으로' 구별될 수 있을 뿐이다.

마찬가지로『리부팅 바울』의 저자 역시 이스라엘계 디아스포라 회당이라고 하는 사회집단 내부에서 유대인과 헬라인의 구별은 회당 바깥의 사회에서 통용되던 구별을 그대로 동일하게 반영한 것이 아니었다고 말한다. 일반적으로 회당 바깥의 사회에서 헬레니즘 문화의 표상인 헬라인은 품격 있는 부(富), 품격 있는 신분을 상징하는 문화적 고상함을 함의하는 표현이었다. 그러나 바울의 의인론 텍스트에서 헬라인은 고품격의 상징이라기보다는 '죄인'의 표상, 추함을 상징하고 있는 부류와 연관되어 있는데, 이는 결국 '회당-사회집단' 안에서 '유대인'과 '헬라인'이라는 인종적 구별의 기표가 회당 바깥에서와는 전혀 다른 방식으로 구조화되었음을 시사한다. '유대주의적' 편향을 강하게 띤 회당 중심부가 자신들의 사회 안으로 편입되기를 희망했던 하층계급의 이방인 개종자들을 지칭하기 위해, '헬라인'이라고 하는 일반적인 기표를 그대로 사용하되, 그 의미는 전혀 다른 방식으로 부여했던 것이다.

결국 '회당-사회집단' 안에서 '헬라인'이라는 기호는 회당 내부의 정당한 구성원으로서 '주권'을 부여받지 못한 '하위주체'(subaltern)

---

3) Young, 앞의 책, 91-99.

를 지시하게 된다. 이때 헬라인들은 회당 사회에서 공유되던 자원, 권리, 명예 등을 평등하게 분배받고 또한 회당 내부의 공식적인 의례나 의사결정 과정에 참여할 수 있는 자격을 박탈당한 위치에 놓이게 된다. 따라서 회당 안에서 헬라인의 존재는 단순한 종족적 정체성의 범주를 넘어선 포괄적인 '사회적 지위'를 담지하게 된다. 적절한 사회적 안전망을 갖추지 못한 당시 사회에서 '헬라인'으로 표상되는 도시사회의 약자들에게 이스라엘계 디아스포라 회당은 생존을 담보하기 위한 최후의 희망으로 받아들여졌다. 하여 회당이 요구하는 대로 유대교로 개종까지 했건만, 정작 그들에게 돌아온 대접은 회당 바깥의 사회 못지않은, 아니 그보다 더한 차별과 배제였다. 따라서 그들이 직면했던 회당의 구조적 부정의는 '정체성'에 대한 인정을 넘어, 회당의 모든 사회적 상호작용에 완벽한 참여자로서의 '지위'를 보장받는 차원에서만 해결될 수 있는 그런 것이었다. 그들을 향한 차별과 배제는 '참여의 평등'을 가로막은 회당 내부의 제도적 변화를 통해서만 극복될 수 있었던 것이다.

'의인론'은 '정의론'이다

기존의 바울신학계에서는 바울의 의인론이 유대인과 헬라인의 각기 다른 정체성을 '차이'로서 적극 인정하면서, 동시에 그들을 그리스도인이라고 하는 새로운 정체성 안에서 통일하기 위해 제출된 담론이라 해석해왔다. 그러나 김진호는 의인론의 역사적 현장, 즉 이스라엘계 디아스포라 회당 안에서 작동하던 문제는 단순한 인종적 정체성의 '차이'에서 비롯된 종족 간의 갈등이 아니라, 명백히 제도화된 문화적 가치

패턴에 내장된 사회적 지위에 대한 '무시' 혹은 비(非)인정의 문제였고, 따라서 단순히 '그리스도인'이라고 하는 새로운 범주의 문화적 표현이나 담론을 생산하는 것으로 해결될 수 없는 문제였음을 보여주었다. 바울의 의인론이 사회적 지위에 따른 '무시'과 '차별'의 문제를 해결하기 위한 '정의론'의 문제의식을 담고 있음을 정확히 포착한 것이다.

이처럼 저자는 회당 안에서 '헬라인'이라는 기표가 단순히 정체성의 차이를 구별짓기 위한 것이 아니라, 불평등한 사회적 지위를 구조화하고 있다는 것, 즉 "유대인다운 삶"을 사는 이들과 그렇지 못한 이들의 관계는 곧 이들이 서로 다른 사회적 지위에 있음을 의미한다는 것을 보여주었다. 따라서 그렇게 서로 다른 지위에 있었던 회당 내부의 '유대인'과 '헬라인'에게는 각기 다른 규칙이 적용되며, 목적을 달성하려는 노력에 동원될 수 있는 자원의 종류와 양이 불평등하게 배분되고 있었다고 볼 수 있다. 이렇게 회당 안에 서로 다른 사회적 지위를 가진 이들이 존재했다는 것은, 그들이 갖고 있었던 규칙과 자원의 양 또한 달랐다는 것을 암시한다. 이는 결국 회당을 지배하고 있었던 '유대주의자들'의 권력이 구조적인 토대를 갖고 있었음을 의미한다. 즉, 회당의 공식적인 통치자들이 의존하고 있는 회당의 구조적 지배력은 소수의 권력자에 의해 일방적으로 생산되는 것이 아니라 회당 안에 참여하고 있는 모든 사람들의 일상적인 행위를 통해 구조적으로 재생산되고 있었음을 의미한다.

앤서니 기든스(Anthony Giddens)에 따르면, 구조는 "사회 체계 재생산에 회귀적으로 원인을 제공하는 규칙(rules)과 자원(resour-ces)"으로 정의된다.[4] 구조는 사회 체계, 또는 집단성의 자산이라는 것이다. 그리고 규칙과 자원은, 사회 속의 개인들이 그것들을 인지하고, 개인의 가능성을 창조하는 것으로 여기며, 다른 이와의 상호작용에 규칙과 자원을 동원하는 한에서만 존재할 수 있다. 사회 속의 각 개인들은 자신이 의도한 상태를 발생시킬 그런 행위를 하고자 할 때, 구조적인 자산, 즉 규칙과 자원의 지위상의 관계를 재생산하고 있다는 것이다. 그래서 기든스는 구조가 행위로 환원되지 않은 채 행위를 통해서만 생산되고, 개인은 구조에 대해 알고 있는 지식에 따라 행위한다고 주장한다.5) 사회구조는 행위자들의 사회적 실천의 매개이자 그 결과물이라는 것이다. 행위자는 규칙과 자원으로부터 성찰적 감시(reflexive monitoring)를 받는 존재이지만, 동시에 규칙과 자원을 이용할 수 있는 능력을 가진 존재이다. 행위자는 관례화(routinization)를 통해 일상의 사회생활을 영위하고, 새로운 구조를 창출해나간다.6)

이러한 구조화 과정을 이해한다면, 개인의 행위는 분명히 구조적 부정의를 영속화하거나 악화시키는 데 책임이 있다고 말해야 한다.7) 부정의한 사회적 구조가 생산·재생산되는 데에는 객관적·물질적 조건만이 아니라 그 조건에서 구성원 대다수가 일상적으로 취하는 행동패턴도 크게 작용하고 있기 때문이다. 그래서 바울은 회당 안에서 작동하는 불평등한 사회적 지위 관계를 통해 회당이 더 이상 원래 의도했던 결사체나 공동체가 아니라 불평등한 구조를 체현하고 있는 '사회집단'임을 인식했던 것이다. 바울은 그런 식으로 회당이 구조화되는 과정에 아무 문제의식 없이 참여하고 있었던 모든 회당 내의 구성원들에게

---

4) 안소니 기든스, 황명주·정희태·권진현 옮김, 『사회구성론』(자작아카데미, 1998), 37.
5) 영, 앞의 책, 117.
6) 기든스, 앞의 책, 115-120.
7) 영, 앞의 책, 123.

하느님 앞에서 엄중한 책임을 물었다. 단순히 회당 안에서 지도력을 행사하고 있었던 특정 몇몇의 인물들만을 비판한 것이 아니라, '헬라인'이라고 하는 사회적 범주가 불평등한 '사회적 지위'로서 구조화되고 있는 현실에 의식적·무의식적으로 동참하고 있었던 모든 이들에게 그 부정의한 구조에 대한 '정치적 책임'을 물은 것이다. 『리부팅 바울』과 더불어 우리는 바울의 의인론을 사회적 정의론으로 다시 읽을 수 있게 되었다. 바울의 의인론은 '회당-사회집단'의 평범한 구성원들에 의해 재생산되고 있는 구조적 부정의에 대한 문제제기에서 비롯된 사회적 정의론이다.

이 책의 주장대로 바울이 만났던 회당 안의 '헬라인들'이 당시 도시 사회에서 하층노동자로 분류되는 '방출 노예'로서 경제적 영역에서 '분배'의 불평등을 이미 경험했고, 회당 안의 정치적·종교적 영역에서도 동등한 참여를 위한 지위를 '인정'받지 못했던 존재들이라고 한다면, 오늘날 한국 사회에서도 이런 '헬라인들'과 같은 사회적 지위에 놓인 이들을 찾는 일은 그리 어렵지 않을 것이다. 예컨대, 한국의 노동시장에는 최저임금, 노동관계 기본법, 사회보험 등 노동자들을 보호하기 위한 사회적 제도들로부터 철저히 배제된 노동자들이 광범위하게 존재하고 있다. 말 그대로 경제적 시장소득(임금)의 차원에서부터 불평등한 사회적 지위에 놓여 있으며, 아울러 노동법과 사회보험, 소득과세, 사회보장, 고용관련 보호로부터 정당한 권리를 '인정'받지 못하는 노동자 아닌 노동자, 즉 '비공식적인' 노동자들이다.

이들 비공식 노동자는 법적으로든 관행상으로든 국가 노동법규, 소득세, 사회보호, 기타 고용관련 혜택들(해고 시 사전통지, 퇴직금, 유급 휴가, 유급 병가 등)을 전혀 받지 못한다. 혜택을 받지 못하는 이유는 그들이 고용되어 있는 일자리 자체가 공공기관에 노출되지 않거나, 노동시장 규제에 노출되지 않는 일자리이기 때문이다. 가령, 비법인 기업에 의한 고용형태, 가사도우미와 같이 가구 내에서의 고용형태, 일하는 장소가 사용자 기업의 건물 밖에 있는 고용형태, 기타 다양한 이유로 인해 노동법규가 적용되지 않거나 집행되지 않는 그런 일자리 말이다.

2012년 말에 발표된 한국노동연구원의 『비공식 취업 연구 보고서』(이병희 외 지음)에 따르면, 국제노동기구(ILO)의 정의에 따라 분류했을 때 한국의 비공식 노동자는 지난 2011년 기준 704만 4000명으로 전체 임금노동자의 40.2퍼센트에 이르는 것으로 나타났다. 비공식 노동자들이 경제적 소득 차원에서의 불평등은 물론이고, 노동관계법이나 사회보험의 사각지대에 놓여 있다는 것은 이들이 정치적으로 스스로를 대표할 수 있는 권리조차 박탈당하고 있다는 것을 의미한다.

더욱 심각한 문제점은 이러한 비공식 노동이 의도했든 안 했든 사회적 권리와 사회적 연대의 토대를 매우 취약하게 만든다는 사실이다. 노동법, 사회보험, 법정 복지 수혜 그리고 소득과세의 자격 등에서 비공식 노동자들의 권리와 책임이 배제될수록 노동계급 내부의 연대나 중간계급과 노동계급의 연대와 같은 정치적 복지동맹의 형성은 물론이고, 시민으로서 조세의 책임을 적극적으로 감당하면서 사회적 연대의 제도화 과정에 참여하게 될 가능성 역시 그만큼 줄어들게 된다. 경제적 불평등(최저임금 미달)과 사회적 불평등(사회보험 배제)이 정치적 불평등(과세책임 부재)으로 이어지게 되고, 다시 그러한 정치적 불평등이 경제적 불평등(자산축적의 불가능성)과 사회복지 불평등(차상위계층)으로 이어지는 악순환의 고리가 계속되고 있는 것이다.

그렇다면 오늘날 '도시국가 서울'이 감추고 있는 '구조적 부정의'의 가장 섬뜩한 진실은 무엇일까? 정리해고나 철거 등에 의해 자신들의 공간으로부터 쫓겨나는 이들이 늘고 있는 것뿐만 아니라, 남아 있는 사람들도 배제의 위협에 똑같은 무게로 짓눌려 있음에도 불구하고, 또한 우리 모두가 그러한 배제를 작동시키는 다양한 제도적 과정에 이미 참여하고 있다는 점에서 고통에 대한 책임 역시 함께 짊어지고 있음에도 불구하고, 그 배제된 이들에 대한 사회적 공감이나 배제하는 사회에 대한 정치적 책임감이 제대로 작동하고 있지 않은 것. 어쩌면 진짜 '부정의'한 것은 그렇게 무감각한 우리들 자신일지도 모른다.

이처럼 『리부팅 바울』은 사회의 구조적 부정의를 해명한다는 것이 누군가의 자기 생존과 자기 결정의 주체화 과정을 제약하는 사회적이고 제도적인 요인들을 밝히는 것이자, 그 누군가에 대한 부정의한 억압과 지배를 발생시키는 구조화 과정에 연루된 다른 모든 구성원들의 책임을 밝히는 것임을 명확히 보여주었다. 그리고 이 책은 성서의 세계와 오늘날의 세계를 오버랩시키면서, 독자들로 하여금 구조적 부정의의 문제를 자각하게 하는 동시에, 독자들이 그 부정의한 구조가 생산·재생산되는 과정에 일상적으로 참여하고 있다는 점에서 정의를 위한 정치적 책임 또한 공유하고 있다는 사실을 일깨워주고 있다. 그러므로 『리부팅 바울』은 '의인론', 아니 '정의론'에 관한 민중신학적 비평의 전범(典範)이 되기에 충분하다.

제8시대

정용택은 본 연구소 상임연구원이며, 한신대 대학원 신학과 박사과정에서 기독교사회윤리학을 전공하고 있다. 주요 저작으로는 『잉여의 시선으로 본 공공성의 인문학』(공저), 『교회에서 알려주지 않는 기독교 이야기』(공저) 등이 있고, 『21세기 민중신학』을 공역했다.

한국 교회에게
기독교 신앙을 묻는다

후카다 미키오(深田未来生)

崔亨黙(최형묵), 金忠一 譯,
『権力を志向する韓国のキリ
スト教』(최형묵, 『한국 기독교
의 두 갈래 길』의 일본어판)(東
京: 新教出版社, 2013)

깊은 생각을 하게 하는 한 권의 책을 손에 넣었다. '작은 알(小粒)'인데 얼얼하게 마음을 자극하면서 독자 자신의 발자취와 서 있는 자리를 생각하게 만든다. 일본 교회에 몸을 두고 살아온 사람에게 있어서 이 자극은 매우 귀중하다. 자극뿐만 아니라 떠올리는 한국 기독교와 교회 묘사는 우리들이 그것에 대해 물리기 쉬운 표면적인 이미지를 다시 묻게 하는 기회를 제공한다.

통계적으로 보면 일본 기독교는 적어도 최근 반세기, 결코 획기적이라고 말할 수 없다. 목사와 신도가 진지하고 성실하게 전도·선교 사역을 담당하고, 세속화가 침투해가는 사회 속에서 신앙을 실체화하고자 노력하였음에도 불구하고 그러하다는 것이다. 청년들의 모습이 교회에서 보기 어려운 것은 일본에 한정된 것만은 아닐 것이다. 그러나 청년에게 살아가는 의미를 신선하게 지시할 수 없는 교회에게 미래는 없다. 이 과제도 반복해서 질문을 던지고, 토론하고, 방책도 내세워온 것이지만 성과는 보이지 않는다.

이른바 '건강한 교회'도 존재하고 청년들이 활발하게 활동하는 그룹도 있다. 그러나 전체적으로 보면 활기가 일본 기독교에 넘친다고는 말하기 어렵다.

이런 생각을 하면서 시선을 이웃나라 한국을 향하면 양상은 매우 다르다. 서울의 주일은 교회로 향해 서두르는 많은 사람들로 활기 차 있다. 메가 처치라고 불리는 대규모 교회에 한정된 것만은 아니며, 많은 교회의 예배는 회중으로 가득하고, 소리 높이 부르는 찬송가는 창문 유리를 흔든다. 헌금의 액수를 들은 일본 그리스도인은 숫자를 적게 잘못 들었다고 이야기한 적이 있다. 그리고 일본에서의 방문자는 선망의 눈길로 한국 교회를 보는 경우가 많다.

그러한 표면적 인상은 전면적으로 보면 부정확하거나 무의미하거나 한 것은 아니다. 그리고 우리들은 한국 기독교로부터 배울 것이 많은 것 같이 생각해왔다. 내가 손에 넣은 최형묵 목사의 한국인 그리스도인으로서의 역사적 자기분석과 그것을 기반으로 하는 도정을 도전하는 '대안'은 참된 배움을 주는 유효한 텍스트라고 말할 수 있다. 여기에서의 '대안'은 '제언'이라고 이해해도 좋을 것이다. 물론 그것은 최 목사의 활동현장인 한국의 교회에 대한 것이기도 하지만 말이다.

나는 최 목사와의 면식은 없다. 이 책의 마지막 부분에 기재되어 있는 저자 약력을 통해 그 인품을 상상할 수밖에 없다. 그러나 최 씨의 사상이나 신앙의 확실함은 의심할 여지가 없고, 그의 주장의 전개 가운데 밝혀져 있다. 그리고 근저에 있는 한국 기독교에 대한 사랑과, 그러하여야 할 모습으로 그려내지는 교회에 대한 강한 사명감이 보인다. 1961년생으로 왕성히 일할 중견청년목사라고 말할 수 있다.

전개하고 있는 한국 교회 성장 단계의 모습은 일본과 비교해서 반드시 독특(unique)하다고 말할 수 없는 부분이 있다. 그러나 한국의 문화나 정치적 환경이나 상황의 요소가 그 특색으로 나타나 오늘 우리들이 보는 한국 교회의 모습을 만들어내고 있는 것이 선명하다. 그것을 저자는 '권력을 지향하다'라고 표현하고, 몇 가지의 원인을 밝히고 있다. 질문을 던지고 있는 것들은 기독교 신앙과 그 표현에 있어서의 우선사항(priority)에 대한 과제들이다. 숫자의 증가나 정치적, 사회적 '은혜'에 능하고, 복음의 본질에 진실한 실체로서의 교회는 어떠하여야 할까. 이 책은 한국의 역사적 발걸음과 현상을 근거로 하고, 그리스도 안에서 살려고 하는 사람들이 어떤 공동체를 목표로 할 것인지를 진지하게 묻고 있다. 힘든 부분도 있지만, 거기에는 확실한 희망의 빛이 비쳐지는 것을 독자는 확신할 수 있을 것이다.

희망의 도정을 시야에 두고, 저자는 결코 쉽지 않은 역사의 비판적 전개를 시도한다. 운동으로서의 초기 기독교로 시작하여 오늘에 이르는 직제의 전개 등도 분석 대상으로 엄격한 '해부'에 노출되어 있다. 이 부분은 보편적 통찰로서 일본의 기독교에 적용할 필요가 있을 것이다. 이 책의 큰 가치를 보여주는 하나의 예이다.

한국과 일본의 기독교사와 교회의 모습 사이에는, 공통점과 명확한 상위점이 있다. 나는 이 한 권을 손에 넣고 떠오르는 생각은 일본 측에서도 최 목사의 제언·대안과 짝(pair)이 될 수 있는 일본 상황을 과제로 한 분석과 전망이 제공될 것을 간절히 기원하고 있는 내 자신을 발견하고 있다.

후카다 미키오(深田未来生)는 일본 동지사대학(同志社大学)의 명예교수이다. 이 글은 일본의 월간 기독교 서평지 『本のひろば』 667호(2013년 8월)에 수록된 것을 이상경(재일대한기독교회 서부지방회 목사)이 번역한 것이다.

일본에서 출간된 두 권의
한국 기독교 관련 책에 대한 비교서평

낙운해(洛雲海)

崔亨黙(최형묵), 金忠一 譯, 『権力を志
向する韓国のキリスト教』(최형묵,
『한국 기독교의 두 갈래 길』의 일본어
판)(東京: 新教出版社, 2013)

鈴木崇巨, 『韓国はなぜキリスト教国にな
ったか』(한국은 왜 기독교 국가가 되었는
가)(東京: 春秋社, 2012).

지금까지 일본 그리스도인의 관심은 일부를 제외하고는, 구미 기독교
와 그 교회로 향하고 있었다. 이른바 기독교의 구미주의였던 것이다.
그 상황에서 큰 변화는 보이지 않지만, 최근 일본에도 동북아시아, 특히
한국 기독교와 그 교회에 관심을 갖게 되는 경향이 보이기 시작하였고,

이것을 소개한 저작도 나오게 되었다. 한국에 있으면서 그 선교현장에 몸담고 있는 일본인으로서 평자는 이 상황에 대하여 기쁘게 생각하고 있다. 그러나 단지 즐거워할 수만은 없다. 출판된 책은 각각 독자적인 입장과 관점에서 분석과 설명을 시종일관하고 있기에, 이들 책 가운데 어느 하나를 읽었다고 해서 한국 기독교와 교회 전체상을 이해하였다고 말할 수 없기 때문이다. 평자가 아는 한국 기독교와 그 교회는 매우 다양하고 거대하며 폭이 넓기 때문이다.

그러한 가운데 그 신앙관에 있어서나 교회관에 있어서, 또한 정치적·사회적 입장에 있어서 상당히 대조적인 책이 연이어서 출판되었다. 스즈키 다카히로(鈴木崇巨) 씨의 『한국은 왜 기독교 국가가 되었는가』(『韓国はなぜキリスト教国になったか』(東京: 春秋社, 2012), 이하 〈스즈한(鈴韓)〉)과 최형묵 씨의 『한국 기독교의 권력의 길 ― 그 내부에서 바라보며 대안을 찾는다』(権力を志向する韓国のキリスト教 ― 内部からの対案, 이하 〈최권〈崔權〉〉)이다. 두 저작을 한번 읽어본 사람은 누구나 한국 기독교와 그 교회에 대하여 양자의 견해 차이에 놀라움을 금하지 못할 것이다. 그러나 그러기에 쌍방을 같이 읽으면, 그 전체상을 파악하는 데 큰 도움을 받을 수 있다고 믿는다. 두 저작은 모두 한국 기독교와 그 교회에 대한 분석과 평가를 통해, 한국 기독교 소개를 시도하고 있다. 그 언급 범위는, 한국의 역사, 정치, 군사, 사회, 경제, 문화, 종교, 교육, 예술과 더불어 기후와 민족기질에 이르기까지 실로 다방면에 걸쳐 있다. 그러나 어떤 의미에서 한국 기독교계에 대한 양자의 평가는 대조적이다.

〈스즈한〉의 저자 스즈키 다카히로 씨는 일본과 미국에서 40년간 목회한 후 현재는 하마마쯔(浜松) 시 聖隷 크리스토퍼 대학(Seirei

Christopher University) 교수로 연구와 교육에 종사하는 일본 기독교단 목사로서, 이른바 복음파와 오순절계 보수적 교회와 교류가 있는 상당한 친한가(親韓家)이다. 스즈키 씨는 그와 같은 일본인 그리스도인 입장에서, 일본 기독교에 소개되지 않은 까닭에 관심이 적은 일본인들을 염두에 두면서 한국과 한국인 그리고 한국 기독교회의 아름다움과 훌륭한 면을 독자에게 가능한 한 소개하고자 노력하고 있다. 〈스즈한〉은 풍부한 통계자료와 역사사료를 이용하여 한국이라는 나라와 그 사람들, 또한 한국 기독교계를 '밖에서' 관찰분석하고, 그것을 호의적으로 평가하고 있다. "한국은 훌륭한 나라이고, 한국인은 훌륭한 민족이다"(208쪽)라는 것을 전하고자 한 스즈키 씨의 선의의 마음이 책 전반에 강하게 드러나 있다. 그러나 그러한 이유 때문일까? 한국 기독교의 좋은 면을 너무 호의적으로 기술하고자 하였기에, 그 그림자와 부정적 측면에 해당하는 부분에 대하여 거의 언급하고 있지 않다.

〈최권〉의 저자 최형묵 씨는 민중신학 연구자로서, 역사 있는 신학 전문지『신학사상』의 편집장과『진보평론』의 편집위원 등을 역임하였고, 현재는 신학연구 및 교육과 함께 한국의 지방도시 천안에서 기존 교회에 대한 '대안적' 교회라고 할 수 있는 새로운 형태의 공동체 형성을 위해 노력하는 한국인 목사이다. 최 씨는 이른바 진보적 그리스도인 입장에서 한국 기독교와 교회를 '안에서' 관찰분석하고, 보수적인 체제인 교회 또는 주류에 속한 기독교와 그 교회의 문제점을 가차 없이 드러내고 있다. 그리고 이것을 철저히 비판하고, 그 비판과 위기감을 계기로 하여 현상 교회에 관한 대안을 제시하고, 한국 기독교계의 쇄신에 대하여 세상을 향해 강하게 호소하고 있다. 단지 호소에 그치는 것이 아니고, 제시한 대안에 대하여 교회 현장에서 스스로 대처해가는 실천가이기도 하다.

　스즈키 씨와 최 씨의 시점 차이를 크게 정리하면 다음과 같다. 즉, 〈스즈한〉은 주로 신앙적으로도 정치적으로도 보수적이고 다수를 점하고 있는 한국 주류의 기독교와 교회에 주목하고 이것을 호의적으로 소개하는 것에 대하여 〈최권〉은 이러한 기독교 세력을 비판하고, 오히려 소수이면서도 한국에서 민주주의와 인권을 위한 투쟁에 영향력을 가지고 있었던 한국 비주류 진보적 교회측에 서서, 그 교회가 현재도 의미 있는 존재라고 옹호하고 있다는 점이다.

　〈최권〉은 한국 기독교교회뿐만 아니라, 세계 기독교교회에 대해서도 어느 정도 도전적인 저작이라고 할 수 있다. 그것은 하나의 정치신학적 저작이라는 관(觀)을 보이고 있고, 책 전체에서는 시대 체제에 부응하는 기독교와 그것에 속한 교회의 행적과 체질, 또 그 현상에 대하여 강한 노여움이 느껴진다. 그 자세를 열거하자면 반권력, 반권위주의, 반보수주의, 반현세주의, 반자본주의, 반현상유지적 사회적응지향, 반자기중심주의이고, 거기에 기독교에 대해서는 반대형주의, 반교회성장주의라고 하는 것이다. 그것은 반대로 뒤집으면, 사회적으로도 정치적으로도 교회적으로도 친진보, 친비주류, 친소수, 친변혁주의라고 말할 수 있다.

　또한, 〈최권〉은 단순히 한국 기독교 소개라고 하는 영역을 넘어, 그 변혁쇄신을 위한 대안을 제시하는 의미로 신학적인 논고를 전개하고 있다. 그 전반에는 주로 한국 기독교에 관한 비판적 평가와 해설이었고, 후반에는 거기에 멈추지 않고, 비판과 평가의 근거가 되는 교회론(제3장 "대안을 향한 분투")과 신앙론(제4장 "타자를 향한 개방성으로서의 신앙")을 독자적인 시점에서 대안적으로 전개하기도 한다. 그 신학적 논고는 예배론과 교회직제론, 교회의 위계적 구조 비판에 관련된 교회의 건축양식론, 교회에서 사용되는 언어로서의 성서번역 문제, 더욱이 평신도론에 이르기까지 실로 다방면에 이른다. 기존 교회에 대한 비판에 대해서는, 예컨대 '교회구조 해체론'(131쪽)에 이르는 등 평자에게는 지나치다고 느낄 정도의 부분도 있다. 그러나 그 주장에 대하여 진지하게 귀 기울이면, 거기에는 우리의 교회에 대한 깊은 자성과 자기 변혁을 촉구하는 지적과 제언이 적지 않게 들어 있다.

그러면, 〈스즈한〉에 대하여 한 가지 점만 논하고자 한다. 본서의 책명 "왜 한국은 기독교국가가 되었는가"에 대한 물음이지만, 평자는 먼저 이 책명을 보고 놀랐다. 왜냐하면 평자는 한국이 기독교 국가라고 생각하지 않기 때문이다. 당초 이것은 질문으로 성립 가능한 것인가. 이 질문 자체에 검토가 필요한 것이 아닐까. 당초 한 나라가 '기독교 국가'라고 하는 것이 무엇을 뜻하는가. 무엇을 기준으로 그렇게 말할 수 있는 것일까. 신도 수의 많음일까. 또는 그 비율일까. 그렇다고 해도 스즈키 씨가 인용한 통계에 따르면, 한국 그리스도인 인구(가톨릭 포함)는 총인구의 35.7%에 지나지 않는다. 이것을 어떻게 이해하면 좋을까. 더구나 이 통계마저도 그대로 믿을 수 있는 것일까. 이것보다 밑도는 통계도 공표되어 있다(개신교 18.3%, 가톨릭 10.9%라고 하는 자료이다. 한국통계청, 2005년). 한국에서 길 가는 사람들에게 이 서명과 같은 질문을 던지면, 과연 많은 사람들은 어떻게 생각할 것인가. 물론, 책명이라고 하는 것이 약간 선풍적(sensational)이어야 세상의 관심을 끌 수 있다고 하는 것은 충분히 이해한다. 그러나 질문을 만드는 방법 자체에 문제가 있을 경우, 받은 답변의 정당성 여부가 어떻게 될 것인가에 대하여 의식하지 않을 수 없다.

그렇다고 해도, 스즈키 씨가 이 책을 통해서 독특한 관점으로 이 질문에 몰두하고자 하였던 것에 대해서는 주목할 가치가 있다.

스즈키 씨는 그 답으로 ① 기독교라고 하는 **순수**한 가르침(과 순수한 하나님)을 가진 종교가, ② **순수**한 마음을 가진 한국인의 민족성에 합치하여, ③ 박해와 순교의 역사 가운데 한국인과 만나고 사람들의 신뢰를 얻어내어 수용되었다는 것이라는 세 가지 요인을 든다(102쪽 -112쪽, 강조는 평자에 의한 것. 기타 161쪽도 참조). 한국인과 기독교의 [순수함]을 열쇠로 하는 이 독특한 견해를 서명의 답변으로서가 아니고 '한국에서 그리스도인 급증(또는 교회의 양적 급성장)의 이유'라고 간주할 경우, 이것은 다른 유례를 볼 수 없는 견해를 제공한 것으로 높이 평가할 수 있을 것이다. 가령 거기에 주관적 색채가 진하게 녹아 있다고 하더라고 말이다.

한편 이 문제에 대해 최 씨는 어떻게 답하고 있을까. 그의 견해는 스즈키 씨의 그것과 전혀 다르다. 최 씨는 그 결정적인 요인을 한국 기독교에 '뿌리 깊이 존재하는 구조적 현상' 또는 '병폐'로 보고 있다. 즉, 그것은 한국 기독교가 권력에 대한 동경을 가지고 한국 근대화 전략과 동맹관계를 맺은 것에 있고, 또한 한국 보수적 기독교에 있어서 복음화와는 상관없고, 신앙의 결과가 물질적 보상이라고 인식된 것, 그리고 세속적인 욕망을 정당화하는 신앙논리를 교회가 전개하였던 것(38쪽 이하, 49, 51, 54쪽 등)에 있다고 하는 것이다.

한국에서 선교사역을 감당하는 사람으로, 또한 지금까지 일본 기독교회의 구미주의적 경향과 그 모습을 가슴 아프게 생각한 일본인으로 평자는 〈스즈키한〉과 〈최권〉이 출판된 것에 대하여 크게 환영하고 싶다. 이 두 책은 독자들에게, 한국 기독교와 그 교회라고 하는 거상을 우측(보수)와 좌측(진보)에서 보게 하는 좋은 안내 역할을 할 것이다. 또한 우리들 자신의 교회의 모습을 자성하는 기회를 주기에 충분하다. 특히 〈최권〉이 제기한 여러 문제는 일본의 기독교계에서도 널리 의논되기를 바란다.

마지막으로 〈최권〉의 역자 김충일 씨의 번역에 대해서도 한 말씀드리고자 한다. 김 씨의 번역은 언제나 그랬듯이 훌륭하고, 고도의 전문적 개념과 용어에서도 적절한 일본어로 번역되어 있어, 덕분에 본서의 내용상 이해가 용이하지 않은 부분도 이해하기 쉽게 되어 있다. 김 씨의 번역으로 〈최권〉이 출판된 것은 다행한 일이다.[1]

제8시대

---

1) 본 서평에서 사용되는 두 책 이외에도, 작년에도 浅見雅一 씨와 安廷苑 씨 두 분의 역사학자에 의해 한국 기독교 관련 저작이 中公新書 모습으로 간행된 것을 특기하고자 한다. 『韓国とキリスト教』(中央公論新社, 2012年).

낙운해(洛雲海)는 일본기독교단 한국파견선교사이자 한국 장로회신학대학교 조교수이다. 이 글은 『福音と世界』 제68권 9호(2013년 9월)에 수록된 것을 이상경(재일대한기독교회 서부지방회 목사)이 번역한 것이다.

리부팅 바울

권리 없는 자들의 신학을 위하여

김진호 지음(본 연구소 연구실장), 삼인, 2013.8 발행 / 240쪽 / 14,000원

"이 책은 명민한 눈으로 전 지구적 차원에서 이루어지고 있는 바울 연구의 핵심을 꿰뚫으면서 서구의 시선으로 미처 파악하지 못한 인식의 단층을 찾아내고 있다는 점에서 충분한 가치를 지닌다고 하겠다."

_이택광 (문화평론가, 경희대학교 영미문화전공 교수)

"오늘날 교회와 신학의 일상적인 지배담론 속에 널리 깔려 있는 바울 대신에 1세기 로마제국 내의 유대 회당 공동체 주변부라는 구체적인 현장 속에서 활동했던 바울의 실천과 신학을 저자의 독창적이고 통찰적인 민중신학적 관점에서 새롭게 재해석한 탁월한 시도다."

_이재원 (전 맥코믹 대학 교수, 바울 전공 제2성서 연구자)

21세기 민중신학
세계 신학자들, 안병무를 말하다

김영석, 김진호 엮음 / 황용연,
그렉 캐리, 조민아,
페르난도 엔스, 배근주, 데이비
드 아더 산체스,
미치 스미스 지음 /
김태현, 유승태, 정용택 옮김
삼인, 2013.10 발행 / 416쪽
/ 18,000원

안병무의 민중신학을 외국 (영어권) 독자들에게 알리고, 외국의 저명 신학자들로 하여금 안병무의 글을 읽게 하여 상호 대화를 모색하는 것을 목적으로 김진호, 김영석이 기획하고 편저자 역할을 해 미국에서 먼저 출판되었다.

책 제1부와 제2부에서는 각각 김진호가 쓴 안병무의 민중신학에 관한 이야기와 안병무의 대표적인 글을 선정해 수록했고, 제3부는 다양한 전공과 관심, 문화적 배경을 감안하여 선정한 저자들이 쓴 글을 담았다. 저자들은 문화적으로는 미국 내의 학자로서 흑인 여성, 백인 남성, 중남미계 미국인 남성, 한국인으로서 미국에서 가르치고 공부하는 학자가 있으며 독일에서 활동하는 남성 신학자가 있다. 이들의 관심과 전공분야도 신약성서학, 여성신학, 기독교 윤리, 민중신학, 조직신학, 포스트콜로니얼리즘 등을 포함하는 등 다양하다.